中国近代
教育哲学研究

魏义霞 著

Zhongguo Jindai Jiaoyu Zhexue Yanjiu

中国社会科学出版社

图书在版编目（CIP）数据

中国近代教育哲学研究/魏义霞著. —北京：中国社会科学出版社，2017.12
ISBN 978-7-5203-1924-9

Ⅰ.①中⋯ Ⅱ.①魏⋯ Ⅲ.①教育哲学—研究—中国—近代 Ⅳ.①G40-02

中国版本图书馆 CIP 数据核字（2018）第 000364 号

出 版 人	赵剑英
责任编辑	卢小生
责任校对	王佳玉
责任印制	王 超
出　　版	中国社会科学出版社
社　　址	北京鼓楼西大街甲 158 号
邮　　编	100720
网　　址	http://www.csspw.cn
发 行 部	010-84083685
门 市 部	010-84029450
经　　销	新华书店及其他书店
印　　刷	北京明恒达印务有限公司
装　　订	廊坊市广阳区广增装订厂
版　　次	2017 年 12 月第 1 版
印　　次	2017 年 12 月第 1 次印刷
开　　本	710×1000　1/16
印　　张	17.5
插　　页	2
字　　数	286 千字
定　　价	80.00 元

凡购买中国社会科学出版社图书，如有质量问题请与本社营销中心联系调换
电话：010-84083683
版权所有　侵权必究

目　录

第一章　导言 ………………………………………………………… 1

　　第一节　救亡纲领与启蒙方案 ………………………………… 1
　　第二节　不同路径与共同目标 ………………………………… 6
　　第三节　教育救国与教育哲学 ………………………………… 9

第二章　康有为的教育思想 ………………………………………… 13

　　第一节　教之释义 ……………………………………………… 15
　　第二节　孔子的教育思想 ……………………………………… 24
　　第三节　变法维新与教育改良 ………………………………… 37
　　第四节　理想的教育与教育的理想 …………………………… 47

第三章　严复的教育思想 …………………………………………… 58

　　第一节　"教育改良" …………………………………………… 60
　　第二节　尊孔读经 ……………………………………………… 65
　　第三节　导扬立国精神 ………………………………………… 74
　　第四节　严复教育思想的价值与误区 ………………………… 78

第四章　谭嗣同的教育思想 ………………………………………… 81

　　第一节　变法维新与"变通科举" …………………………… 85
　　第二节　实学情结与专业教育 ………………………………… 92
　　第三节　教育的普及与途径 …………………………………… 103
　　第四节　谭嗣同教育思想的特色与误区 ……………………… 112

第五章 梁启超的教育思想 120

第一节 变法维新与教育改革 123
第二节 教育的宗旨 127
第三节 教育宗旨的改变 133
第四节 教育的内容和方法 145

第六章 孙中山的教育思想 152

第一节 对教育寄予厚望 155
第二节 政治教育 168
第三节 三民主义教育 176
第四节 教育、政治、革命的三位一体 185

第七章 章炳麟的教育思想 188

第一节 万众瞩目的教育家 190
第二节 爱国教育 194
第三节 国学教育 199
第四节 语言文字教育 217

第八章 结语 224

第一节 近代教育的转型 224
第二节 近代教育的普及 230
第三节 近代教育的成就 246
第四节 近代教育的误区 259

参考文献 272

后 记 275

第一章 导言

中国近代是备受西方列强蹂躏、民族危机日益深重的时代，也是中华民族奋起抵御外侮、同仇敌忾的时代。如果说1840年的鸦片战争改变了中国的历史进程，使中国从一个领土完整的独立国家变成了半殖民地的话，那么，1894年的中日甲午海战尤其是1895年中日《马关条约》的签订则使中国人真切感受到了亡国灭种的逼近。中国在甲午海战中的惨败极大地刺激了近代哲学家，促使他们纷纷走向救亡图存和思想启蒙的前台，严复更是最早喊出了救亡的口号。至此，救亡成为中国近代的最强音，救亡图存与思想启蒙成为中国近代的历史使命和哲学主题。近代哲学家与所有先进的中国人一样，一面深入挖掘中国落后、贫困、衰微的根源，一面思考愈愚、疗贫、起弱的方案。他们提出的救亡纲领和启蒙方案既是拯救中国的纲领，又是启蒙思想、政治哲学的有机组成部分。近代哲学家秉持教育救国的理念，教育对于他们来说无论在救亡图存还是思想启蒙中都占据重要一席。与此同时，近代哲学家的教育理念和主张奠基在哲学理念之上，有些甚至直接与本体哲学、认识哲学、历史哲学、政治哲学或启蒙哲学一脉相承。这不仅使近代哲学家成为教育家，而且使他们的教育思想极富哲学意蕴和神韵，可以称为教育哲学。

第一节 救亡纲领与启蒙方案

对于近代的中国社会来说，救亡图存和思想启蒙既是历史使命，又是时代课题。这使近代哲学家的教育哲学不仅拥有救亡图存、思想启蒙的双重维度，而且成为政治主张和启蒙思想不可或缺的重要内容。正是由于这个原因，要深刻地把握中国近代的教育哲学，必须先了解近代哲学家的救亡纲领和启蒙方案。

康有为在戊戌变法前的十多年间把主要精力投向考辨中国本土文化的"学术源流",通过辨梳诸子百家的关系和中西文化比较,得出了中国的衰微在于孔子的微言大义闇而不发的结论。针对这种状况,他指出,只有发明、弘扬孔教之真教旨,才能保国保种,由此提出了立孔教为国教的救亡纲领和启蒙方案。于是,康有为将中国的希望寄托于凭借保教来保国保种,他的具体论证从三个不同角度展开:

第一,康有为断言:"'六经'皆孔子作,百家皆孔子之学。"① 在宣称孔教囊括百家之学的前提下,他以孔教凝聚民族精神,为中华民族寻找统一的精神家园和心灵皈依。

第二,在康有为那里,孔子之学简称孔学,与孔子之教、孔教异名而同实。"百家皆孔子之学"证明,中国是教化之邦,具有自己的宗教,那就是孔教。更为重要的是,孔教不但不比西方的耶教(基督教)逊色,反而早于且高于耶教:一方面,西方的自由、平等、博爱、民主、进化思想以及政治、经济、法律等学科都是孔教的题中应有之义,不出孔学范围。另一方面,耶教是作为孔教之一的墨教西传的结果,而墨教则既出于孔教,又由于墨子"只偷得半部《春秋》"而只得孔教之"一端""一体"。

第三,康有为指出,孔子的教义尽管远近大小精粗无所不包,却可以归结为一个字,那就是:仁。仁的基本内涵是博爱、自主和平等。沐浴孔教的恩泽,中国早在二千年前就已经废封建,立郡县,故而贵族横扫,早于西方实现自由、平等了。近代中国之所以落后到如此境地,是由于在外部老子、墨子和孔子争教与内部荀子等人的破坏下,孔教大义暗而不明。分析至此,康有为力图让人相信,发明孔教的微言大义,立孔教为国教是拯救中国的不二法门。做到这一切的前提则是借助宗教的力量,提升人们对作为中国本土文化象征的孔教的敬仰之情,以此激发中国人奋起抵御外侮的自尊心和自信心。

严复对于达尔文进化论系统输入中国功不可没,进化论也给他本人的思想以巨大影响。正是惊心动魄于生物进化的竞争法则,严复确立了

---

① 《万木草堂口说·学术源流》,《康有为全集》第二集,中国人民大学出版社 2007 年版,第 145 页。

"自强保种"的救亡纲领和启蒙方案,并且极力驳斥康有为等人提出的通过保教(孔教)来保国保种的主张。对于这个问题,严复的论证从三个方面展开:

第一,政教相混是中国致弱的根源,西方国家历来都教学殊途,故而科学昌盛,文明日进。这足以证明通过保教来保国保种的方案行不通,康有为犯了方向上的错误。

第二,中国流行的宗教非佛教即土教,总之,并非像康有为所说的那样是孔教。既然孔教并非中国的国教,结论便不言而喻——即使保教,也轮不到孔教。

第三,更为重要的是,"自达尔文出,人为天演中一境,且演且进,来者方将。……盖自有哥白尼而后天学明,亦自有达尔文而后生理确也。"[①] 严复借此发挥说,既然人是生物进化的一个阶段,那么,人便与生物一样遵循生存竞争、适者生存的进化法则。这意味着人只有自强,以自己的才力心思与妨生者为斗,才能有生存的希望,从而立于不败之地。

基于上述分析,严复独辟蹊径,最终确立了"自强保种"的救亡和启蒙路线,并在此基础上提出了改造中国的基本纲领。具体地说,他利用斯宾塞的社会有机体论指出,国家、群体犹如生物有机体,国民则是构成国家这一有机体的细胞;正如生物有机体的优劣是由细胞决定的一样,国家的强弱兴衰取决于国民素质的高低优劣。沿着这一思路,严复将"自强保种"具体化为提高中国人的国民素质,一面指出国民素质由"血气体力""聪明智虑"和"德行仁义"三部分构成,一面大声疾呼提高中国人德智体三方面的素质。由此,"鼓民力""开民智"和"新民德"成为严复进行救亡图存和思想启蒙的基本途径,也成为他改造中国的三大纲领。

中国在中日甲午战争中的失败给谭嗣同以强烈刺激,也使他深刻反省从前的哲学理念,进而谋求新的救亡方案。在这种动机的驱使下,谭嗣同踏上了著名的"北游访学"之旅。通过遍访耶稣会士、佛界人士,他接触到各种新奇学说,哲学思想发生巨变,在由气学转向心学的同时,确立了"以心挽劫"的救亡纲领和启蒙方案。这一转变的过程被

[①] 《天演论》,中州古籍出版社1998年版,第43页。

谭嗣同记录在写给老师——欧阳中鹄的信中,《仁学》便是为"以心挽劫"而作。谭嗣同提出"以心挽劫",试图凭借心之力量来救亡图存。他断言:"心之力量虽天地不能比拟,虽天地之大可以由心成之、毁之、改造之,无不如意。"① 如此说来,只要中国人之心力骤增万万倍,中国的劫运自然可挽。"以心挽劫"的具体方法有二:一是唤起、增强人的慈悲之心,以慈悲之心相互感化,化解机心;二是"改变脑气(即神经——引者注)之动法",以此泯灭机心,断灭意识,臻于"通天地万物人我为一身"② 的境界。谭嗣同相信,凭借这套方法"以心挽劫",不唯可以拯救中国,甚至可以连同"极强盛之西国与夫含生之类,一切皆度之"。③

梁启超将中国人的真正觉醒说成是甲午海战的失败和《马关条约》的签订,对中国致弱根源的探究和救亡纲领、启蒙方案的建构亦缘于此。在对甲午战争的分析中,梁启超将中国人只知有家而不知有国、缺乏爱国心说成是中国战败的原因,并且循着社会有机体论的思路,声称"新民为今日中国第一急务"。④ 由此,新民成为拯救中国的不二法门。有别于严复德智体三育并重的"鼓民力""开民智"和"新民德",梁启超的新民说表现在改造中国人的国民性上则是侧重道德上的新民,旨在激发、培养中国人的公德意识、群体观念、爱国主义和民族主义。为此,梁启超一面批判以独善其身、束身寡过、洁身自好等私德为核心的旧道德,一面提倡以权利意识、国家思想和公德观念为核心的新道德。他坚信,中国的振兴之路必须从新民做起,新民是中国的希望所在。正是在这个意义上,梁启超宣称:"苟有新民,何患无新制度?无新政府?无新国家?非尔者,则虽今日变一法,明日易一人,东涂西抹,学步效颦,吾未见其能济也。夫吾国言新法数十年而效不睹者,何也?则于新民之道未有留意焉者也。"⑤

作为中国民主主义革命的先行者,孙中山终生都在为中国的独立富强殚精竭虑。他将中国的希望寄托于民族主义、民权主义和民生主义,

---

① 《上欧阳中鹄十》,《谭嗣同全集》(增订本),中华书局1998年版,第460页。
② 《仁学》,《谭嗣同全集》(增订本),中华书局1998年版,第295页。
③ 《上欧阳中鹄十》,《谭嗣同全集》(增订本),中华书局1998年版,第461页。
④ 《新民说》,《梁启超全集》第二册,北京出版社1999年版,第655页。
⑤ 同上。

试图以三民主义救中国。依据他本人的解释，三民主义在本质上与法国大革命的口号——自由、平等、博爱别无二致，其中，民族主义对应的是平等，具体指中国与西方列强之间的平等；民权主义对应的是自由，旨在打破政治上的不平等，建立资产阶级共和国；民生主义对应的是博爱，核心是平均地权，旨在让百姓都有饭吃、有衣穿。在这个前提下，孙中山强调，之所以将自由、平等、博爱称为三民主义，是根据中国的具体国情而来的——三民主义不仅可以毕经济、政治革命之功于一役，而且可以避免西方国家由政治革命带来的诸多弊端——如贫富差距等。

章炳麟坚决反对严复、梁启超等人基于社会有机体论的逻辑解读个人与群体的关系，并基于这一逻辑建构救亡、启蒙之路的做法。严复、梁启超认为，生物是以种群为单位进化的，人的生存竞争说到底是种与种、群与群之间的竞争。因此，作为国群的细胞，个人不能离群索居，而必须组成国家和群体，个人的生存必须仰仗群体的庇护。这表明，为了自身的生存，个人必须固其群、善其群和利其群。章炳麟针对严复、梁启超的观点指出，个人与国家、群体的关系不可比作细胞与有机体的关系，因为个人与细胞之间没有可比性：细胞不是独立的实体，离开生物有机体便无法存活；个人是独立的实体，可以自由选择国家而存在。基于这一认识，为了反对严复、梁启超"被动"爱国的做法，章炳麟针锋相对地提出了"以国粹激动种性，增进爱国热情"[①]的救亡纲领和启蒙方案。

上述内容显示，与中国近代特殊的历史背景、时代要求和现实观照相呼应，近代哲学家既凸显教育的重要性，又赋予教育思想有别于其他时期的鲜明特征。归纳起来，近代教育的最大特征有二：第一，从受教育的对象来说，是全体国民而非少数精英。第二，从教育方式来说，是"开门"教学而非"关门"教学。这两点秉持一个共同的目标，一言以蔽之，即提高中国人的素质。这与中国近代救亡与启蒙的时代主题相呼应，也使近代哲学家将教育提到了关系国家存亡的高度。有鉴于此，教育的地位在中国近代急骤提升，同时具有了向全体国民灌输爱国主义、普及科学知识的重任。

---

① 《东京留学生欢迎会演说辞》，《章太炎政论选集》上册，中华书局1977年版，第272页。

第二节　不同路径与共同目标

近代哲学家的救亡纲领和启蒙方案彼此之间迥然相异，各有侧重，却有一个共同目标，那就是：让中国摆脱帝国主义的奴役，成为独立富强的国家。这是近代哲学家共同的"中国梦"，在维新派与革命派那里的具体表现和现实形态却差若云泥，具体操作和政治理想更是集林集枯：一个是建立君主立宪的国家，一个是建立资产阶级共和国；前者以康有为、严复、谭嗣同和梁启超为代表，后者以孙中山、章炳麟为代表。

就康有为、严复、谭嗣同和梁启超组成的戊戌启蒙四大家来说，尽管建立君主立宪的政治梦想和奋斗目标是相同的，具体规划和步骤措施却相去甚远。一言以蔽之，康有为信凭宗教信仰的力量，严复偏袒科学力量，谭嗣同鼓动心之力量，梁启超则倚重道德力量。这使四人的救亡、启蒙路径沿着不同的致思方向和具体操作展开，也预示了四人教育理念的差异。以康有为、谭嗣同为例，一方面，两人的思想最为接近，在许多问题上观点相同，如将诸子百家归结为孔学一家，以孔教对抗耶教，声称仁是孔教、佛教和耶教的共同宗旨，断言仁的基本内涵是平等，把拯救中国的希望寄托于平等，在人与人、种与种、国与国的平等中臻于世界大同，等等。另一方面，康有为、谭嗣同的救亡纲领和启蒙方案呈现出不容忽视的差异：康有为大声疾呼保教，谭嗣同却认为教无可保。这一分歧导致两人的救亡纲领和启蒙方案渐行渐远：康有为将中国的命运与孔教捆绑在一起，对孔子、孟子和董仲舒代表的儒家思想顶礼膜拜；并在这个前提下，借助保教与保国、保种的三位一体为立孔教为国教张目。谭嗣同尽管像康有为一样抨击以荀子等人为首的儒家人物败坏了孔教，却没有像康有为那样将中国的希望寄托于恢复孔教之真教旨上；而是一面谴责儒家败坏了孔教，一面将儒学与孔教分别对待，并沿着这一思路在儒学之外依凭佛教拯救中国乃至全世界。这些区别不仅注定了康有为、谭嗣同教育思想的不同来源和内容侧重，而且使两人教育哲学的理论视野和培养目标渐行渐远。

再以康有为、严复、谭嗣同和梁启超四人的启蒙方案为例，可以分成平等与自由两个不同阵营：康有为、谭嗣同的救亡纲领和启蒙方案可以归结为平等，严复、梁启超则与康有为、谭嗣同的平等路径迥异其趣——不仅循着社会有机体论的致思方向和价值旨趣将社会、国家等群体视为有机体，同时将国民视为构成社会、国家的细胞；而且将中国的出路寄托于自由，推出了依靠自由、提高国民素质，实现国家独立、富强的"中国梦"。与此相对应，自由教育在严复、梁启超的教育思想中占据核心位置，无论是两人旨在提高国民素质的教育理念还是对自由的宣传均与康有为、谭嗣同具有明显区别。值得注意的是，尽管严复、梁启超的思想在康有为、谭嗣同的映衬下呈现出诸多相同性，然而，两人"中国梦"的实施方案却大相径庭，呈现出一外一内、一法制一道德的明显区别。具体地说，严复从个人与政府的关系入手界定自由，将自由理解为行动自由、有权做事——为了突出这一点，他特意将自由写作"自繇"，以示自由并非限于言论，而是拥有实实在在的权利。基于这一思考，严复呼吁开设议院，在宪法上规定国民与政府的权限。梁启超不是像严复那样从外部——行动自由或者个人与政府的关系入手界定自由，而是热衷于在精神的维度上诠释自由，将自由界定为自由之德。因此，正如新民寄希望于国民"自新"和"道德革命"一样，他所开辟的自由路径凸显精神力量。在这个前提下应该看到，对自由的不同理解使严复、梁启超的教育模式和重点泾渭分明：严复侧重从立宪、权利的角度宣讲自由，《自由讲义》等是其典型代表；梁启超侧重提高民德，《新民说》《德育鉴》等是其代表作。

就章炳麟和孙中山来说，共和梦是相同的，具体路径却不尽相同：章炳麟是"有学问"的革命家，以国粹救国使他致力于国粹之宣传和国学之研究，辨梳百家、抵制康有为所讲的孔教成为他救亡图存和思想启蒙的重点，以语言文字为首的国学教育成为章炳麟教育思想的特色招牌和亮丽风景。孙中山是民主主义革命的先行者，"国父"身份使他的教育面向全民，最主要的则是孙中山领导的革命党人和军人。于是，面向全党、全军和全国人民的三民主义教育必不可少，三民主义教育和军人精神教育也由此成为他救亡图存和思想启蒙的重镇所在。由于相信心是"万事之本源"，孙中山将教育的重点锁定在精神教育上。对于这一点，无论是"心理建设"还是《军人精神教育》都是明证。

近代哲学家的教育理念和主张承载了他们的富国梦、强国梦。特殊的历史背景和现实处境使中国近代的富强与摆脱西方列强的奴役互为表里，也注定了他们对"中国梦"的构想在中国与西方列强的关系维度上展开。由此，引发了近代"中国梦"两个与生俱来并且引人注目的特征：第一，关注大同。鸦片战争打破了中国的闭关锁国，中国被突如其来地卷入"世界历史"之中。这使中国与世界各国特别是与西方列强之间的关系成为现实的社会课题，近代哲学家也不得不将这一课题纳入视野。对于这一不容回避且亟待解决的现实课题，康有为、谭嗣同和孙中山均诉诸大同，用大同社会构筑未来世界的理想蓝图。由此，大同成为近代哲学的核心话题，对大同社会津津乐道成为近现代哲学的独特风景。第二，世界主义与民族主义之争。中国一向以天朝大国自居，而将周边的少数民族政权或国家视为"夷狄"，即便是在舟车大开之后，对西方国家亦作如是观。在这方面，乾隆皇帝对英国使节——马嘎尔尼的做法将"天朝大国"面对"夷狄"的心态表露得淋漓尽致。

  鸦片战争和甲午战争使中国人见识到了西方的船坚炮利，由此认识到中国的衰微贫困，并且领悟到了落后就要挨打的道理。只有奋发图强，中国才能扭转落后挨打的命运是近代哲学家的共识。问题的关键是，中国究竟如何才能奋发图强？是对西方列强亦步亦趋地唯西学之马首是瞻？还是挺立民族精神，建构具有中国特色的振兴、富强之路？无论是近代哲学家对大同的态度还是对大同社会的构想都蕴含着对这些问题的思考和回答，而他们的回答又直接牵涉出如下问题：中国在未来的世界中是以民族国家的姿态而个性尽显，屹立于世界民族之林？还是消除国家、种族之别而混同于世界之中？对于这个问题，康有为、谭嗣同主张取消国家，同化人种。这意味着"中国"在大同社会中已经由于取消国界而荡然无存，作为中华民族的黄色人种也将不复存在。更有甚者，两人认为，大同社会应该有同一文化、同一语言文字。届时，中国的文化将被西方文化取代，西方的字母文字则代替中国的象形文字。至此，康有为、谭嗣同已经在不知不觉中背离了救亡图存、保国保种的初衷，最终迷失在大同之中而遗忘了来时的路。严复、梁启超和孙中山则坚持民族主义立场，严复甚至绝口不谈博爱和大同社会。梁启超从早年听闻康有为讲大同而"盛言大同"到后来一针见血地指责康有为的大同思想是世界主义、大同主义，对于近代的中国来说无异于宗教家的梦呓，缘于对民族主义的坚守。尽管孙中山对大同社会魂牵梦萦，然而，他的大同愿景却与康有为、谭嗣同等人的设想不可同日而语。在孙中山构筑的大同社会中，中华民族联合世界上平等待我之民族，中国屹立于世界强国之林。

第三节 教育救国与教育哲学

　　近代哲学家的救亡纲领和启蒙方案呈现出巨大差异，却都离不开教育。这使教育救国成为他们的共识，也使教育在中国近代直接与中国的前途、命运联系在一起。中国近代身处几千年未有之变局，无论是中国的命运还是社会结构都发生了天翻地覆的急剧变化：一方面，西方列强发动的以鸦片战争、甲午战争为代表的一系列侵略战争使中国丧失了主权，沦为半殖民地国家。另一方面，在亡国灭种的刺激下，先进的中国人开始觉醒。近代哲学家在对封建专制的批判与甲午战败原因的探源中，既认识到了中国的愚昧、落后，又切身感受到了个人与国家命运的唇亡齿寒、休戚相关。帝国主义对中国的侵略在将中国逼到亡国灭种边缘的同时，也激发了中国人前所未有的爱国热情。民族主义和民族认同的崛起，客观上推动了中国从古代的封建帝国到近代的民族国家的转型。事实上，从西方列强踏上中国领土的那一刻起，中国人就在奋起抵抗中掀起了此起彼伏的救亡运动，并由此拉开了百折不挠、热火朝天的思想启蒙。尽管每一位近代哲学家对中国落后挨打的分析以及由此提出的救亡纲领和启蒙方案各不相同，然而，肯定古代教育的失败和寄希望于教育改良则是他们的共识。正因为如此，近代哲学家对教育寄予厚望，将教育的地位和功能也提到了前所未有的高度。在这个背景下，中国近代出现了教育救国的思潮。

　　1902年，蔡元培、章炳麟等人在上海发起成立中国教育会，并公布其宗旨是"编订教科书，改良教育，以恢复国权之基础"，并以中国教育会为阵地，结集爱国志士从事反满革命活动。在两人的多方呼吁和各界人士的共同努力下，中国教育会于同年4月27日正式成立，推举蔡元培为会长。需要说明的是，中国教育会的出现显然受到了西方学会的影响，同时也表现出对教育的重视。更为重要的是，教育会的宗旨是"改良教育，以恢复国权之基础"。这一宗旨明确规定了近代教育有别于古代，肩负思想启蒙的重任，故称教育改良；并且与中国近代的政治斗争密切相关，致使教育成为救亡图存的一部分。有了这些，便有了近代教育的宗旨、内容和方法，近代的教育哲学便是这一思潮的直接产物。

可以作为证据的是，魏源的《海国图志》1843年出版，之后20年（1843—1862年）间在中国一直无人问津。《海国图志》1851年传入日本，受到意想不到的欢迎，一时间洛阳纸贵，10年间发行了15版，书价涨了3倍。这就是说，《海国图志》可以作为了解西方的窗口，具有经世致用的现实价值。之所以在中国没有受到应有的重视，主要原因不在于书的内容本身，而在于中国人尚未真切感受到亡国灭种的危险处境，对日益深重的民族危机麻木不仁、视而不见。真正促使中国人普遍觉醒的则是中日甲午战争。诚如梁启超所言："吾国四千余年大梦之唤醒，实自甲午战败割台湾偿二百兆以后始也。"① 正是在以甲午海战为开始的民族危机日益深重的刺激下，以维新派和革命派为主力的近代哲学家走到了历史前台，纷纷推出了救亡图存的纲领和思想启蒙的方案，而以教育改革为核心的教育哲学则是其中的重要组成部分。

近代哲学家的教育哲学围绕着救亡图存、思想启蒙的立言宗旨和最终目标展开，不同的救亡纲领和启蒙方案则使他们的教育理念、教育方针和教学内容呈现出巨大差异：康有为的救亡方案是立孔教为国教，这使他寄希望于孔教，倚重的是宗教信仰的力量。与此相一致，康有为教育理念的突出特点是教学相混，无论是戊戌变法前的收徒讲学还是戊戌变法时期提倡的国民教育，均以孔教为主要内容。有鉴于此，他在"百日维新"期间上书皇帝，一面建议废除八股、变革科举，一面奏请提升孔教地位。至于戊戌变法之后流亡国外的康有为，通过对世界各国的考察不但没有因为视野的开阔而放弃孔教，反而更加坚定了立孔教（儒教）为国教的决心。谭嗣同试图"以心挽劫"，既需要骤增中国人之心力，又需要改变科举考试的内容。而这一切都可以归结为"实学"：第一，经历"北游访学"，他认识到"惟一心是实"，"以心挽劫"也就意味着以"实学"拯救中国。第二，谭嗣同提出的改变科举的具体办法不是抛弃"洋务"而另觅蹊径，而是借助科举推行"洋

---

① 《戊戌政变记》，《梁启超全集》第一册，北京出版社1999年版，第181页。

务",故而建议将各种"实学"作为考试科目。严复"自强保种"的救亡方案将教育的宗旨定位在中国的自强上,具体办法则是全面提高中国人身体、知识和道德三方面的素质,这使体育、智育和德育在国民教育中一个都不能少。由于秉持教育救国、科学救国的理念,他在德智体三育中突出智育,无论是教育的内容还是方法均借鉴了西方的教育理念和模式。梁启超坚信,中国的救亡图存和思想启蒙舍弃新民之外,别无他途,而他所寄予厚望的新民则主要指道德上的新民。因此,正如在《新民说》中首倡"道德革命"一样,批判以洁身自好、束身寡过和独善其身为核心的旧道德,培养以权利、义务观念、国家思想、公德意识和进取冒险为核心的新道德成为梁启超的教育重点和目标。他编写的《德育鉴》《中国之武士道》等教科书以及《论教育当定宗旨》《余之死生观》等一系列论文都是进行国民教育的产物。章炳麟反对严复、梁启超基于社会有机体论将个人与国家的关系比作细胞与生物有机体而导致的被动爱国,并在此之外开辟了一条"以国粹激动种性,增进爱国热情"的救亡路线。这使弘扬国粹,借助国粹激发爱国情感成为他进行国民教育的主要内容。于是,普及国学教育成为当务之急,开办国学讲习所宣讲国学成为章炳麟终身乐此不疲的国民教育事业。由于断言国学由语言文字、典章制度和人物事迹三个部分构成,将语言文字置于国学之首,他对国民的国学教育以语言文字为基础。与此相联系,章炳麟对汉字的普及投入极大热情和努力,并且针对取消汉字的呼声,一面研究、保护方言,一面简化汉字,为汉字注音,千方百计地传承中国的语言文字。孙中山坚信三民主义救中国,三民主义成为他对国民进行教育的必修课。鉴于对中国自由状况的考察和对国民的期望,孙中山在限制自由、平等的同时,奋力高呼博爱。为此,他号召革命党人和国民对自由予以保留,将自由用到国家上去,而万万不可用到个人上去。《三民主义》《心理建设》便是他宣传民权、讲解自由,对以革命党为首的国民进行国民教育和心理辅导的课本。

一方面,近代哲学家的救亡纲领、启蒙方案基于对中国近代社会的现实思考和理论审视,故而拥有相同的立言宗旨和价值诉求。从这个意义上说,他们的教育哲学拥有相同的理论初衷和共同目标。另一方面,近代哲学家拥有各自不同的致思路径和哲学理念,这使他们的教育理念拥有不同的思想来源和主体内容。例如,就理论来源上对中西思想的侧重而言，大致说来，康有为、谭嗣同和章炳麟以中学为主，严复、梁启超和孙中山则以西学为主。就作为教育哲学根基的哲学理念来说，康有为的哲学脱胎于公羊学，大体上以儒学为母版；谭嗣同的哲学杂糅了佛学、中学和西学——借用梁启超对《仁学》的评价即"欲将科学、哲学、宗教冶为一炉，而更使适于人生之用，真可谓极大胆极辽远之一种计划"①，以佛学为归宿；严复在哲学上崇尚理性，尽管早年推崇老庄、晚年提倡尊孔读经，并对佛教表现出难以按捺的好感，然而，从整体上看，则以英国的经验论、不可知论为蓝本；梁启超的哲学崇尚情感，以生命哲学为依托，在中西和合中侧重建构人生哲学；章炳麟公开宣布"独尊法相"，在以宗教发起信心、增进革命道德的期待中，阐发唯识妙谛；孙中山对进化论的推崇无以复加，这并不妨碍他在运用进化论解释世界万物的由来和勾勒历史进化轨迹的同时，夸大心之力量。由于坚信精神力量实居八九，物质力量仅居一二，孙中山最终走向"夫心也者，万事之本源"的心学。

　　进而言之，对于近代哲学家来说，无论是救亡纲领、启蒙方案还是为之服务的教育思想皆基于不同的哲学理念。如果说哲学理念的迥然相异促使他们找到了不同的救亡之方和启蒙之路，并且在古今中外的思想库中选择不同的理论武器为之辩护的话，那么，这些又反过来进一步贯彻、彰显了近代哲学家各自不同的哲学理念，致使他们的教育理念在某种程度上成为各自建构的哲学形态的组成部分。正是由于这个原因，近代哲学家的教育思想可以称为教育哲学。这不仅是因为近代哲学家的教育理念和主张植根于哲学理念之上，与他们的哲学理念息息相通；而且是因为近代哲学家侧重从整体上思考、规划教育，在对中西教育的审视、比较中探究教育的基本问题。与此相一致，他们热衷于从宏观上为中国的教育提供解决方案，而不是侧重对某一教育环节、教育内容的专门问题进行解答。也正是由于这个原因，本书以近代哲学家为个案，专职教育家的教育实践或教育思想并不在本书的视域之内。

---

① 《清代学术概论》，《梁启超全集》第五册，北京出版社1999年版，第3102页。

第二章　康有为的教育思想

康有为（1858—1927），广东南海人，字长素，世人尊称康南海，自号天游化人，与梁启超一起合称康梁。康有为集多重身份于一身，在政治上是戊戌变法的领袖，在学术上是著名的公羊学家，有人甚至将他誉为中国最后一位公羊学大师。前者表明，康有为是政治家；后者表明，他是学问家。对于康有为来说，政治与学术互为表里，相得益彰：学术支持了政治，为变法维新和立孔教为国教提供舆论支持和理论辩护；政治贯彻了学术，使学术主张和思想诉求得以实施。除政治家和学问家这两个身份之外，康有为还是成绩卓著的教育家。诚如康有为最得意的弟子——梁启超等人所言，康有为是中国近代的大教育家，既有完备的教育理念和独特的教育方针，又有丰富的教学实践和骄人的教学成果。一方面，作为教育家的康有为既有完备的教育理念和独特的教育方针，又有丰富的教学实践和骄人的教学成果。另一方面，康有为是近代著名的社会活动家、政治家、戊戌启蒙思想家、哲学家、宗教家和公羊学家，这些身份给他的教育思想打上了鲜明的烙印：如果说戊戌启蒙思想家的身份决定了康有为的教育理念紧扣时代脉搏，围绕着救亡图存与思想启蒙的时代呼唤和历史使命展开的话，那么，哲学家的素养和宗教家的诉求则使他对教育问题的探讨极富形上意蕴和人文关怀。

康有为是戊戌变法的精神领袖，兼政治家、戊戌启蒙思想家和公羊学家于一身。特殊的身份和经历促使他形成了独特的教育理念，也奠定了康有为教育哲学的内容和特色。作为其思想的组成部分，康有为的教育哲学带有浓郁的康氏色彩，具有与其他思想一样的来源、内容和宗旨。只有了解康有为整个思想的大背景，才能深刻、全面地把握他的教育哲学。

尽管康有为本人并没有专门的教育著作流传于世，然而，他的讲学内容却被众多弟子记录下来得以保留，名为《南海先生讲学记》《万木草堂口说》和《南海师承记》等，成为研究康有为教育思想不可多得的原始文本。这些均被收入现存的《康有为全集》之中，《万木草堂口说》等更是有多种版本流传于世。

此外，康有为的众多弟子曾经先后为康有为作传，由此出现了"南海三传"，即梁启超撰写的《南海康先生传》、陆乃翔和陆敦骙合撰的《南海先生传》和张伯桢撰写的《南海康先生传》。这些人在传中不约而同地介绍乃至隆重推出康有为的教育理念、教育方式、教学内容和教育成就，致使"南海三传"为研究康有为的教学理念、教学内容和实践提供了鲜活的资料。梁启超的《南海康先生传》完成于1901年，陆乃翔和陆敦骙的《南海先生传》写作于1929年，张伯桢的《南海康先生传》定稿于1932年；三者之间在时间上相隔30余年，这一时间差也从一个侧面绝好地展示了康有为哲学理念和教育主张的变化轨迹。

更为重要的是，康有为在戊戌变法前后的奏折中多次提到教育问题。例如，仅在1898年6月1日至7月6日一个月的时间里，就有《请正定四书文体以励实学而取真才折》《请译日本书片》《请议游学日本章程片》《请广译日本书派游学折》《时务需才请开馆译书以宏造就折》《请废八股试帖楷法试士改用策论折》《请变通科举改八股为策论折》《经济特科以得通才为主片》《请将盛宣怀借户部款岁息拨充学堂经费片》《请商定教案法律厘正科举文体听天下乡邑增设文庙谨写〈孔子改制考〉进呈御览以尊圣师而保大教折》《请废八股以育人才折》《请以爵赏奖励新艺新法新书新器新学设立特许专卖折》《请将经济岁举归并正科并饬各省生童岁科试迅即遵旨改试策论折》《请禁奏请复用八股试士片》《请停弓刀石武试改设兵校折》《请开学校片》《请改直省书院为中学堂乡邑淫祠为小学堂令小民六岁皆入学折》《请将优拔贡改试策论片》和《祈酌定各项考试策论文体折》等奏折奏疏反映教育问题，此外，还有《请开农学堂地质局以兴农殖民而富国本析》，等等。这些奏折反映了康有为对教育改革的高度重视，其中蕴含着他的哲学理念和教育主张。由于许多奏折是专门就教育问题上书的，名为"奏折"，实则不啻为阐发教育的专题论文，因而成为研究康有为教育思想——特别是教育改革思想的第一手资料。

《大同书》中明确指出大同社会最重教化，并且对未来教育进行全球规划，建构了一套完整的20年义务教育方案。虽然酝酿于1884年，

《大同书》却成书于1901—1902年间，也就是康有为游历欧美各洲和印度之后。这恰好代表了他第三阶段的教育主张。与《大同书》命运相似的《诸天讲》[①]同样寄托了康有为的教育理念，《诸天讲》与《大同书》的不同之处不仅在于是康有为唯一一部生前未付梓的著作，而且在于《诸天讲》原本就是他晚年在天游学院讲课的讲稿，这与《大同书》"秘不示人"，不对学生宣讲形成了强烈对比。当然，两书的内容也有本质区别。正是这种区别将《大同书》锁定在了第三时期，而《诸天讲》则属于第四时期。当然，说到讲稿，不能不提康有为早期讲学时讲授，并由弟子们参与整理、编撰完成的《新学伪经考》和《孔子改制考》。因此，这两部书既是康有为的学术著作，又是他讲课的"教材"。作为"教材"，《新学伪经考》和《孔子改制考》真实呈现了康有为的讲学内容，书中秉持公羊学传统发挥的微言大义和托古改制思想恰好印证了他的教育思想与启蒙思想、政治主张和国学理念的密不可分。

由于个人经历、学术兴趣和政治主张等诸多方面的原因，康有为的教育理念和思想既带有中国近代的时代风韵而呈现出与其他近代哲学家的一致性；又个性飞扬，拥有迥异于他人的鲜明特色。前者表现为呼吁教育改革，在主张废八股、变科举的同时，借鉴西方的教育模式和办学经验；后者表现为在大多数情况下不是使用教育而是热衷于教之概念，并且由于教之概念的泛化而教学相混。由于对教育、教化与宗教未作明确厘定，教育与宗教在康有为那里是相混的。这使他的教育思想在概念上模糊不清，在内容上广博庞杂，在观念上新旧交替，因而成为近代思想史上的独特景观。

第一节　教之释义

康有为的思想带有新旧蜕变的性质，他的教育思想也不例外。现代意义上的教育（education）一词是随着西学的东渐和西方的学科分类系统一起在中国出现的，学科分类意义上的教育对于中国人来说是舶来

[①] 两书都历时数十载，经过多次修改而最终定稿，并且都是对未来的畅想，而含有虚构成分或科幻色彩等。

品。在中国本土文化语境中，与教育近似的概念除了教化，便是更笼统的教。就康有为的教育思想来说，新旧蜕变的性质除了表现为理论来源和内容构成上的中西杂糅、古今和合之外，还集中表现为对教之概念的界定——如果说新旧蜕变的性质属于近代思想的共性的话，那么，康有为对教之概念的界定则带有强烈的康氏印记。他对教的界定最显著的特征是将教与宗相剥离，致使教泛化。事实上，康有为对教之概念的释义以及对教的泛化带来了两个相应的后果：一是淡化乃至混淆教与学之间的界限，致使教学相混；二是使教中既包括宗教，又包括教育。

与对教之概念的泛化息息相关，康有为对教的界定既展示了对宗教的理解和态度，又体现了对教育的厘定和理解。

一 教包括教育

康有为之所以在讲教育时以孔子为教主，以孔子之教为教，基于对中国内忧外患的深层根源的探究挖掘和医治之方的现实考量。例如，在上书光绪帝的奏折中，他将当时的风俗人心之坏归结为教育的失败，并且提出了以彰显孔教地位为核心的应对之策："然近日风俗人心之坏，更宜讲求挽救之方。盖风俗弊坏，由于无教。士人不励廉耻，而欺诈巧滑之风成；大臣托于畏谨，而苟且废弛之弊作。而'六经'为有用之书，孔子为经世之学，鲜有负荷宣扬，于是外夷邪教，得起而煽惑吾民。直省之间，拜堂棋布，而吾每县仅有孔子一庙，岂不可痛哉！今宜亟立道学一科，其有讲学大儒，发明孔子之道者，不论资格，并加征礼，量授国子之官，或备学政之选。"[①] 依据康有为的分析，中国近代社会的衰微根源在于人心之坏，而人心之坏的根源在于教育的失败，他称之为"无教"：

第一，从内患来说，人心风俗败坏。由于"无教"导致中国人信仰空虚，外教才能乘虚而入。这个诊断意味着只有加强教化，重振教育，以此激励人心，才能从根本上抵御外教，进而挽救中国近代社会的生存危机和民族危亡。

第二，从外患来说，外教强势而来，不时引发冲突，乃至在中国境内教案频发。消除教案的长久之计不是治标不治本的镇压，而是标本兼

[①]《上清帝第二书》，《康有为全集》第二集，中国人民大学出版社2007年版，第43页。

治的树立中国人之国教，具体办法则是让孔教深入人心。由此不难发现，在中国近代特殊的历史背景、现实状况和社会环境下，康有为既试图凭借宗教以孔子与耶稣分庭抗礼，借助中国本土的孔教打压西方传入的基督教（耶教）；又试图通过发展教育提高中国人的素质，开发民智。循着这个思路可以发现，他极力排斥宗教一词而热衷于使用教之概念，与其说是分不开宗教与教育，毋宁说原本就是为了弥合宗教与教育之间的界限，以期借助教之模糊混一达到既激励气节又开启民智的目的。前者属于信仰，是宗教笃守的；后者则属于知识，是教育擅长的。因此，对于康有为来说，宗教与教育一个都不能少，由于不可或缺而混合为一也就自然而然了。当然，有了这个前提，也就容易理解他的教学相混了。

首先，康有为在参观各国学校时，将先圣与先师并举。如上所述，通过教与宗的剥离，康有为所讲的教不再限于宗教，而是拥有了更大的外延。在这个前提下，他对教之内涵的诠释则使教统摄宗教、教育和教化等一切教与学，是对教的极大泛化。康有为这一做法的直接后果便是模糊了教与教化、教育之间的界限，与教的泛化相伴随的是教育概念的泛化和模糊。例如，在参观英国以及西方多个国家的学校之后，康有为曾经写下了这样的心得：

> 盖凡教学必尊其先圣、先师，此中西之通义也。遍观各国大、中、小校，莫不同焉。其本校教授之有名者悬像于中，敬先师也；皆有祈拜耶稣之殿，敬先圣也。吾国人就学者虽非同教，既入其学亦施敬焉，其重先圣、先师至矣。其神学科别为一派，班次、衣冠皆在诸科之上，敬先圣因重其传授之人也。日本学校昔本崇孔子，今中国微矣，变用西法，一切扫除，而其国俗则儒、佛同尊，难定于一。孔子又非其国产，故不立祈拜之殿，扫除经学之专科。然中学必诵五经，小学必诵《论语》，彼亦无能自外焉。若我国以儒治国垂数千年，笃生教主，不假异地，此乃大地之所无，而吾国文明之最光远有耀者也。……妄人寡识，以己国一日之弱而惊于欧人一日之强，乃欲尽弃其学而学焉，于我国所弃除之诸子旧说出之，欧人则珍之，而乃轻其东家邱，至有谓中国无教主。敢谓孔子乃哲学家、政治家、教育家，非教主者，审若是，然则中国无教乎？于是

媚外风行，群盲推波，乃至大学堂编官书亦公然采兹谬说，渐且有议谒圣不行拜跪礼者，渐且有自称西历几世纪者。无识无耻，谬妄颠愚，举国若狂，甘为奴隶。噫！何吾国人之少弱即不自立，愚顽忘耻若是之甚也！①

这段引文显示，康有为并没有将学校视为专门传播知识的场所，而是借助学校将宗教信仰与知识传播冶为一炉。这一点与他对宗教与教育的相提并论互为表里，受制于教之概念对宗教与教育的混为一谈。引文中的"其本校教授之有名者悬像于中，敬先师也；皆有祈拜耶稣之殿，敬先圣也"，则印证了康有为一贯的教学相混。因此，他在这里所讲的"教学必尊其先圣、先师"之"教学"可以从广、狭两个完全不同的角度去理解：在广义上可以理解为宗教和学术，在狭义上可以理解为教育，也就是康有为所说的"教学之'教'而必曰'教育'"——两相比较，主要侧重的则是教育。之所以下如此断语，理由是："先师"直接指向教育，紧接其后的"各国大、中、小校"更是印证了这一点。更为有力的证据是，尽管这里的"教学"内容宽泛，教化、宗教、教育、学术和文化兼而有之，然而，其侧重点则非教育莫属：第一，康有为认定尊先圣、先师是"中西之通义"，这是在强调中西教育皆尊师。第二，他列举的中西尊师的证据是各国的大、中、小学校，而无论何种学校都明显指教育言——至少离不开教育或者包括教育。第三，康有为用孔子之教（孔教）代表中国的教学、教化和教育，并且在尊奉孔子为教主（宗教家）的前提下，将孔子视为哲学家、政治家和教育家。

值得注意的是，在对西方教育发表感言之后，康有为话锋一转，将话题由西方转向东方，从日本昔日尊孔子与中国不尊孔子两个不同角度共同说明中国缘何媚外。沿着这一思路，他在后半段着重发表对中国之教的感言，既指出不尊孔子是中国人因为中国在近代落后于西方便仰慕西学而自甘为奴的原因，又提出了孔子是教主，中国人自当尊拜之的建议，从中可见他将立孔教为国教奉为拯救中国的出路。在这里，孔子的教育家身份与哲学家、政治家身份一样与教主身份不但并不矛盾，反而

---

① 《欧美学校图记 英恶士弗大学校图记》，《康有为全集》第八集，中国人民大学出版社2007年版，第125—126页。

是相互印证的：一方面，孔子身兼哲学家、政治家和教育家，这些共同指向、证明了他的教主身份。另一方面，由于是中国的国教——孔教之教主，孔子之道在中国盛行两千年，孔子成为哲学家、政治家和教育家。由此看来，孔教之教中就包括教育思想，正如其中包括宗教思想一样。换言之，教育家是孔子作为教主的题中应有之义，教育思想是孔教的一部分。

其次，在对教予以释义的过程中，康有为以教言教育。他之所以反复强调"宗教"一词不能成立，主要原因和动机有二：一是反对将教与宗相提并论，以神道、神教界定和理解宗教；二是坚持教之内涵丰富奥赜，教育、宗教皆囊括其中，反对将教等同于宗教。正因为如此，与其将康有为津津乐道的教之概念理解为宗教，不如理解为教化更为确切，而教化中则不仅包括宗教，而且包括教育。

更能证明教在康有为那里包括教育的证据和理由是，他所使用的与教相关的概念除了教化，还包括"教学"。很明显，与教化相比，"教学"一词更接近教育。更为直接的证据是，康有为在对教进行释义时，直接使用"教学"一词来指称教育。下面这段话即是如此：

> 而其（指日本——引者注）行文又习于佛典之重文，若"慈悲""勇猛""坚固"等字必用双名。由是主名百物多用双字，如教主、立教之"教"而必曰"宗教"，教学之"教"而必曰"教育"。①

康有为在这段引文中明言，"教学之'教'而必曰'教育'"。这句话明白无误地说，"教学"之教就是专门指教育言。此处之教育的原文是education，与宗教（religion）一样是西方学科分类视域中的概念。与对宗教一词的态度明显不同乃至截然相反，康有为并不排斥教育一词。恰好相反，他在奏折或著述中直接使用教育一词——前者以戊戌变法时期的大量奏折为代表，后者则以《大同书》等著作为代表。就康有为对概念的运用、侧重而言，大体可以归结为四个不同阶段：戊戌变法之

---

① 《欧美学校图记　英恶士弗大学校图记》，《康有为全集》第八集，中国人民大学出版社2007年版，第126页。

前以教为主，戊戌变法时期开始大量使用教育一词，戊戌变法失败后逃亡海外——特别是游历西方各国时教与教育混用，后来则复归到以教为主。尽管他在不同时期对教与教育等概念具有不同侧重，不可否认的是，教对于康有为来说具有多重意蕴和价值，自始至终都是一个重要概念，并且始终与教育密切相关。

再次，综观其思想可以发现，尽管并不像对待宗教那样排斥教育一词，然而，康有为使用最多并且歧义最大的则是教之概念。教的使用既牵出了教育与宗教的复杂关系，又显示了他的教育理念和主张的独特性。而这一切归根结底受制于他热衷于使用"教"一词的良苦用心和讲教的立言宗旨。

进而言之，中国近代是救亡图存的时代，康有为的救亡路线和纲领则是立孔教为国教。他之所以对教津津乐道，具有提升中国人之自信心和自尊心的初衷。正是出于这一动机，康有为在拒绝宗教一词的同时，更热衷于使用教之概念。其中的奥秘在于，教之概念并非出于日文，亦非出于西文；而是出于国文，为中国所固有。他对这一点非常在意，多次从语出有据的角度力挺教而排斥宗教。正是在这个意义上，康有为写道："夫今之敢倡是说者，不过以日本书盛行，日读而迷之。日人以神道为宗教，乃日人之妄定名词耳。因是之故，佛、耶、回之言神道者，则以为教；儒不如佛、耶、回之专言神道，则以为非教。试问教之为文义，并非日文，亦非西文，乃出于吾之古经传记者也。若《书》之称敬敷五教，在宽，教胄子，《易》言教思无穷，《论语》言子有四教，《孟子》言教亦多术，又曰教以人伦，逸居而无教，则近于禽兽，《史记》称仲尼弟子以友教于四方，此皆至近之说，人人共知；教之为义至浅，亦人人共识；岂有数千年文明之中国而可无教？又可无主持教化之人乎？若数千年之中国而可无教也，则中国人不皆沦为禽兽乎？人虽欲媚外自轻，亦可忍弃自昔先民无数圣哲之精英乎？亦何忍日降于无教之禽兽乎？人虽欲自辱自贱，何至如是哉！国有大圣而必自攻弃之，而谓他人父、谓他人君乃为然耶，此等笑闻，岂真数千年来未有之特识耶？"[①] 由此可见，他之所以连篇累牍地辨析教之内涵，是为了给儒教、

[①] 《英国监布烈住大学　华文总教习斋路士会见记》，《康有为全集》第八集，中国人民大学出版社2007年版，第33页。

孔教正名。依据康有为的理解，儒教是否是自古就有、孔教是否是宗教等问题绝非像严复所理解的那样属意气之争，而是关乎中国人的人心向背，由于与中国的前途、命运休戚相关而不可小觑。道理很简单，如果不承认孔子创立之教有教之名，中国之教拥有两千年的历史，那么，不仅会让中国人的自豪感无从谈起，而且会由于中国属于"无教"之国而令中国人丧失民族自尊心和自信心。伴随着中国成为"无教"之国，中国人不仅沦为没有教化的"禽兽"而自我轻贱，而且还要面临外国人的污蔑和贱视。更为严重的是，在外教的入侵下，中国人由于崇洋媚外心理作祟而纷纷投向基督教。分析至此，康有为旨在强调，不承认孔子之教会导致中国无教的结论，由此造成的种种后果给中国造成的打击是致命的。针对这种局面，康有为呼吁，必须明确孔教是中国的国教，孔子是中国的教主。他提出的证据是，《尚书》《周易》《论语》和《孟子》都是讲教的，儒家的四书五经都是教之文本，中国的人伦、政治、文化和教育皆不出孔教之范围。沿着这个思路，康有为强调，中国历来是一个重教的国度，中国之教即孔教，也就是孔子创立的儒教。中国之教不仅拥有令西方相形见绌的源远流长，而且以令西方之耶教（基督教）自叹弗如的孔子之教为国教。

二 孔子之教

康有为对教之释义并非完全出于学理上的阐释，而是具有深切的现实观照，那就是：通过论证教并非只限于神道、神教来为孔教、儒教正名。对于这个问题，他的观点是：从内涵上说，凡对人之教化皆可称为教。基于这一理解，康有为称孔子思想为孔子之教，简称孔教，亦可以称为孔学、孔子之学或孔子之道。认定孔教和宗教息息相通，他将孔教与佛教、基督教相提并论，将孔子提倡的作为道德规范的信与佛教、基督教的起信论混为一谈。例如，对于《论语》中记载的"民无信不立"（《论语·颜渊》），康有为的解释是："此孔子教后学从教传教之法。盖万法皆起于笃信，不信则一切无可学；万事莫坚于死守，不死则一切无可守。故佛之教人，必在起信而从之坚；耶之教人，必以死守道而道大行。"[1]

在康有为的视界中，孔子之教简称孔教，亦可称为儒学、儒教或孔

---

[1] 《论语注》，《康有为全集》第六集，中国人民大学出版社 2007 年版，第 440 页。

学、孔子之学。这六个概念对于他来说并无本质区别。这是因为,康有为并没有对教与学予以区分,教在他那里包括宗教之教、教育之教和教化之教。孔教之教当然也不例外,教之泛化与孔教的包罗万象一脉相承。在这个前提下,康有为特别强调,正如兼陈三世三统以待变通一样,孔子的思想远近大小精粗无所不包,人们对之万万不可偏于一隅而窥之。正是在这个意义上,他宣称:

夫孔子之道至大,兼陈三世以待变通,无所不有,既不能执一端以窥之。……孔子既自言之曰:圣人以神道设教而天下服,又曰:明命鬼神以为黔首则,百众以畏,万民以服。故虽远鬼神而不语,以扫野蛮时迷信过甚之风,亦存祭祀而畏天,以示照临上下左右之切,故尽毁淫祀而仍隆敬祀典,立天地山川社稷先祖之祀。《诗》《书》所载,语必称天。明明在上,赫赫在下,天难忱斯,天位殷适。六语之中,四语称天。曰:上帝临汝,无贰尔心。获罪于天,无所祷也。诸经所述不可胜数,虽耶教尊天之切岂有过此。中国开明最早,以孔子早扫神权,故后儒承风几为无鬼之论。然在孔子之意,以生当乱世,人性未善,不能不假鬼神以怵之,仍存而不绝。如管子所谓:不明鬼神则陋民不悟也。故庄子称孔子曰:古之人其备乎!配神明六通四辟无乎不在。即以神道为教,孔子何尝不兼容并包,但不欲以此深惑愚民,若异氏之术自取尊崇耳。今多谓孔子不言天神、灵魂、死后者,皆误因《论语》一二言如"子不语神怪""远鬼神"之说。则《易》曰:精气为物,游魂为变,故知鬼神之情状。焄蒿悽怆,天地之精乃取而祀之。经说固无限,且即以《大学》开口曰在明德,岂非灵魂?而《中庸》开口曰"天命",终语曰:上天之载,无声无臭,至矣!此又何言?①

在这里,康有为反复申明孔子之道至大,以此证明孔教既包括神道、神教之宗教,又不囿于宗教。对于这一问题,他的论证从三个不同维度展开:第一,由于面对不同根器的受众现身说法,孔子注重变通,

----

① 《欧美学校图记 英恶士弗大学校图记》,《康有为全集》第八集,中国人民大学出版社2007年版,第127页。

兼陈三世。这决定了孔子之道至大——远近大小精粗无所不包，其中就包括宗教所讲的神道、神教。这证明了孔子思想是宗教，孔子是宗教家。第二，讲天命、鬼神、灵魂和死后之事是康有为判断宗教的标准，他用以证明孔子之道包括神道、神教的证据是，孔子讲天命、鬼神、灵魂和死后之事。循着这个逻辑，孔教对这些兼而有之即证明了孔教中包括神道、神教等宗教方面的内容。第三，康有为特意指出，孔子认为人性未善，不能不神道设教，以鬼神来怵民，故而讲神道、神教。令人遗憾的是，后世却误解了孔子，认定孔子不讲神道、神教，甚至将孔教排斥在宗教之外。造成这种局面的原因有二：一是中国文明开化早，后儒几乎作无神之论；二是《论语》有"子不语怪、力、乱、神"（《论语·述而》）和"敬鬼神而远之"（《论语·雍也》）之类的记载，给人以孔子不言鬼神的印象。在此基础上，康有为解释说，作为教主，孔子不欲以天命、鬼神、灵魂或死后之事"深惑愚民"，孔教也就不像"异氏之术自取尊崇"。尽管如此，这并不等于孔子不言鬼神或不讲神道设教。恰好相反，从《诗》《书》《易》《春秋》到《大学》《中庸》，能够证明孔子讲天命、鬼神之语不绝于耳。借此，康有为一面以四书五经作为证据凸显孔教的宗教意蕴，一面指责人们不应该单凭《论语》之三言两语而误解孔子。梁启超曾将康有为发明孔教的特点归纳为排斥《论语》而笃信《春秋》，从康有为抵制《论语》的角度看，梁启超此言深中肯綮。康有为排斥《论语》的原因是多方面的，如断言《论语》出自曾子之手，曾子重修身，专注于礼而忽视仁，掩盖了孔子之仁和大同之学等。除此之外，还有一个重要原因，那就是：《论语》中关于孔子不言鬼神的记载不仅导致人们对于孔子不讲灵魂和死后之事的认识，而且带坏了张载和朱熹等宋明理学家，使他们将鬼神方面的内容彻底从孔教中删除，也就等于将宗教方面的内容从孔教中删除，致使孔教内容狭隘化（康有为称之为使孔教"割地"）。如果说曾子是使孔教"割地"的始作俑者的话，那么，曾子所编撰的《论语》则使这一误导扩散开来，对于造成人们对孔子不言鬼神、不讲灵魂的误解难辞其咎。

　　基于上述分析，康有为一面肯定孔教包括宗教，一面强调不可将孔教的内容完全囿于宗教之内。只有这样，才能从根本上理解孔教与其他宗教的不同之处，进而通过孔教之博大精深来体会、领悟孔教之贵。对于孔教之体系广博邃奥、逻辑盛水不漏，他断言："夫孔子之道广矣博矣，邃矣奥矣，其条理密矣繁矣，又多不言之教，无声无臭，宜无得而称焉。……故善言孔子者，莫如庄子。曰：古之人其备乎，配神明，醇天地，育万物，和天下，六通四辟，小大精粗，其运无乎不在。其传而在六艺者，邹鲁之士、缙绅先生能言之。《诗》以道志，《书》以道事，《礼》以道行，《乐》以道和，《易》以道阴阳，《春秋》以道名分。"①据此可知，康有为不仅坚持孔教的博大精深，而且认定六经皆孔教经典。在这方面，他援引《庄子·天下》篇的"《诗》以道志，《书》以道事，《礼》以道行，《乐》以道和，《易》以道阴阳，《春秋》以道名分"之语加以改造，将六经所讲内容——志、事、行、和、阴阳和名分皆纳入孔教之中，进而说成是孔教的内容。

第二节 孔子的教育思想

对于康有为来说，立孔教为国教既是救亡纲领，又是奋斗目标。立孔教为国教的前提是孔子的思想是宗教，孔子是中国的教主。孔教之教不仅包括宗教，而且包括教育；孔教既表明孔子是宗教家，又表明孔子是教育家。对此，他一再表白，只是由于世人以教育家乃至哲学家或政治家言孔子，却偏偏不以宗教家言孔子，并且人云亦云，否认孔教是宗教，最终导致中国是无教之国的荒唐结论，自己才不得不不厌其烦地极力彰显孔子的宗教家身份和教主地位。有鉴于此，在康有为那里，孔子是教主、是宗教家与是教育家之间并不矛盾；恰好相反，是教育家以及是政治家、哲学家与是宗教家一样对于孔子是教主不可或缺，归根结底都是孔子是教主的题中应有之义。在这个前提下，康有为进一步对孔子的教育思想予以审视和阐释，以期全面发掘孔教的教育意蕴和内容。

一 孔子的教育方针

依据康有为的逻辑，孔子之所以是中国的教主，与孔子思想的影响密不可分；而孔子的思想之所以产生空前绝后的影响，与孔子的教育家身份息息相通。孔子是中国最伟大的教育家，成功的教育使孔子思想远

---

① 《春秋笔削大义微言考》自序，《康有为全集》第六集，中国人民大学出版社2007年版，第3页。

播，产生了无与伦比的影响，也使孔子拥有了独一无二的地位。他进而指出，孔子教育的成功很大程度上取决于孔子的教育方针，从根本上说，是"有教无类"的教育方针的胜利。由于秉持"有教无类"的教育方针，孔子从不把前来求教者拒之门外。这就是说，"有教无类"的教育方针使孔子广收门徒，从而最大限度地普及了教育。众所周知，孔子开创了中国教育史上的私人讲学之风，使教育由作为国学（官办）的官方教育推进到了作为私学的个人讲学。孔子的私人办学之举是办学模式的创新，扩大了受教育者的范围，孔子也由此成为中国私人办学的第一人。在康有为看来，孔子私人办学的举措极大地普及了教育，在使教育由贵族的特权下降至平民共享的同时，扩大了受教育者的范围。更为重要的是，"有教无类"的教育方针吸引了来自四面八方的求学者，使孔子的教学拥有了他人、他教望尘莫及的受众和徒侣。对于孔子教学的壮观场面和人数之多，康有为提供的具体数字是"徒侣六万"。正是在这个意义上，他三番五次地声称：

> 孔子之学，门人七十，弟子三千，徒侣六万。①

> 《史记》谓通六艺者七十二人。孔子传之七十二弟子，弟子传之三千门人，门人传之六万徒侣。②

> 传经之学，子夏最多。孔子徒侣六万，见《穆子长集》。《吕览》谓，荀卿之徒著书布天下。③

在康有为的意识中，"徒侣六万"极具说服力，作为孔子讲学规模的数据证明了孔子教学的成功，对于孔子、孔教至关重要——在证明孔子对教育的普及功莫大焉的同时，从受教层面上表明孔子的教育家身份

---

① 《康南海先生讲学记·儒家》，《康有为全集》第二集，中国人民大学出版社2007年版，第116页。
② 《万木草堂口说·孔子改制》，《康有为全集》第二集，中国人民大学出版社2007年版，第148页。
③ 《万木草堂口说·学术源流》，《康有为全集》第二集，中国人民大学出版社2007年版，第144页。

是不言而喻的。除此之外,"徒侣六万"使孔子成为中国的教主,也使孔子之教在当时和后世都产生了无可比拟的巨大影响,最终成就了中国的至大之教。基于这一理解,康有为认定孔教是中国的国教,并且将拯救中国的希望寄托于立孔教为国教上。

与对孔子"徒侣六万"的津津乐道相一致,对于孔子的教学成就和孔教的传播、普及盛况,康有为不无夸张地描述道:

孔子既殁,子夏、曾子、有若、子贡,皆能传其学而张之。七十子之徒散游诸侯,大者为卿相师傅,小者友教士大夫。子张居齐,子羽居楚,子贡居齐,子夏居西河,而子夏为魏文侯师,段干木、田子方、禽滑厘、李克、瞿璜皆其弟子。战国名士大师,若墨翟、庄周、吴起、荀卿,皆传"六艺"于孔门。①

夫孔子之后,七十弟子各述所闻以为教,枝派繁多。以荀子、韩非子所记,儒家大宗,有颜氏之儒,有子思之儒,有孟氏之儒,有孙氏之儒,有仲弓之儒,有乐正氏之儒;其他澹台率弟子三百人渡江,田子方、庄周传子贡之学,商瞿传《易》,公孙龙传坚白。而儒家尚有宓子、景子、世硕、公孙尼子及难墨子之董无心等,皆为孔门之大宗。自颜子为孔子具体,子贡传孔子性与天道,子木传孔子阴阳,子游传孔子大同,子思传孔子中庸,公孙龙传孔子坚白。子张则高才奇伟,《大戴记·将军文子篇》孔子以比颜子者,子弓则荀子以比仲尼者。自颜子学说无可考外,今以《庄子》考子贡之学,以《易》说考子木、商瞿之学,以《礼运》考子游之学,以《中庸》考子思之学,以《春秋》考孟子之学,以正名考公孙龙之学,以荀子考子弓之学,其精深瑰博,穷极人物,本末、大小、精粗无乎不在,何其伟也!②

康有为认为,《荀子》《韩非子》中对于孔子后学和孔教传播已有

---

① 《教学通义·六经》,《康有为全集》第一集,中国人民大学出版社 2007 年版,第 37 页。
② 《论语注》序,《康有为全集》第六集,中国人民大学出版社 2007 年版,第 377 页。

记载，《韩非子·显学》篇更是将孔子后学分成八个学派，即"儒分为八"。其实，孔子的影响以及孔教传播的盛况远不止这些。在孔子死后，孔子的亲授弟子如子夏、曾子、有子、子贡、子游、子张和子羽等人都对孔子思想有所传播。这些人遍布各个诸侯国，孔子的思想也随之被带到各地。在这些亲授弟子的努力下，孔子的再传、三传弟子不计其数、蔚为壮观。于是，出现了段干木、田子方、禽滑厘、李克、翟璜、商瞿、公孙龙、宓子、景子、世硕、公孙尼子和董无心等一长串的名字。

此外，与对孔子"徒侣六万"的渲染一脉相承，康有为强调，孔子秉持"有教无类"的方针而开创的私人办学使教育由原来的贵族专有变成了人人享有，既在教育领域推进了平等，也使中国实现了教育自由。由于沐浴孔子教育普及的恩泽，拜孔子自由、平等思想之赐，中国的教育早在两千年前就已经进入了自由时代——从秦始皇废封建设郡县开始，中国已经进入"学业"自由阶段，实行的是教育自由政策，士、农、工、商各阶级皆可以自由选择学业和宗教信仰。这用他本人的话说便是："吾中国二千年改郡县后，既无世诸侯大夫，人人平等，无封建之压制。民久自由，学业、宗教、士、农、工、商，皆听自为之。"①

二 孔子的教学内容

在认定孔子是教育家的前提下，康有为进一步介绍、阐发了孔子的教学内容。对于这个问题，他肯定孔子在收徒讲授中以文、行、忠、信四门功课教学。如果说《论语》有"子以四教：文，行，忠，信"（《论语·述而》）的记载，康有为关于孔子以文、行、忠、信教学的说法语出有据、并不新奇的话，那么，他接下来的说法即使不算是石破天惊，亦可谓语出惊人。这是因为，康有为强调，六经都是孔子所作，并且都是孔子用于教学的"教材"。对此，他解释说："天既哀大地生人之多艰，黑帝（指孔子——引者注）乃降精而救民患，为神明，为圣王，为万世作师，为万民作保，为大地教主。生于乱世，乃据乱而立三世之法，而垂精太平，乃因其所生之国，而立三界之义，而注意于大地远近大小若一之大一统。乃立元以统天，以天为仁，以神气流形而教庶

---

① 《法兰西游记·法国大革命记》，《康有为全集》第八集，中国人民大学出版社2007年版，第200页。

物,以不忍心而为仁政。合鬼神山川、公侯庶人、昆虫草木一统于其数,而先爱其圆颅方趾之同类,改除乱世勇乱争战角力之法,而立《春秋》新王行仁之制。其道本神明,配天地,育万物,泽万世,明本数,系末度,小大精粗,六通四辟,无乎不在。此制乎,不过于一元中立诸天,于一天中立地,于一地中立世,于一世中随时立法,务在行仁,忧民忧以除民患而已。《易》之言曰:书不尽言,言不尽意。《诗》《书》《礼》《乐》《易》《春秋》为其书,口传七十子后学为其言。此制乎,不过其夏葛冬裘,随时救民之言而已。若夫圣人之意,窈矣深矣,博矣大矣。世运既变,治道斯移,则始于粗粝,终于精微。教化大行,家给人足,无怨望愤怒之患,强弱之难,无残贼妒疾之人。民修德而美好,被发衔哺而游,毒蛇不螫,猛兽不搏,抵虫不触,朱草生,醴泉出,凤凰麒麟游于郊陬,囹圄空虚,画衣裳而民不犯。则斯制也,利用发蒙,声色之以化民,末矣。"[1] 借助这段议论,康有为阐明了三个问题:第一,孔子哀生民之多艰,为救世而来。这注定了孔子的教主身份。第二,作为教主的孔子,生于据乱世而托古改制。这决定了孔子的思想远近大小精粗无所不包——其中既有见诸文字的六艺,又有"书不尽言,言不尽意"的微言大义。第三,作为教主的孔子临时说法,限于困境中的生民是他的拯救对象和教育对象。总之,这段话说明了孔子教学对象的广泛性以及孔子教育思想的普及性。

在这个前提下,康有为指出,《诗》《书》《礼》《乐》《易》和《春秋》组成的六经都出自孔子之手,也是孔子教学的"教材"。"'六经'皆孔子作"是康有为的一贯主张,也是他发明、评价孔教的前提依据。不仅如此,对于康有为来说,作六经证明了孔子的教育家身份,因为孔子就是拿六经为教材授徒讲学的。作六经表明,中国的学术、教育开启于孔子。更为重要的是,六经证明了孔子的教主身份,也使孔子的教育收获了巨大的成功——正是由于孔子作六经,并传授给七十子,才使孔子之教广播天下。

值得注意的是,康有为一面突出六经对于孔子的重要性,一面强调孔子之道并不限于六经。换言之,尽管孔子的教学以六经为课本,然而,他的教学内容却不限于六经。这正如孔子是教育家却不是只局限于

---

[1] 《孔子改制考》序,《康有为全集》第三集,中国人民大学出版社2007年版,第3页。

教育家一样。正因为如此，六经是孔子的教材即教学内容，却不可将孔子教学的全部内容都归结为六经。除了六经，孔子还有更为重要的教学内容，这部分内容才是孔子更为看中的高级之学。正是在这个意义上，他宣称：

> 子赣曰：夫子之文章，可得而闻也；夫子之言性与天道，不可得而闻也。……文章，德之见乎外者，六艺也，孔子日以教人。若夫性与天道，则孔子非其人不传。性者，人受天之神明，即知气灵魂也。天道者，鬼神死生，昼夜终始，变化之道。……子赣骤闻而赞叹形容之。今以庄子传其一二，尚精美如此，子赣亲闻大道，更得其全，其精深微妙，不知如何也。此与《中庸》所称"声色化民，末也；上天之载，无声无臭，至矣！"合参之，可想象孔子性与天道之微妙矣。庄子传子赣性天之学，故其称孔子曰：古之人其备乎！配神明，醇天地，育万物，和天下，泽及百姓，明于本数，系于末度，六通四辟，小大精粗，其运无乎不在。其明而在数度者，旧法世传之，史尚多有之。其在于《诗》《书》《礼》《乐》者，邹鲁之士，缙绅先生，多能明之。《诗》以道志，《书》以道事，《礼》以道行，《乐》以道和，《易》以道阴阳，《春秋》以道名分。其数散于天下，而设于中国者；百家之学，时或称而道之。……按庄子所称"明而在数度者，旧法世传"，即夫子之文章可得而闻也。若性与天道，则小大精粗，无乎不在。……《易》曰：书不尽言，言不尽意。天下之善读孔子书者，当知六经不足见孔子之全，当推子赣、庄子之言而善观之也。①

对于孔子教授的高级之学，康有为在不同场合、不同维度具有不同称谓：从内容上称之为"性与天道"，与"文章"相对应，指孔子讲灵魂（"性"）和鬼神（"天道"），旨在证明孔子思想是宗教，故而对于孔子是教主至关重要；从文本上称之为微言、大义或微言大义，与"字面"意思相对应，指文本字里行间寄予的深层含义，旨在强调孔子身处乱世，只好将心系大同、追求自由平等的愿望通过三世三统这种特

---

① 《论语注》，《康有为全集》第六集，中国人民大学出版社2007年版，第411—412页。

殊的方式表达出来，托古改制由此成为孔子的微言大义；从传承上称之为"口说"，与"六艺"相对应，指这方面的内容不依托文本而口口相传，旨在强调孔子对这部分内容寄予厚望，不轻易传人——"非其人不传""择人而传"。

依据康有为的说法，孔子教学的内容从教材上看包括"六经"，从方式上看，包括"口说"与文本。正如"六经"之间有难易、高低之分一样，"口说"之微言与著述之文本之间存在着高低、优劣之别。与见诸"文章"的文本（"六艺"）相比，"非其人而不传"的"性与天道"隐藏着孔子的微言大义。这表明，在康有为那里，"六经"不能概括孔子思想之全貌，甚至在孔子之道中不是最重要的。与这一观点相印证，康有为对《诗》《书》《礼》《乐》《易》和《春秋》的称谓也随之由六经变成了"六艺"。"六经""六艺"实际所指相同，都是指《诗》《书》《礼》《乐》《易》和《春秋》六部书，并且，将六经称为六艺并非康有为的首创，他本人也为这种称谓找到了历史依据：

> 《诗》《书》《礼》《乐》《易》《春秋》，是为"六经"，见于《经解》《庄子》《韩非子》《史记·儒林传》，又名"六艺"。史迁曰：言"六艺"者，皆折中于孔子。盖"六经"皆孔子作也。《诗》《书》《礼》《乐》，孔子藉先王之书而删定之；至《易》与《春秋》，则全出孔子之笔。故孔子教人，以《诗》《书》《礼》《乐》，而《易》《春秋》，身后始大盛也。孔子之为万世师，在于制作"六经"，其改制之意，著于《春秋》。①

尽管如此，一个不争的事实是，面对六经与六艺两种称谓，虽然具体所指没有变，但是，称"六艺"时，《诗》《书》《礼》《乐》《易》和《春秋》作为经典的神圣韵味便荡然无存了。稍加思考即可发现，康有为意欲凸显六经权威时，称之为六经；着重发明孔子微言大义而看轻文本时，则称之为"六艺"。无论他对《诗》《书》《礼》《乐》《易》和《春秋》如何称谓，有一点是可以肯定的，那就是：孔子以《诗》《书》《礼》《乐》《易》和《春秋》教学，它们构成了孔子教学

---

① 《长兴学记》，《康有为全集》第一集，中国人民大学出版社2007年版，第349页。

的主要内容。

三 孔子的教育方法

康有为指出，孔子在教育方法上注重因材施教，善于根据每一位学生的天资而选择不同的教授内容。更何况无论是"有教无类"还是门徒众多都使孔子的弟子良莠不均，在天资、素质和性格等各个方面参差不齐。面对这种情况，孔子在教学过程中不是采取整齐划一的硬性灌输，而是根据教育对象的具体情况选择不同的教育方法，讲授不同的内容。以孔子所做的教科书——六经为例，由于六经之间具有难易、高低之分，孔子便根据不同学生的天赋水平和领悟能力分别予以施教。对于六经之间的难易之分和高低之别，康有为提出过多种说法。下仅举其一斑：

> 六经皆孔子所作以为教，而《易》《春秋》作于晚暮，故早岁但以《诗》《书》《礼》《乐》教人，而《诗》《礼》《乐》三者尤要。①

> "六经"皆孔子所作。《诗》《书》《礼》《乐》，少年所作。《易》《春秋》，晚年所作。②

> "六经"者，《诗》《书》《礼》《乐》《易》《春秋》也。《诗》《书》《礼》《乐》皆孔子早岁之书，《易》《春秋》则孔子晚年所定之书也。(《诗》《书》少年所作，《礼》《乐》中年所作，《易》《春秋》晚年所作)③

借助这些议论，康有为力图让人相信，六经尽管都是孔子所作，却不可以对它们等量齐观：第一，《诗》《书》《礼》和《乐》是孔子早年（"少年"）所作，《易》《春秋》则是孔子晚年（"晚暮"）所作。对于这一点，第三段引文的表述与第一、第二段略有差异，不是像第

---

① 《论语注》，《康有为全集》第六集，中国人民大学出版社 2007 年版，第 438 页。
② 《万木草堂口说·孔子改制》，《康有为全集》第二集，中国人民大学出版社 2007 年版，第 147 页。
③ 《康南海先生讲学记·古今学术源流》，《康有为全集》第二集，中国人民大学出版社 2007 年版，第 107 页。

一、第二段引文那样对《诗》《书》《礼》和《乐》合论，视为早年("少年")所作；而是再细分为两个阶段——"少年"与"中年"，并在这个前提下认定《诗》《书》少年作，《礼》《乐》中年作。尽管如此，《诗》《书》《礼》和《乐》皆可归为与《易》《春秋》之晚年相对的"早年"所作，故而不影响康有为对六经创作年份的早晚之分以及由此而来的高低、难易之别。第二，孔子作六经的时间早晚与其间的高低、难易之别相对应。一言以蔽之，早年所作《诗》《书》《礼》和《乐》是孔子的初级之学，晚年所作《易》《春秋》则是孔子的高深之学。第三，如果说六经作为教学课本从一个侧面印证了孔子的教学内容之广泛的话，那么，最能体现孔子教学方法和因材施教的是，孔子在教学中对六经分别对待，面对不同的教育对象授予不同的经典。具体地说，对于早年作的《诗》《书》《礼》和《乐》，由于内容浅显易懂，孔子便拿来"日以教人"，对于《诗》《礼》和《乐》尤其如此；对于晚年作的《易》和《春秋》，由于内容高深奥赜，孔子便对二者"择人而传"。

  康有为进而指出，正是因为孔子注重因材施教，面对不同的教学对象传授不同内容，所以，尽管七十子皆传六经，百家皆从孔子思想而来，却对六经有不同侧重和传承。对于这个问题，康有为多有论述，其中堪称经典的表述是："盖《易》与《春秋》为孔子晚暮所作，《诗》《书》《礼》则早年所定。故《易》与《春秋》晚岁择人而传，《诗》《书》《礼》则早年以教弟子者。然《诗》《书》《礼》皆为拨乱世而作，若天人之精微，则在《易》与《春秋》。孔子之道，本末精粗，无乎不在；若求晚年定论，则以《易》《春秋》为至也。其后学，荀子传《诗》《书》《礼》，孟子传《春秋》，庄子传《易》，其浅深即由此而分焉。"① 依据这个说法，传承六经不仅呈现了孔子的教学内容，而且印证了孔子的教学方法。除了此处提到的孟子传《春秋》，庄子传《易》，荀子传《诗》《书》和《礼》之外，康有为还有老子传《易》，墨子传《春秋》等多种说法。正是这些说法从不同角度凸显了孔子因材施教，并且证实了"百家皆孔子之学"，证明了孔子的教主地位。

  与此同时，康有为指出，孔子的思想远近大小精粗无所不包，却根

---

① 《论语注》，《康有为全集》第六集，中国人民大学出版社2007年版，第429—430页。

据每个人的悟性深浅选择不同的内容。对于自己思想之"粗迹",孔子"尽人而教告之";对于自己思想之"精义妙道",孔子则"惟根性至上之人"乃传之。对此,康有为解释说:"孔子之道,本神明,贯天地,育万物,广大精微,本末精粗,无所不有。即其粗迹,如升平、太平之世,大同之道,亦欲尽人而教告之。然精义妙道,亦惟根性至上之人能闻之,否亦须中人以上乃能领受。苟非其人,则闻之惊骇,轻泄微言,反为无益。或未至其时而妄行,未至其地而躐等,更滋大害,且为永戒,虽精义妙道,反因流弊而后不敢行。若以天人之故而告愚人,则诲之谆谆,而听之藐藐,终日言而无闻。佛与诸大菩萨言,而初学菩萨无闻,可证此也。"① 按照康有为的理解,"尽人而教告之"与"惟根性至上之人能闻之"共同证明,孔子因材施教,面对不同的学生,选择不同的教授内容。这是孔子教学方法的特点乃至优长,却也从来源处为百家之学以及后世对孔学的割裂埋下了伏笔。

四 孔子的教学宗旨

在从不同维度极力彰显孔子之道窈邃奥赜、博大精深的同时,康有为强调孔子立教始于人道;并沿着这个思路从不同角度突出孔子之教的宗旨和重心,以便让人更好地抓住孔教的要领,从中领悟孔子的教学宗旨。正是在这个意义上,康有为连篇累牍地断言:

> 该孔子学问只一仁字。②

> 孔子以天地为仁,故博爱,立三世之法,望大道之行。太平之世,则大小远近如一,山川草木,昆虫鸟兽,莫不一统。大同之治,则天下为公,不独亲其亲,子其子,务以极仁为政教之统。③

> 孔子之道本仁,以不忍为宗,以同民患为义。吾非斯人之徒与而谁与?故本之亲亲,推及国人。以万物为吾体,而恶断弃不仁。

---

① 《论语注》,《康有为全集》第六集,中国人民大学出版社 2007 年版,第 421 页。
② 《南海师承记卷二·讲孝弟任恤宣教同体饥溺》,《康有为全集》第二集,中国人民大学出版社 2007 年版,第 250 页。
③ 《中庸注》,《康有为全集》第五集,中国人民大学出版社 2007 年版,第 379 页。

以此为人道，而不以高行绝世为贤也。①

言孔子教之始于人道，孔子道之出于人性，而人性之本于天生，以明孔教之原于天，而宜于人也。②

故圣人立政创教，皆本诸身，不为人不能行之道，而人人能从之。以爱人为体，则咸有不忍之心。以羞恶为用，则咸有不屑之意。故人人可从圣人，亦人人可为圣人。③

前三段引文的重点是说，孔教的宗旨是仁；后两段引文的重点是说，孔教之仁表现在"原于天"和因于人。其中，在对孔教之宗旨是仁的论证中，第一段引文旨在强调，孔子千言万语，六经千头万绪，都可以归结为一个仁字。由此可见，仁在孔教中提纲挈领——既是孔教立教的宗旨，又是孔子教学的核心。第二、第三段引文共同申明，孔教之仁表现为因循人性，一切从"宜于人"、为了人出发。由于因循人性，孔教人人可学，人人可行，前面提到的孔子以文、行、忠、信四门功课教学似乎与此相印证。议论至此不难发现，对于康有为来说，孔教的称谓既表明孔子之道是宗教，又表明其有别于其他宗教。孔教的特别之处是，以仁为立教宗旨，以因人之性、顺人之情为特点，在本质上属于人道教。人道教的属性既预示了孔教注重教化，又注定了其以文、行、忠、信等人伦日用为教学内容和重点。沿着这个思路，第四、第五段引文从不同方面共同凸显孔教的人道教意蕴和诉求。这些特质表明孔教更注重教化，也表明孔教在包含宗教的同时与教育更为接近。正是由于这个原因，孔教普及程度高，不仅恩泽万民，成为中国的国教；而且影响至深至远，以至于惠及包括西方在内的全世界（"大地"）。

五 对孔子教育思想的不同阐发

对孔子教育思想的阐发表明，康有为视界中的孔子是教育家，这一点与梁启超、章炳麟认定乃至突出孔子教育家的身份具有一致性。所不

---

① 《孟子微》，《康有为全集》第五集，中国人民大学出版社2007年版，第498页。
② 《中庸注》，《康有为全集》第五集，中国人民大学出版社2007年版，第369—370页。
③ 《孟子微》，《康有为全集》第五集，中国人民大学出版社2007年版，第437页。

同的是，对于康有为来说，教育家不是孔子的唯一身份，甚至不是最主要的身份。换言之，教育家是孔子众多身份中的一种，除了教育家，孔子还是哲学家、政治家和宗教家。不仅如此，孔子的宗教家身份远比教育家重要，因为孔子最主要的身份是中国的国教——孔教的教主。正是由于这个原因，康有为对孔子教育家的认定与梁启超、章炳麟等人迥异其趣，对孔子教育思想的阐发也与后者相去甚远。

就对孔子的身份定位而言，康有为将孔子誉为中国的教主，将诸子百家皆归为孔子之学（孔学）一家。在这方面，他的经典表述是："'六经'皆孔子作，百家皆孔子之学。"① 这句话道出了孔子在中国文化中独一无二的至尊地位，康有为对孔子是教育家的认定以及对孔子教育思想的阐发正是沿着这个思路进行的。梁启超视界中的孔子是孔学的创始人，孔子是教育家是在老子、孔子和墨子三足鼎立的前提下发出的。具体地说，梁启超并不像康有为那样独尊孔子，而是在推崇孔子的同时推崇老子和墨子。梁启超的做法使孔子在康有为那里的独霸天下变成了与老子、墨子三分天下，三人一起成为中国文化的"三圣""三位大圣"；孔子思想从在康有为那里代表百家之学而作为全部中国文化的象征而变成了只为孔学代言，孔学之外尚存在着与之分庭抗礼的老学和墨学。章炳麟对孔子的态度以否定为主，他眼里的孔子只不过是传承古代典籍的经师而已。章炳麟对孔子、老子和墨子三人的评价有一句名言，那就是："墨子之学，诚有不逮孔、老者，其道德则非孔、老所敢窥视也。"②

透过康有为与梁启超、章炳麟对孔子的身份认定，可以得出两点认识：第一，从康有为到梁启超，再到章炳麟，对孔子身份的定位越来越低，真实再现了孔子在近代的命运。第二，三人对孔子的身份定位都没有避开孔子与老子、墨子的关系，对这一问题的回答却天差地别：康有为将老子和墨子都归到孔子麾下，在千方百计地提升孔子地位的同时，极力打压老子和墨子。梁启超将老子、墨子和孔子一起誉为中国文化的"三圣"，老子和墨子不再是孔子后学，老子甚至排在了孔子之前——

---

① 《万木草堂口说·学术源流》，《康有为全集》第二集，中国人民大学出版社2007年版，第145页。

② 《诸子学略说》，《章太炎政论选集》上册，中华书局1977年版，第295页。

对于这一点，《老孔墨以后学派概观》便是明证。章炳麟非但不再将老子和墨子视为孔子后学——在这一点上，与梁启超相同；甚至强调墨子在道德上超迈孔子和老子——在这一点上，与梁启超迥异；至于章炳麟在肯定孔子、老子学问胜于墨子的前提下，对老子尤其是作为老子后学的庄子的情有独钟则可以说与梁启超以及康有为具有天壤之别了。

就对孔子与儒学关系的认识而言，康有为、梁启超和章炳麟都将孔子与儒家捆绑在一起，对二者的态度是一致的：康有为推崇孔子，亦推崇儒家；章炳麟反对孔子，亦反对儒家。康有为推崇的孔教从表面上（名义上）看为包括诸子百家在内的全部中国本土文化代言，从实质上看则是为儒学代言。有鉴于此，立孔教为国教从实质上看就是立儒教为国教。如果说康有为将孔子地位抬得最高的话，那么，章炳麟则将孔子拉下神坛而急骤去魅，《订孔》打响了近代反孔第一枪。在《订孔》中，他将矛头指向孔子，并公开对儒家展开批判。章炳麟指出，儒家有功名利禄之心，善于钻营，是道德之大敌。梁启超将孔教与儒家相剥离，反对孔教却不反对儒学。可以看到，与对孔子的推崇相一致，他对儒家人物——如孔子、孟子和陆九渊、王守仁都推崇备至。

就对孔教的态度而言，康有为宣扬孔教，是为了立孔教为国教而奔走呼号。梁启超早年对康有为亦步亦趋，主要表现就是像康有为那样主张以孔教救中国。梁启超声称"述康南海之言"的《论支那宗教改革》集中反映了这一点，在将中国的希望寄托于复兴孔教的同时，概括了孔教的六大教旨。戊戌变法失败逃亡日本接触大量的西学特别是自由学说之后，他认识到宗教与自由相悖，放弃了原来的孔教主张，转而一面宣传自由，一面反对孔教。章炳麟由始至终反对孔教，甚至将康有为提倡的孔教作为批判的靶子。在这方面，章炳麟不仅公开声明自己提倡的国粹不是康有为所讲的孔教，而且针锋相对地指出正是康有为的做法造成了国学的不振。

就对孔子教育思想的透视而言，对孔子身份的定位、对孔子与儒家关系的审视和对孔教的态度共同影响乃至决定了康有为、梁启超和章炳麟对孔子教育思想的阐发从不同维度展开，无论是比重还是侧重皆不可同日而语：第一，就教育思想在孔子思想中所占比例来说，在康有为那里，教育思想是孔教的题中应有之义，却不是孔教的重心或中心；在梁启超那里，教育思想在孔子思想中占有重要一席，却不是首要内容；在章炳麟那里，教育思想是孔子思想的重心和中心。第二，就对孔子教育思想的侧重来说，康有为是在孔教的前提下透视、阐发孔子的教育思想的，由于教学相混，教有教化、宗教之义，孔教之教并非指纯粹的教学或教育。与此相一致，他侧重从教化的角度揭示孔子的教育思想，具有将孔子的教育思想泛化的倾向。这正如康有为认定孔子同时是教育家、宗教家和哲学家，并且最主要的身份是教主一样。梁启超将孔子视为伟大的教育家，并在这个前提下审视孔子的教育思想。在对孔子思想的阐发中，他依据《论语》记载的孔子言论，指出孔子注重人格教育；在专门介绍、阐发孔子思想的《孔子》等论著中，着重发挥孔子的教育思想。经过梁启超的诠释，注重人格教育、知行合一成为孔子教育思想的要义，也成为中国教育有别于西方的基本特征。这与他对中国德行学的界定一脉相承，也反过来证明了孔子在其视界中的定位——既是圣人，又是教育家。章炳麟将孔子定位为专职的教育家，即传播古代典籍的经师。沿着这一思路，他从经典传承的角度发掘孔子的教育思想和教学内容。

综上所述，康有为对孔子教育思想的阐发围绕着救亡图存和思想启蒙的宗旨展开，既与其他近代哲学家如梁启超、章炳麟等人具有相似之处，又个性鲜明，带有自身的特点。一言以蔽之，康有为对孔子教育思想的透视是在孔教的框架内进行的，与他的救亡观、启蒙观和孔教观一脉相承。有鉴于此，康有为对孔子教育思想的诠释不仅是他的教育思想的一部分，而且是其孔教观的一部分。

第三节　变法维新与教育改良

康有为是启蒙思想家，他的教育思想带有鲜明的启蒙印记，具体表现为呼吁废除以八股试帖为主的旧式教育，借鉴、引进西方的教育模式和人才培养方案，造就足以担当疗愚救贫起弱重任的新型人才。出于这一动机，他对教育问题高度关注，尤其是在戊戌变法期间大声疾呼教育改良。由于康有为把教育看作是救亡图存、改造中国最有效的途径，教育改革成为他变法维新的重要组成部分。透过康有为教育改革的思想不仅可以了解他在戊戌变法时期的教育思想，而且有助于把握他的启蒙思想。

一 废除八股、改良科举

与将教育的落后和失败说成是中国甲午海战失败的根源相一致，康有为的救亡之路从审视中国的教育体制入手。在此过程中，他将质疑的目光投向了科举取士，抨击八股制度是中国的"千年之弊俗"[1]，使天下士子尽陷于无用之地。

康有为所讲的教育改良，矛头直指八股。在他看来，八股取士使学被士人所垄断，在缩小受教育者范围的同时，从根本上堵死了农、工、商皆为有用之才的通道。这是中国与西方教育的区别，也是中国人才匮乏、国家贫弱的根源。对此，康有为分析说："泰西人民自童至冠，精力至充之时，皆教之图算、古今万国历史、天文、地理及化、光、电、重、格致、法律、政治、公法之学；其农工、商贾，亦皆有专门之学。故人人有学，人人有才，即其兵亦皆由学出，识字、绘图、测量、阅表略通，天文、地理、格致、医学始能充当。而我自童时至壮年，困之以八股之文。"[2] 基于这一分析，他将中国的战败以及割地赔款归咎于八股取士和科举制度。对此，康有为写道："然则中国之割地败兵也，非他为之，而八股致之也。"[3] 一言以蔽之，八股和科举的危害在于使中国无人才，而中国近代最急缺的就是人才。鉴于这种情况，他将变科举（"改科举"）视为变法维新的突破口，将废八股奉为变法维新的第一步。对此，康有为声称："臣窃惟今变法之道万千，而莫急于得人才；得才之道多端，而莫先于改科举。今学校未成，科举之法未能骤废，则莫先于废弃八股矣。"[4]

进而言之，为了"废弃八股"，康有为揭露、罗列八股取士的种种危害，还针对八股的弊端进行教育改良，提出了新的教育方案。正是在这个意义上，他不止一次地建议：

> 我乃鞭一国之民，以从事于八股枯困搭截之题，斲人才而绝

---

[1] 《请开学校折》，《康有为全集》第四集，中国人民大学出版社2007年版，第315页。
[2] 《请废八股以育人才折》，《康有为全集》第四集，中国人民大学出版社2007年版，第295页。
[3] 《请废八股试帖楷法试士改用策论折》，《康有为全集》第四集，中国人民大学出版社2007年版，第79页。
[4] 同上书，第78页。

之，故以万里之大国，四万万之人民，而才不足立国也。①

从此内讲中国文学，以研经义、国闻、掌故、名物，则为有用之才；外求古国科学，以研工艺、物理、政教、法律，则为通方之学。以中国之大，求人才之多，在反掌间耳。②

总的说来，康有为教育改革的措施有三：第一，以《请废八股以育人才折》为代表，请求光绪帝发诏废弃八股，并将乡会童试改试策论。第二，以《请废八股试帖楷法试士改用策论折》为代表，奏请光绪帝颁布诏书罢去以楷法试帖试士，严戒考官，勿尚楷法。第三，以《请开学校折》和《请改直省书院为中学堂乡邑淫祠为小学堂令小民六岁皆入学折》为代表，向皇帝建言开办大、中、小各级学校，教以科学，普及教育；并且在广开各级学校之后，徐废科举。与严复、谭嗣同和梁启超等人的方式有别，康有为呼吁废除八股、改革科举的主要途径是上书光绪帝，奏请皇帝颁布诏书，进行教育改革。特殊的渠道收到了立竿见影的效果，康有为的许多主张在戊戌变法期间得以实现。

二 兴办学校、普及教育

八股取士、科举制度是中国沿袭了千余年的教育制度，并且衍生出一套相应的教育方法和模式。废除了八股、科举等原有的教育模式，中国的教育究竟要向何处去遂成为一个现实课题。这意味着中国近代的教育改良不仅要除旧，而且要布新。康有为深深明白这个道理，或者说，他之所以呼吁废八股、变科举，就是为了引进新式教育，采纳新的人才培养模式。康有为把废弃八股、徐变科举作为除旧的手段，而把广开学校、引进新型教育制度作为布新的措施。无论是除旧还是布新，目的只有一个，那就是：开发民智，培养人才。在这方面，康有为通过对世界各国的教育考察和借鉴，结合德国和日本的成功经验，形成了一套自己的教育理念和人才培养方案。

按照康有为的说法，西方国家强盛，主要不是依赖"炮械军兵"，

---

① 《请开学校折》，《康有为全集》第四集，中国人民大学出版社2007年版，第316页。
② 《请废八股试帖楷法试士改用策论折》，《康有为全集》第四集，中国人民大学出版社2007年版，第79页。

而是依赖教育。由于投入巨额的教育经费,大力发展教育事业,各级学校一应俱全,学校设施齐全、藏书充备。在英国,即使郡县藏书也有百余万册,极大地促进了开民智。教育的普及和完备的设施使西方各国人人都能入学读书,明了科学文化之理。西方国家的教育投入收到良好效果,不仅人人都成为有用之才,而且每年著书逾万。与美国、英国等西方国家相比,中国的教育状况相形见绌、令人担忧。他写道:"尝考泰西之所富强,不在炮械军兵,而在穷理劝学。彼自七八岁人皆入学,有不学者责其父母,故乡塾甚多。其各国读书识字者,百人中率有七十人。其学塾经费,美国乃至八千万。其大学生徒,英国乃至一万余。其每岁著书,美国乃至万余种。其属郡县,各有书藏,英国乃至百余万册。所以开民之智者亦广矣。而我中国文物之邦,读书识字仅百之二十,学塾经费少于兵饷数十倍,士人能通古今达中外者,郡县乃或无人焉。"[①] 这就是说,中国对教育不够重视,教育经费少于军饷数十倍。这使中国的教育普及率低,识字之人仅占百分之二十,即使读书人通达古今中外者亦郡县无一人。

通过对中国与西方强国教育状况的比较分析,康有为得出结论,国民的才智与国家的强弱密切相关,"夫才智之民多则国强,才智之士少则国弱"[②]。既然国家之强弱兴衰与国民之才智如影随形,那么,中国若救亡图存,就必须发展教育、提高国民的才智水平。

(一)引进西方教育模式,普遍建立小、中、大各级学校

康有为对西方的全民教育羡慕不已,对欧美等国普及教育的做法深表赞同。他写道:"泰西各国,尤重乡学,其中等学校、小学校遍地,学校以数十万,生徒数百万。举国男女,无非知书识字、解图绘、通算学、知历史、粗知天文地理之人;中学以上,咸有天文地舆、化光电重、公法律例、农商工矿、各国语言文字、师范之学。故非独其为士者知学也,其农、工、商皆有专门之学。即其被选为兵者,亦皆童幼出自学堂,咸粗知天文、地理、图算、格致。妇女亦皆有学,近多为医师、律师及为师范蒙师者。盖有一民,即得一民之用。"[③] 借助这段文字,

---

① 《上清帝第二书》,《康有为全集》第二集,中国人民大学出版社 2007 年版,第 42 页。
② 同上。
③ 《请改直省书院为中学堂乡邑淫祠为小学堂令小民六岁皆入学折》,《康有为全集》第四集,中国人民大学出版社 2007 年版,第 317 页。

康有为既道出了西方教育的令人羡慕之处，又表达了自己对于中国教育普及的具体设想：

第一，正如西方"尤重乡学"一样，康有为注重中学、小学等初级教育。这是教育的基础，也在某种程度上决定着是否可以达到全民"无非知书识字"之人。

第二，正因为是基础性的教育，中小学教育是强制性的。不论男女，一视同仁。这表明，女子与男子一样具有接受教育的机会和权利。受教育权利是人权的一部分，并且与经济状况、社会地位息息相关。尤其是女子，在接受教育之后便有了谋生、独立的能力，可以成为医生、律师，甚至成为教育工作者——中小学教师。这对于大声疾呼"男女平等各自独立"的康有为来说是必要的，也是必需的。

第三，全民教育提高了全体国民的素质，也改变了社会的组织结构和阶级构成。与中国古代士、农、工、商的四民划分不同，西方不唯士"知学"，农、工、商各界皆有学。士、农、工、商皆有学不仅使全民的知识水平、文化素养大为提高，而且带动、兴起了各种专门之学。

第四，全民教育与专门之学造就了人人皆有专业之学，皆为有用之才的局面——不仅可以使每个人都能够学以致用，而且使人人都可以发挥各自的优长，成为专门人才。

对此，康有为总结说，教育的普及是平等的体现，也是文明的象征。因此，中国的变法维新、救亡图存必须从改革教育入手，而教育必须从教育普及抓起。

进而言之，重视教育、关注国民教育是近代哲学家的共识，康有为的教育思想也不例外。他的独特之处在于，将教育的普及寄托在广开学校上。以戊戌启蒙四大家为例，他们都主张废八股、变科举，建立新式学堂，并且注重国民教育和教育普及。尽管如此，每个人的重点和方式却大不相同：严复、梁启超主张广开议院，以此伸民权，行自由；谭嗣同建议广开学会，因为学会有议院之实，可以伸民权。康有为则将目光聚焦在广开学校上，与严复、梁启超和谭嗣同等人的观点相比，更具有基础性、强制性和普及性。康有为提出此种主张，是因为他认为，废除八股和私塾之后，建立新式学堂成为当务之急，急中之急便是广开学校。这用康有为本人的话说便是："其鼓荡国民，振厉维新，精神至大，岂止区区科举一事已哉？虽然，譬诸治病，既以吐下而去其宿疴，即宜急补养以培其中气，则今者广开学校为最要矣。"①

康有为关于广开学校的设想，目的之一是普及教育，主要办法则是废除私塾，建立西式学校，引进西方的教育模式和教学制度。这套思路贯穿着两个主旨：第一，学校是国家统一开办的，有别于私塾；学校教育是国家教育，不是面对少数人的精英教育，而是面向全体国民的普及教育——他称之为"国民学"。也正是由于这个原因，接受教育是全民享有的权利，也是全民应尽的义务——甚至从根本上说，接受教育不是自愿的而是强制的。因此，儿童如果六七岁不入学，父母则受罚。第二，教育的普及不仅表现为人人皆有学，而且表现为小学、中学和大学之间统一布局，成龙配套。

（二）教授各种专门之学，造就专业人才

学校的广开为教育的普及提供了办学条件和物质基础，小、中、大各级学校的分级设立则使国民教育和教育普及拥有了规范性、正规性和专业性的基础。为了达到全民教育必须真正实现教育的普及，仅仅停留在教育普及的层面上尚且不够，还必须使中国人人皆为有用之才。出于这一初衷，在上光绪帝的奏折中，康有为不仅大声疾呼广开学校，而且对于如何广开学校提出了自己的设想和主张。康有为写道："乞下明诏，遍令省府县乡兴学。乡立小学，令民七岁以上皆入学。县立中学。其省府能立专门高等学、大学，各量其力，皆立图书仪器馆。京师议立大学数年矣，宜督促早成之，以建首善而观万国。夫养人才，犹种树也，筑室可不月而就，种树非数年不荫。今变法百事可急就，而兴学养才不可以一日致也，故臣请立学亟亟也。若其设师范、分科学、撰课本、定章程，其事至繁，非专立学部，妙选人才，不能致效也。"② 据此可知，他设想的学校分为小、中、大三个等级，覆盖乡县府省。乡邑立小学，州县立中学，省府立大学和专门之学。届时，小、中、大各级学校组成一个遍布全国的学校网，从而达到人人皆可入学接受教育的局面。

不仅如此，康有为借鉴各国经验，将国民教育分为小学、中学和大学三个不同阶段，并且规定各个阶段的不同学制和学习内容：

---

① 《请开学校折》，《康有为全集》第四集，中国人民大学出版社2007年版，第315页。
② 同上书，第316页。

第一，小学阶段，学制八年，学习的内容是文史、算数、舆地、物理和歌乐。小学阶段是教育的第一阶段，康有为对这一阶段尤其重视，提议对小学实行强迫义务教育。对于具体的入学时间，他在《请开学校折》中建议，令儿童7岁入学。几天之后，又专门上折将儿童入学年龄改为6岁。由此，康有为对小学教育的心急如焚、殚精竭虑可见一斑。

第二，中学阶段，学制四年，分为初等科和高等科，其中，初等科二年，高等科二年。中学的入学年龄是十四岁，所学主要是加深小学阶段的学习内容。

第三，大学阶段，分经学、哲学、律学和医学四科。

由此可见，小学、中学与大学既学制不同、内容有别，又相辅相成、缺一不可：小学、中学奠定了无论男女，人人皆"无非知书识字、解图绘、通算学、知历史、粗知天文地理之人"的基础，既保障了包括女子在内的全体国民人人都可以接受教育，提高了国民素质，使兵亦有学；又打破了中国古代学为士级阶层所独有的局面，使学为士、农、工、商共享。大学是专门之学，在小学、中学确保人人皆学的教育普及的基础上培养专业人才。这样做既是为了使学与就业、实用密切结合，又是为了在确保人人皆为"有用之才"的基础上，提升学之境界。如果说小学和中学是普通学的话，那么，大学则是高等之学、专业之学；如果说小学、中学是为了个人谋生的话，那么，大学之研读则是为了教导国民。一言以蔽之，小学、中学为用之学，大学则为学而学。对此，康有为解释说："夫学至于专门止矣。其所谓大学者，不过合各专门之高等学多数为之。大聚下之书图仪器，以博其见闻；广延各国鸿博硕学专门名家，以得其指导。而群一国之学者，优游渐渍，讲求激励，而自得之。凡各州能备此者，皆可谓为大学，非徒在国都而已。总而言之，小学、中学者，教所以为国民，以为己国之用，皆人民之普通学也。高等、专门学者，教人民之应用，以为执业者也。大学者，犹高等学也，磨之礲之，精之深之，以为长为师、为士大夫者也。其条理至详，科学至繁。"[1]

用康有为自己的话说，这套方法远法德国，近采日本，是德国与日本教育体制的和合："今各国之学，莫精于德；国民之养，亦倡于德。

---

[1]《请开学校折》，《康有为全集》第四集，中国人民大学出版社2007年版，第315页。

日本同文比邻，亦可采择。请远法德国，近采日本，以定学制。"① 其中，他对德国的教育模式尤为青睐。例如，康有为对世界各国学校考察得出的结论是："欧美之作其国民为人才也，当吾明世，乃始立学。……普之先王大非特力……而创国民学。令乡皆立小学，限举国之民，自七岁以上必入之。教以文史、算数、舆地、物理、歌乐，八年而卒业。……县立中学，十四岁而入，增教诸科尤深，兼各国文，务为应用之学。其初等科二年，高等科二年；初等二年者，中学必应卒业者也。自是而入专门学者听之。专门者，凡农、商、矿、林、机器、工程、驾驶，凡人间一事一艺者，皆有学，皆为专门也。凡中学、专门学卒业者皆可入大学，其教凡经学、哲学、律学、医学四科。"② 此外，稍加留意即可发现，他的许多设想都带有德国教育的影响，之所以"近采日本"，是因为日本与中国是近邻，地理上交通方便，语言上容易沟通。总之，均为了方便起见。康有为对于德国之教育，则可谓是心悦诚服。

值得提及的是，在普及教育、造就人才的同时，康有为渴望借助大学出新学、新教，以此推出新艺、新器。康有为大声疾呼广开学校、兴办教育，与其说是热衷于教育，毋宁说是迫于救亡图存的刻不容缓，而热衷于民智的提高和人才的培养。在他那里，小学的普及和强制是必需的，大学的专门之学更是必要的。秘密在于，康有为相信，只有学才能创造财富；西方之所以富强，是由于一切皆出于学以及由此带动的人才辈出和新学迭出。对此，他一再强调：

> 百业千器万技，皆出于学。③

> 意大利文学复兴后，新教出而旧教殆，于是培根、笛卡儿创新学，讲物质，自是新艺、新器大出矣。④

由此可见，由新学、新教而新艺、新器是康有为对世界先进国家的

---

① 《请开学校折》，《康有为全集》第四集，中国人民大学出版社 2007 年版，第 316 页。
② 同上书，第 315 页。
③ 同上书，第 316 页。
④ 《进呈〈突厥削弱记〉序》，《康有为全集》第四集，中国人民大学出版社 2007 年版，第 311 页。

总结，也是他重视教育、广开学校的真正动力。

（三）输入西学，翻译与派遣留学生双管齐下

在康有为看来，广开学校，由小学、中学和大学逐层累积培养人才对于深陷迫在眉睫的救亡运动中的中国来说固然必要，却显得太慢了，最有效、最简便的办法是直接输入西学。输入西学主要有两个途径：一是翻译西学，一是派遣留学生。

为了培养中国急需的人才，引进西方的教育模式和教学内容还不够，还要借助翻译，大量输入西学。当然，就他的翻译实践来说，主要是通过日文从日本转译西学。这方面的代表作是成于1897年春的《日本书目志》，也带动了梁启超等人习日文、译西学的方向。由此，康有为、梁启超开创了有别于严复直接以西文译西学的日记西学之路。

与此同时，康有为建议向各国派遣留学生，直接到这些国家习其文、译其学。他认为，派遣留学生不啻为方便法门，效果显著：第一，通过向各国派遣留学生，可以深入其国腹地直取其学，可谓便捷法。第二，便于学习各国语言，造就翻译人才，可谓速成法。

在康有为的教育改革中，引进西方的教育理念和教育模式，翻译西方学说尚且不够，还必须派遣留学生，造就全新的人才。为了全面学习西方的教育理念、讲授西学，他奏请皇帝向外国派遣留学生。于是，康有为不止一次地上书曰：

> 列国竞争者，政治、工艺、文学、知识，一切相通相比，始能并立；稍有不若，即在淘汰败亡之列……吾今自救之图，岂有异术哉？亦亟变法，亟派游学，以学欧美之政治、工艺、文学、知识，大译其书以善其治。[①]

> 若派学生于诸欧，以德为宜。以德之国体同我，而文学最精也。若法民主，于欧东多变，覆车可鉴，吾国体不宜。唯日本道近而费省，广历东游，速成尤易。听人士负笈，自往游学，但优其奖导，东游自众，不必多烦官费。但师范及速成之学，今急于须才，

[①] 《请广译日本书派游学折》，《康有为全集》第四集，中国人民大学出版社2007年版，第67页。

则不得已,妙选成学之士,就学于东,则收新学之益,而无异说之害。昔日本变法之始,派游学生于欧美,至于万数千人,归而执一国之政,为百业之师,其成效也。①

在这里,康有为对于留学生的派遣提出了四点思考和建议:第一,对于派遣留学生的必要性,康有为认为,列国竞争,拼的就是政治、工艺、文学和知识等综合实力。对于中国的自强和独立而言,舍此之外,别无他途。第二,对于派遣留学生的目的,康有为明确指出是为了向欧美国家学习他们的政治、工艺、文学和知识,以此提高中国的竞争力。第三,对于派遣留学生的具体办法,他建议主要向欧美尤其是德国派遣,特意指出不宜派往法国;同时强调为了节省费用起见,可多向日本派遣。与节省国家经费相关,康有为乞求皇帝明确下诏鼓励自费留学。自费留学既可扩大留学生的人数和规模,又可不花国家官费,可谓一举两得。第四,对于留学生的专业选择,康有为认为,师范及速成之学为最急;同时提议,对于这些特别急需的学科和专业应本着就近就急的原则,多往日本选派留学生。

上述内容显示,康有为的教育思想与中国近代的救亡图存与思想启蒙密不可分,无论是废八股、变科举还是广开学校、引进西方新式人才培养模式都表明他的教育主张是启蒙思想的一部分,而无论是教育思想还是启蒙思想归根结底都围绕着救亡图存的宗旨展开。从这个意义上说,康有为的教育思想带有近代的时代烙印,也表明了与严复、谭嗣同和梁启超等人的一致性。在这个前提下应该看到,康有为对广开学校的执着和派遣留学生的呼吁与其他戊戌启蒙思想家呈现出明显差异。这些差异取决于康有为与他们的启蒙思想的差异。一言以蔽之,与康有为侧重开民智,而包括梁启超在内的其他人侧重兴民权具有内在关联。除此之外,康有为对向日本、德国等国家派遣留学生的呼吁格外引人注目,而身为留学生出身的严复却罕有这方面的建议。与严复相比,康有为的思想更加显得特立独行,甚至有些意味深长。

---

① 《请广译日本书派游学折》,《康有为全集》第四集,中国人民大学出版社 2007 年版,第 68 页。

第四节　理想的教育与教育的理想

　　康有为之所以对教育极为重视,是因为在对中国落后挨打的分析中深切认识到人才的作用,并且将人才匮乏说成是中国之患,而将教学不修归结为国无人才的根本原因。正是在这个意义上,他写道:"朝无才臣,学无才士,阃无才将,伍无才卒,野无才农,府无才匠,市无才商,则国弱。……今天下治之不举,由教学之不修也。……教学恶为不修?患其不师古也。今天下礼制、训诂、文词皆尚古,恶为不师古?曰:师古之糟粕,不得其精意也。善言古者,必切于今;善言教者,必通于治。……上推唐、虞,中述周、孔,下称朱子,明教学之分,别师儒官学之条,举'六艺'之意,统而贯之,条而理之,反古复始,创法立制。"① 在这里,康有为将中国落后、贫困、衰微之根源统统归结为人才匮乏,并且进一步将人才匮乏归咎于"教学不修"。这一认定将矛头指向当时的教育,也从反面彰显了教育的地位和作用。正是基于这一分析,他将中国救亡图存和思想启蒙的希望寄托于教育。伴随着对教育功能的凸显,康有为在戊戌变法之前将主要精力投入到创办学校、兴办教育以及培养人才的教育实践之中。在此期间,他利用各种形式开展办学、讲学活动。对于康有为对教育的重视和投入,梁启超介绍说:"先生(指康有为——引者注)以为欲任天下之事,开中国之新世界,莫亟于教育,乃归讲学于粤城。"② 对于甲午海战的失败,康有为同样从中国的教育不如日本中寻找原因。这使他一如既往地大声疾呼发展教育,戊戌变法时期更是利用上奏皇帝的方便条件反复奏疏教育问题。即便是畅想千百万年之后的未来社会,《大同书》中同样对教育格外重视。到了晚年,康有为更是"重操旧业",再一次办学授课。1926年——也就是在他逝世的前一年,康有为在上海开办天游学院。第一批注册学员仅20人,后来人数增加到90人。尽管如此,这一数字仍然无法与早年

---

① 《教学通义·记》,《康有为全集》第一集,中国人民大学出版社2007年版,第19页。
② 《南海康先生传》,《梁启超全集》第一册,北京出版社1999年版,第483页。

万木草堂相比。不过，从另一个角度看，以讲学"开场"、以讲学"收场"的人生轨迹似乎印证了康有为与教育解不开的情缘。

一　康有为教育思想的宗旨和特点

在康有为的意识中，如果说教育与国家强弱的如影随形预示了中国的救亡图存离不开教育的话，那么，中日甲午海战以及中国的战败则使效仿德国、日本的教育模式，引进新式教育体制拥有了前所未有的紧迫性和必要性。正如戊戌启蒙思潮正式走向中国历史前台的导火索是中国在甲午海战中的失败以及《马关条约》的签订一样，包括康有为在内的戊戌启蒙思想家试图通过剖析中国战败的根源，探究疗愚振衰起弱的救亡之方和启蒙之策。面对中国在甲午海战中的失败，与严复着眼于中国与西方的自由之差、梁启超认定缺乏爱国心是中国积贫积弱的根源相去甚远，康有为强调教育的失败对此难辞其咎。1898 年，康有为在《请开学校折》中更是将日本在甲午海战中战胜中国的原因归结为教育的成功，以此凸显中国与日本之间的教育差距，并用这一差距来解释中国的战败。于是，他写道："近者日本胜我，亦非其将相兵士能胜我也；其国遍设各学，才艺足用，实能胜我也。吾国任举一政一艺，无人通之，盖先未尝教养以作成之。天下岂有石田而能庆多稼者哉？今其害大见矣，不可不亟设学以育成之矣。"[①] 通过对比日本与中国的教育状况，康有为一面寻找中国与其他国家在教育方面的差距，一面反思中国近代的积贫积弱和落后挨打，最终将中国积贫积弱的根源归结为由于缺乏"穷理劝学"而人才短缺。沿着这一思路，他将拯救中国的希望寄托于推行教育改良，大力发展教育。

康有为多次表白，自己是为了救世而来，从他无论是弘扬孔教还是兴办教育都是为了救亡图存这个总目标来看，康有为此言不虚。在写给沈子培的信中，康有为如是坦陈自己的生平志向和为学宗旨："今者仆将归耕，将欲忘斯世而寄其情，则无可用心者。为文词，则巧言以夺志；为考据，则琐碎而破道；为天文，则无三十五万金所筑之高台，二十五万金所购之千里镜，无一时精敏之士相与各考一星，则天学必不成；为地舆，则足迹不能遍行地球以测绘之，财力不能遍购地图以参核之，则地学必不精。至于耕而讲农学，则未通土化之法，不能辨诸土所

[①]《请开学校折》，《康有为全集》第四集，中国人民大学出版社 2007 年版，第 316 页。

含物质之异同轻重,草木所含物质之多少清浓以调剂之。泰西农学书院、公会四百余,农具机器三千余,农书万余种矣,彼合十数国相与谋之,一日之耕能三百余亩,撒种刈禾能百余亩矣。吾与君即欲讲求,是不过取《农政全书》考求之,以糊余口,尚虑不足,岂复成学,以消磨其壮心,如老僧之念佛而已?然不能为佛氏之降伏其心,老氏之弱其志,不忍人之心横决骤发,我无土地,无人民,无统绪,无事权,为之奈何?或者其托于教乎?……若夫教,何以为教哉?有高有下,有浅有深,因人而发,要足以救今之弊,兴起人心,成就人才而已。"[1] 在这番自我表白中,康有为从志向、财力和学识等各方面进行自我评估,得出的鉴定结论是,自己最适宜从事教育("讲求")。这就是说,鉴于对自身处境和能力的综合考量,他认定自己能为"救今之弊"所做的事就是兴办教育。据此可知,康有为之所以将精力投注到教育("讲求")之中,是为了"救今之弊";而教育之所以有此功效,是因为他确信教育可以鼓舞人心,培养人才。

对于康有为来说,确立了鼓舞人心、培养人才的教育宗旨,也就大致框定了具体的教育方法和教学内容。于是,他写道:"仆谓教者犹医者然,因其病而已。今之学者,利禄之卑鄙为内伤,深入膏肓,而考据、词章则其痈疽痔赘也。必在明其本心,使从死生利害打破,令其缁轩冕而泥金玉,蹈厉发扬,人人有天人之思,而后浸以'六经'诸儒之大义,通以'九通'、'全史'之掌故,深以造化物理之消息,其或有所补已。仆最爱佛氏入门有发誓坚信之说,峭耸精紧,世变大,则教亦异,不复能拘常守旧,惟是正之。"[2] 梁启超在《南海康先生传》中对康有为教育理念和方法的介绍印证了康有为的上述这番自我表白。在康有为看来,名师与神医是相通的,因为教师教学与医生治病是一个道理,诀窍就在于因病施救、对症下药。而他对当时学风的判断是,功名利禄之心伤乎内,是"内伤";这一"内伤"成乎外,生成的"外伤"便是考据、辞章之痈疽痔赘。针对中国教育的这一病灶和表现,康有为开出的施治诊断和医治措施分两步走:第一步,在教学中注重澄明本

---

[1] 《与沈刑部子培书》,《康有为全集》第一集,中国人民大学出版社 2007 年版,第 238 页。

[2] 同上书,第 238 页。

心，打破生死利害之念，引导学生视高官厚禄、金银货利为粪土；这属于德育，解决的是人生追求和道德境界问题；第二步，在从思想上解决了动机问题之后，再在教学内容上教以六经之大义和"九通""全史"之掌故；这属于智育，解决的是智力开发和知识增长问题。由此可见，他的教育理念重心在于志气的培养，而不是将知识的灌输置于首位。对于这一点，康有为所讲的"最爱"佛教入门的"发誓坚信"便是明证。进而言之，康有为之所以这样安排教育的顺序和比重，目的是为了打破人的生死利害之念，引导人摆脱声色犬马的羁绊。秉持这一教学方针，他在教学过程中着重解决德行、境界问题而非智力、认知问题。这也是梁启超评价康有为的教学内容德育占十分之七，智育占十分之三的依据或原因。

在《南海康先生传》中，梁启超不仅将康有为誉为大教育家，而且辟出一章曰"教育家之康南海"，专门来介绍、阐发康有为的教育宗旨、理念和方法。在此章中，他这样生动、形象地评价康有为的教育理念和教学方法："其（指康有为——引者注）品行方峻，其威仪严整。其授业也，循循善诱，至诚恳恳，殆孔子所谓'诲人不倦'者焉。其讲演也，如大海潮，如狮子吼，善能振荡学者之脑气，使之悚息感动，终身不能忘；又常反复说明，使听者涣然冰释，怡然理顺，心悦而诚服。中国学风之坏，至本朝而极；而距今十年前，又末流之末流也。学者一无所志，一无所知，惟利禄之是慕，微帖括之是学。先生初接见一学者，必以严重迅厉之语大棒大喝，打破其顽旧卑劣之根性。以故学者或不能受，一见便引退；其能受者，则终身奉之，不变塞也。先生之多得得力弟子，盖在于是。"① 梁启超在这里先是赞扬康有为品行方峻、威仪严整，足以为人师表，从而担当起教书育人的重责大任；接下来便详细介绍了康有为的教育方法，并且着力凸显这套方法的独特性和有效性。在梁启超看来，康有为无论是授业的循循善诱、至诚恳恳还是讲演的如大海潮、如狮子吼，均注重理念的启迪、气节的培养，故而将教学的方法、重点设置在扭转学生的价值观念和意趣诉求上；而康有为之所以采用这种独特的教学方式，目的在于通过振聋发聩的棒喝为学者"洗脑"，使之一改从前的"顽旧卑劣之根性"。梁启超对康有为这套教

---

① 《南海康先生传》，《梁启超全集》第一册，北京出版社1999年版，第484—485页。

育方法的效果深有体会，自然也佩服得五体投地。他评价说，康有为之所以具有如此多的得力弟子，全凭这种教育方法之赐。从某种意义上可以说，梁启超本人就是这套教育方法培养出来的，可以说是康有为教育思想的最好"作品"和成功范例。梁启超所介绍的康有为使用的这套教育方式和方法——从"如大海潮，如狮子吼，善能振荡学者之脑气"到"大棒大喝"都不由让人联想到禅宗不立文字、直指本心的顿悟修养工夫。值得注意的是，这套教育方式和方法在康有为那里不是单靠禅宗完成的，而主要是借助禅宗与陆王心学共同完成的。正如早年尊奉朱熹、后来转向崇拜陆九渊和王守仁与即心是佛有关一样，即心是佛是康有为哲学的一大特点，表现在教育方式和方法上便形成了如此独特的景观。

梁启超评价康有为是理想家，康有为的教育理念和主张为这一评价提供了最好的注脚。如果说废八股、变科举等主张是康有为面对现实，围绕着救亡图存与思想启蒙的历史使命、时代呼唤和社会需要做出的回应，故而属于权宜之计的话，那么，他关于教育还有未来的理想建构和无限遐想。如果说《大同书》集中体现了康有为对未来教育的理想建构的话，那么，《诸天讲》则寄托了他对未来教育的无限遐想。

二 康有为教育思想的分期

康有为在戊戌启蒙四大家中是最长寿的，加之那个时代风云变幻、新学迭出，他的哲学主张、理论热点在不同时期具有不同侧重，彼此之间呈现出巨大反差。大致说来，在戊戌变法前的十多年间，康有为热衷于考辨中国本土文化的"学术源流"；从1895年"公车上书"到"百日维新"失败的戊戌变法时期，则致力于政治运动和宣传变法维新思想；戊戌变法失败逃亡日本——尤其是游历欧美各洲之后公开反对自由、平等，尽管他此时的思想启蒙锋芒不再，却依然秉持立孔教为国教的立场；回国后特别是在晚年则放弃孔教立场，伴随着对庄子、道教的兴趣盎然，寄情于天游，直到去世一直对"天游之学"情有独钟。不同的哲学主张和理论重心表明，康有为在不同时期拥有不同的关注话题和学术重点，由此构成了他独特的思想嬗变和心路历程。

与不同的哲学理念、学术重点、关注话题和价值诉求相对应，康有为的教育思想呈现出泾渭分明的阶段特征，可以分为四个不同时期：第一时期是以万木草堂为代表的学术研究和收徒讲学时期。在1895年"公车上书"之前的十多年间，康有为创办万木草堂、长兴学舍，培养了以梁启超和陈千秋为翘楚的一大批弟子——既贯彻了自己的教育理念，又为变法维新储备了优秀人才。有鉴于此，这一时期无论是对于康有为的教育思想还是政治思想都至关重要。梁启超称康有为的第一身份不是哲学家——甚至不是政治家而是教育家，显然就是针对这个时期立论的。第二时期是以"公车上书""百日维新"为代表的戊戌变法时期。在此期间，康有为的主要精力是向光绪帝奏疏戊戌变法的具体规划和设想，其中包括教育改革，主要方式和渠道是通过奏折上书皇帝，对改变科举制度、创办新式学堂献计献策。第三时期是戊戌变法失败后流亡海外的考察、反思时期。在此期间，他热衷于对日本特别是欧美各国的教育状况进行考察、对比和思考，随着关注重点的转移，对西学的态度也发生巨大逆转。这集中表现为不再像戊戌变法时期那样力主教育改良，甚至不再只关心中国的教育现状，而是对全世界的未来之教育进行整体设计和全球规划。第四时期是晚年的教育畅想时期。在此期间，康有为由于对保皇的心灰意冷而远离政治斗争，甚至忘却了曾经奔走呼号的立孔教为国教和救亡图存。政治上百无聊赖的他专注于对诸天的畅想，在"见大则心泰"中寻求个人的逍遥快乐。当然，康有为以教学的方式将自己对天游的乐此不疲传授给他人，也在经过了引进西方教育模式、为全世界教育进行筹划之后，复归于收徒讲学。

　　上述梳理显示，康有为在不同阶段面对的教育对象大相径庭：第一时期是老师对学生，教育对象基本上限于他讲学招收的弟子，最多也不过是前来的"慕课"者；第二时期是启蒙思想家对被启蒙的国民，教育对象是全体中国人；第三时期是大医对受病者，教育对象是地球上包括中国与西方列强在内的陷入苦海的芸芸众生；第四时期是教主对人类，教育对象是包括地球人在内的诸天上的全人类。由此不难想象，既然四个时期的教育对象差若云泥，那么，面对不同教育对象的康有为便随之拥有了不同的身份：第一时期是特定教师，面对的是有限的特定学生；第二时期是国民导师，面对的是亟待启蒙、有待提高素质的全体中国人；第三时期是地球拯救者，面对的是地球人；第四时期是宇宙超人或教皇，面对的是包括地球在内的诸天之人。这就是说，康有为在不同时期拥有不同的教育主体资格和身份，所面对的则是不同的受教对象。当然，与康有为所拥有的教育主体身份和所面对的教育对象相对应，他在各个时期所讲授的教学内容迥异其趣。

第一时期，康有为面对专门学生，身为公羊学大师的他作为研究学问的专门教师讲授"专业"知识，这主要包括诸子学、宋明学和历史学等。大致说来，康有为此时的教学内容与他秉持的公羊学立场一脉相承，可以概括为一句话——讲述中国本土文化的"学术源流"。通过对"学术源流"的考辨，康有为旨在讲明一个核心问题："'六经'皆孔子作，百家皆孔子之学。"[①] 这句话表面上的意思是，《诗》《书》《礼》《乐》《易》和《春秋》组成的六经都是孔子所作，诸子都是孔子后学，百家可以归结为孔子之学一家；其中隐藏的深意则是，孔子是中国的教主，既是宗教家，又是教育家。出于对孔子的顶礼膜拜，他在这一时期热衷于发挥孔子的微言大义——无论哲学观点还是政治主张都是以孔子的名义发出的。与此互为表里，康有为讲课的内容以辨梳孔子与诸子百家的关系为核心话题。他这一时期的讲学内容被弟子们记录下来，成为研究康有为讲学内容以及哲学理念、政治观点的绝佳素材。此外，康有为弟子撰写的"南海三传"都用大量篇幅介绍、评价了康有为的办学过程、教育理念和教育方针，也是研究康有为第一时期教育思想的难得资料。

第二时期，康有为对上鼓动光绪帝变法维新，对下提高国民素质。此时的他将主要精力投入到为中国的教育改革奔走呼号，其中包括废除八股，改革科举；引进西方的教育理念和人才培养模式，输入西学；翻译西方的思想，学习外语，直接向各国派遣留学生等。显而易见，康有为在第二时期无论视域还是态度都与第一时期具有本质区别，其中的最大区别是不再回顾中国的"学术源流"，而是将目光投向西方，主要以"西学家""启蒙思想家"而非第一时期的中学家、公羊学家的面目示人。就所使用的概念而言，如果说第一时期以教为核心范畴的话，那么，第二时期则直接使用作为舶来品的教育一词。就教育的内容来说，不再以诸子学、宋明学构成的中学为主体，而是以日本翻译的西学为主要内容。《日本书目志》成书于1898年春，生动地再现了康有为此时的思想转变。《日本书目志》中收录的学科共十五门，"教育门"赫然在列。"日本书目志总目"不仅具体记载了十五门学科之名，而且排列

[①] 《万木草堂口说·学术源流》，《康有为全集》第二集，中国人民大学出版社2007年版，第145页。

如下:"生理门第一""理学门第二""宗教门第三""图史门第四""政治门第五""法律门第六""农业门第七""工业门第八""商业门第九""教育门第十""文学门第十一""文字语言门第十二""美术门第十三""小说门第十四""兵书门第十五"。① 由此可见,教育与宗教不再像第一时期那样由于同时包含在教之概念之中而浑然未分——不仅是分开的,而且是各不相涉的并列关系。不仅如此,在相互独立的十五大学科中,宗教列在第三,教育排在第十,二者中间夹杂了政治、法律、农业、工业和商业等六大学科。这流露出一个重要信息,那就是:在此时的康有为看来,宗教与教育泾渭分明,并非属于同一学科,甚至并无交叉或密切关系。尽管如此,在他的表述中,教之概念却将教育和宗教合而论之,因为康有为所使用的教之概念兼教育与宗教之义。这个做法既体现了康有为思想新旧交替的性质,又暴露出他的思想以及表述的含糊性和不准确性。对于上述十五门学科,康有为大都在具体书目之前有一个界定,旨在厘清这一学科的内涵和宗旨。对于"教育门",他却没有这么做。这一"反常"举动倒并非一定表示康有为对"教育门"不重视,也可能恰好相反,因为对教育格外重视,致使"教育门"所列书目内容太多,故而不好概括。这一猜测可以通过他在"教育门"中所列书目的数量得到印证。在"教育门"中,康有为胪列出十六类图书,分别是"道德修身学""格言集类""敕语书""教训教草修身杂书类""修身书小学校用""言行录""礼法书""教育学书""实地教育""幼稚女学""小学读本挂图""报告书教育历史""教育杂书""小学读本(中学读本附)""少年教育书"和"汉文书(教育小说附)"②。在他胪列的这些教育书目中,除了中国近代哲学家普遍关注的儿童教育、女学之外,还有"教育小说"。《日本书目志》是康有为从日本转译西学的书目单,从中可以发现,孔子已经不是主流。康有为此时的教育思想以日本为主要效仿对象,除《日本书目志》之外,此时奏折多次提议效仿日本的教育模式,向日本派遣留学生,等等。康有为在第二时期对日本的亦步亦趋与他在第三时期考察欧美各洲之后坚决抵

---

① 《日本书目志总目》,《康有为全集》第三集,中国人民大学出版社2007年版,第264—265页。

② 《日本书目志》卷十目录,《康有为全集》第三集,中国人民大学出版社2007年版,第394—395页。

制日本译名形成强烈对比。康有为第二时期教育思想的研究资料主要是《日本书目志》和"百日维新"期间的各种奏折。

第三时期，康有为先是流亡日本，后来游历欧美多个国家，考察、了解世界各国的文明、文化和教育状况，并接触到各种思想学说。这时的他不再像前两个时期那样将视线聚焦中国，教育理念也随之既不像第一时期那样专注于孔教代表的中学，也不像第二时期那样热情学习西方；而是一面对中西文明、教化进行比较，一面杂糅中西古今。可以看到，康有为在这一时期名义上虽然依旧坚持立孔教（儒教）为国教，但是，实质上对孔教的热情已经锐减。《大同书》一句"岸已登矣，筏亦当舍"① 更是将他对孔教的决绝态度推向了极致，也是康有为此时内心的真情流露。当然，他在这一时期所讲的教育不再以西学为主，甚至绝口不提第二时期津津乐道的教育改革。正如康有为一再表示未考察之前对西方羡慕不已，考察之后觉得不过尔尔一样，此时的他认定西方的教化程度远不如中国，从而对西方的文明大失所望。第三时期的代表作是以《英国游记》《英国监布烈住大学　华文总教习斋路士会见记》《欧美学校图记》《法兰西游记》《瑞士游记》《希腊游记》为代表的一大批游记和《物质救国论》《大同书》等论作。

第四时期，康有为将视线由地球转向诸天，目的是将地球之人超度到诸天之上，彻底摆脱烦恼，以确保人之生与乐俱来。不难发现，此时的康有为视线已经不在地球上，而是将目光转到地球之外的诸天。伴随着这一转变，他将主要精力用于讲述诸天之大、诸天之多，教育的目的和宗旨则是引导人不做家人、国民、地人而做天人、天上人和天上之人。《诸天讲》既是这一时期的代表作，也是他讲课的讲稿。

四个时期共同组成了康有为教育思想的主要内容和基本主张，也直观展示出他的教育理念中西和合、新旧交替的多变性和复杂性。正因为如此，康有为的教育思想既由于紧扣中国近代救亡图存与思想启蒙的时代主题和历史使命呈现出与同时代人的一致性，又由于学术素养、个人意趣而呈现出迥异于同时代人的鲜明特色。

康有为的教育理念和主张肩负着救亡图存与思想启蒙的双重历史使命，这对于四个时期是相同的，在不同时期却有不同侧重和体现：如果

---

① 《大同书》，中州古籍出版社 1998 年版，第 365 页。

说第一时期大声疾呼立孔教为国教是为了服务于通过保教来保国保种的救亡路线，凸显的是救亡图存的主题的话，那么，第二时期则在甲午海战的惨败中认识到了学习西方的紧迫性和必要性，在将主要精力和重点转向变法维新的同时，力主教育改革，思想启蒙的主题也随之跃居首位。尽管如此，他第二时期的思想包括教育改革在内归根结底是为了富国强兵，抵御外侮。从这个维度看，康有为教育思想的救亡主旨并没有变，变的只是方式方法而已。从第三时期开始，康有为在着力中西比较的过程中，有意无意地淡化了思想启蒙的主题，这集中表现为声称孔教高于耶教，中学早于、优于西学而没有了戊戌变法时期对西学的如饥似渴。至于救亡图存的宗旨，则在第三时期的思想中呈现出巨大反差乃至矛盾：一方面，他进行中西比较旨在强调孔教是中国的国教，肯定孔教高于西方之教有反对崇洋媚外，增强中华民族的文化认同、民族认同和身份认同之意——从这个角度看，康有为并没有放弃救亡图存的宗旨。另一方面，《大同书》公开呼吁取消国界、同一人种、同一语言文字，这套方案的具体办法则是用白种人同化作为中国人的黄种人，以西方的字母文字取代中国的象形文字——从这个角度看，康有为最终迷失在世界主义、大同主义之中，丧失了中国的民族性，也背离了救亡图存的主题。更有甚者，《大同书》将国家与家庭一起说成是人的痛苦根源和快乐羁绊，并由此公开劝导人不做"国民"而做"天民"。至此，康有为的教育理念开始与救亡图存的宗旨和主题背道而驰，也与前两个时期培养国民、拯救中华的初衷发生大逆转。到了第四时期，他专注于引导人放弃地球而做天游，鼓动人不做地人而做天人，不做地球人而做天上人。至此，康有为的思想不仅与救亡图存的宗旨南辕北辙，而且与思想启蒙渐行渐远。

　　进而言之，康有为的教育理念和主张在四个时期之所以与救亡图存和思想启蒙呈现出变动而复杂的关系，与中国近代政治局势的云谲波诡密不可分，最根本的原因则受制于他本人在不同时期的政治际遇、学术好恶、志向意趣和价值诉求。就个人的政治际遇而言，第一时期在广东的"偏于一隅"、教学谋生，第二时期在北京这一权力、政治中心的官场得意、出入庙堂，第三时期在国外的蓄势待发、图谋未来，第四时期蛰居上海、青岛以及杭州等"温柔之乡"的心灰意冷、门前冷落，康有为的人生经历可谓大起大落，充满传奇。这些投射到教育思想中，便有了四个阶段的分期。就哲学意趣和思想主体而言，同样可以归结为四个阶段：戊戌变法之前的第一时期以孔教代表的儒学为主，兼采诸子百家。戊戌变法的第二时期以西学为主，兼采中学。游历欧美各洲的第三时期以佛学为主，杂糅古今中西之学。晚年的第四时期以道教和庄子思想为主，和合佛教、基督教代表的宗教与天文学、牛顿力学和达尔文进化论代表的自然科学。与政治际遇和学术思想的四个阶段互为表里且一一对应的是，他的教育思想呈现出四个泾渭分明的阶段。

与此同时，康有为教育思想的阶段性与他的人生经历、心理状态和思想嬗变一脉相承：早年的康有为作为一介布衣，胸怀救国之志却无法施展，最后的选择是兴办教育，故而将希望寄托在授徒讲学上。戊戌变法时期的康有为政治得意，宏大抱负得以施展，因而不再满足于讲学。于是，身为"新政"大臣的他对教育的重视由早年的办学讲学转变为对整个中国教育现状的思考，教育改革由此成为"百日维新"的重要内容。戊戌变法的失败既打碎了康有为依靠光绪帝推行变法、改革教育的梦想，又使他由于逃亡国外而有机会接触更多的西方学说。特别是在考察世界各国的教育、文化情况之后，他对西方、西学的态度由第二时期的羡慕转向反思。作为政治失意和思想转变的结果，这一时期的康有为没有了"百日维新"期间力主改革的踌躇满志。《大同书》徘徊于现实与理想之间，缘于对中西、古今的纠结。如果说面对革命派的兴起和论战，康有为尚可以负隅顽抗的话，那么，新文化运动的如火如荼则使步入耄耋之年的康有为越来越有被历史洪流抛弃之感，张勋复辟的昙花一现更是让他深切感受到了螳臂当车的滋味。于是，通过"见大则心泰"而遗世逍遥便成为康有为第四时期的全部寄托，《诸天讲》便是他这一时期的心灵独白和最后慰藉。事实上，除《诸天讲》之外，畅游诸天也是他这一时期作诗抒怀的主题。从中不难发现，对于此时的康有为来说，已经百无聊赖，一心向往天游。

第三章 严复的教育思想

严复1854年1月8日出生在福建闽侯,幼时聪颖,7岁就学,接受传统教育。1866年12月13日,福州船政学堂第一批招生考试。沈葆桢主考,科目包括体格检查,面试要求身体健康,反应敏捷。由于家遭变故,出于经济方面的考虑,14岁的严复参试,被点头名,考入福州船政学堂学习驾驶。1877年,严复作为福州船政学堂第一批留欧学生,被派往法国后转入英国海军学校学习驾驶,初入朴次茅斯(Portsmouth),后转入格林尼治(Greenwich)皇家海军学院。在英国留学期间,严复常与中国驻英公使郭嵩焘讨论中西文化的异同,受到郭嵩焘的赏识,被称为善于哲思,遂被"引为忘年交"。1879年,严复毕业回国,回母校福州船政学堂任教习。1880年,李鸿章创办天津水师学堂,严复调任总教习,后升任会办、总办,前后长达20年之久。由于深感"出身不由科举,所言多不见重"[①],严复在1888年、1889年、1893年三次参加乡试,均不第。1896年,严复在天津创办俄文馆,自任总办,同时帮助张元济在北京创办通艺学堂。1905年,严复在上海协助马相伯创办复旦公学(复旦大学前身),并一度接任监督。1906年,严复受安徽巡抚恩铭之聘,任安徽高等学堂监督。1912年,严复出任京师大学堂总监督。同年5月,京师大学堂改名为北京大学,严复成为北京大学的首任校长兼文科学长。

严复集启蒙思想家、西学家、翻译家与教育家于一身,他的思想与中国近代的命运休戚相关。如果说1895年甲午海战的失败尤其是《马关条约》的签订改变了严复的人生方向的话,那么,严复建构的应对这一事变的教育理念和变法纲领则引领了中国思想界和教育界的新方向。从1895年2月起,他连续在天津《直报》上发表了《论世变之

---

① 《与四弟观澜书》,《严复集》第三册,中华书局1986年版,第731页。

亟》《原强》《辟韩》和《救亡决论》等政论文章，阐述教育改革和"自强保种"的主张。此时的严复大力宣传西学，翻译出版了赫胥黎的《进化论与伦理学》（严复译为《天演论》），引起了社会上的巨大反响。戊戌变法失败后，他先后翻译出版了亚当·斯密的《国富论》（严复译为《原富》）、约翰·穆勒的《论自由》（又译《自由论》，严复译为《群己权界论》）、斯宾塞的《社会学原理》（严复译为《群学肄言》）、甄克斯的《政治简史》（严复译为《社会通诠》）、孟德斯鸠的《论法的精神》（严复译为《孟德斯鸠法意》或《法意》）、穆勒的《名学》、耶芳斯的《名学浅说》，统称为"严译八大名著"。"严译八大名著"在中国近代的西学东渐的过程中发挥了不可替代的作用，对于中国近代的思想启蒙意义不可低估。1918年，历时四年的第一次世界大战使严复认识到西方文明只剩下"利己杀人，寡廉鲜耻"八字，由此回观中国的孔孟之道，令他钦佩不已。严复在写给熊纯如的信中这样袒露自己的心声："彼族三百年之进化，只做到'利己杀人，寡廉鲜耻'八个字。回观孔孟之道，真量同天地，泽被寰区。"[1] 从此，严复终止对西学的翻译转而提倡尊孔读经，思想为之大变，并由此调整了从前的教育方针和内容。

个人经历、多重身份和西学素养奠定了严复教育思想的特殊性，也只有结合中国近代的历史背景和严复的个人际遇，才能更好地理解、评价他的教育思想。严复是中国近代著名的启蒙思想家，旨在培养有别于奴隶的国民，提高国民德、智、体三方面的素质。这一教育宗旨使他成为全民的精神导师。与此同时，严复被誉为中国近代输入西学第一人，对以进化论为代表的西学的宣传和翻译使他成为中国人的西学启蒙老师。更为重要的是，严复参与创办多所学堂，具有多年从教经验，并且担任教习、总教习、总办、监督、总监督和校长等职，既是身在教学第一线的教师，又是教学管理者。作为专门的教育家，严复曾经在多所学堂、大学管理教学，致使这些著名的高等学府成为他施展教育理念、推进"教育改良"、实施教育实践的基地。无论多重身份还是西学素养都使严复的教育思想既带有中国近代的时代烙印和价值诉求，又带有迥异于同时代人的独特意蕴和鲜明特征。正因为如此，严复的教育理念和教

---

[1]《与熊纯如书》，《严复集》第三册，中华书局1986年版，第692页。

育思想不仅在中国近代教育思想史上占有重要一席,而且成为不可多得的个案。

第一节 "教育改良"

面对中国的国困种弱兵窳,由此反观中国教育,严复感慨良多。总的说来,他认为中国古代对教育不可谓不重视,然而,由于教育不得法,教育的结果不唯使人不得成人,反而成为废人,对社会无用之人。这表明,中国古代的教育是失败的,对于中国近代的亡国灭种更是难辞其咎。解铃还须系铃人,中国的振兴必须从改变中国的教育入手,引进新的教育理念、教育机制和人才培养模式。只有认清中国古代教育的弊端,以此为切入点而对症下药,走出中国古代教育的误区,中国才有希望。基于这种认识,严复发出了"教育改良"的呼声。

首先,严复全面审视中国的教育现状,并且做出如下了诊断:"盖吾国教育,自三育言,则偏于德育,而体智二育皆太少,一也;自物理、美术二方面言,则偏于艺事,短于物理,而物理未明,故其艺事亦难言精进,二也;自赫氏(指赫胥黎——引者注)所云二大事言,则知求增长智识,而不重开瀹心灵,学者心能未尽发达,三也;更自内外籀之分言,则外籀甚多,内籀绝少,而因事前既无观察之术,事后于古人所垂成例,又无印证之勤,故其公例多疏,而外籀亦多漏,四也。凡此皆吾教育学界之短,人才因之以稀,社会由之以陋。顾此数者之外,尚有极重之弊焉,使不改良,将吾人无进化之望者,则莫若所考求而争论者,皆在文字楮素之间,而不知求诸事实。一切皆资于耳食,但服膺于古人之成训,或同时流俗所传言,而未尝亲为观察调查,使自得也。少日就傅读书,其心习已成牢锢,及其长而听言办事,亦以如是心习行之。是以社会之中常有一哄之谈,牢不可破,虽所言与事实背驰,而一犬吠影,百犬吠声之余,群情汹汹,驯至大乱,国之受害,此为厉阶。必将力去根株,舍教育改良无他法矣。"[①] 在严复的视界中,中国古代

[①] 《论今日教育应以物理科学为当务之急》,《严复集》第二册,中华书局1986年版,第281页。

教育存在四大缺陷：第一，偏于德育，体育、智育太少。第二，偏于艺事，短于物理。第三，只求增长知识，不重开瀹心灵。第四，外籀（又称外籀之术，即演绎法）甚多，内籀（又称内籀之术，即归纳法）绝少。对此，他进一步分析说，就第一点而论，体育、智育太少造成了中国的"民力已茶"和"民智已卑"；德智体素质皆优才是"真国民"，由"力已茶"和"智已卑"之民构成的中国命运如何也就可想而知了。就第二点而论，中国的教育由于短于物理而引发了更多的缺陷，这意味着中国古代教育既短于物理又不只是限于物理之短，因为物理未明而艺事亦难精进。就第三点而论，中国古代教育内籀绝少，在推出外籀之前缺少观察之术，在得出外籀之后对于古人垂例又缺少印证之勤，致使外籀所凭借的公理多疏，演绎的过程和结论多漏。

严复进一步总结说，古代教育的四大缺陷造成了中国人才的稀缺，社会由是而孤陋寡闻。除此之外，古代教育从理念和整体上说更是存在致命缺陷，那就是：研究争论者皆在文字书本之间，而不知求诸事实——既不讲求"即物实测"，以自然为师，亦不知向社会求知求理。这种教育理念和人才培养方式养成了中国人只服从古人成训或传统传言，而不重视亲身观察的习惯。国之受害，莫此大焉。议论至此，他发出了号召，要对古代教育的这些缺陷"力去根株"；若要达到这一目的，"舍教育改良无他法"。

其次，严复对中国教育现状的评估是为了对症下药，对中国古代教育弊端的诊断奠定了他进行"教育改良"的思路和方向：第一，鉴于中国历来体育、智育少的弊端，严复呼吁加强二育，使德、智、体三育并行不悖。第二，如果说体育是从无到有（体育、智育"皆太少"，相比较而言，体育无疑最少）的话，那么，智育、德育则必须改良。具体地说，智育改良的目标是扭转从前恪守古人垂训或"自师其心"的局面而转向以心与外物相接，读自然这本大书；德育改良的目标则是使古代的"首尊亲"转为"尚公"。经过如此一番"教育改良"，尚武、尚实和尚公成为教育的宗旨，三者分别与体育、智育和德育相对应。

德、智、体三育不可偏废寄托了严复提高中国人素质的希望，也是他教育改革所期望达到的目标。下面这段话从另一个角度表明了严复的这一思想倾向："曩读诏书，明定此后教育宗旨，有尚公、尚武、尚实三言。此三者，诚人类极宝贵高尚之心德。德育当主于尚公，体育当主于尚武，而尚实则惟智育当之。一切物理科学，使教之学之得其术，则人人尚实心习成矣。呜呼！使神州黄人但知尚实，则其种之荣华，其国之盛大，虽聚五洲之压力以沮吾之进步，亦不能矣。"① 通过教育改良，以体育、智育和德育培养中国人的尚武、尚实和尚公观念是严复的一贯主张。事实上，这一目标早在 1895 年他提出"废八股"时就已经酝酿成熟。众所周知，严复是最早提出"废八股"的近代哲学家。值得注意的是，"废八股"不仅体现了他对教育的关注，而且贯彻了德、智、体三育不可偏废的教育理念。因为在严复看来，科举取士制度在"锢智慧"的同时，"坏心术"和"滋游手"。总之，对国民德、智、体均造成戕害。正是这一认定促使他试图以废除八股为下手处，引进新的教育机制和人才培养模式，塑造德、智、体全面发展的新型人才。至此可见，如果说"自强保种"的救亡路线决定了严复将拯救中国的希望寄托于提高国民素质的话，那么，他设想的提高国民素质的具体途径则是通过体育、智育和德育——三育并重，全面提高中国人的体力、智力和德力。在此过程中，严复将批判的矛头直接对准了八股取士，是因为他认定八股取士对国民德、智、体三方面的素质都造成了致命摧残和破坏。

再次，在注重三育的过程中，严复提到了美术教育。一方面，美术教育的出现表明，严复重视对人之德、智、体、美四方面的教育。另一方面，美术教育在他的视界中并非与德、智、体三育并列的而是属于德育的。他认为，美术开瀹情感，给人之官神耳目以美的享乐。这个界定使美术范围甚广，从文学之辞赋，娱乐听觉之音乐、诗歌，娱乐视觉之绘画、雕刻、建筑、园林设计以及各种日用器皿的装饰、色彩等无不囊括其中。在此基础上，他指出，这些虽然都是"中国盛时之所重"，但是，与西方相比，几乎乏善可陈。对此，严复在《孟德斯鸠法意》的按语中这样写道："吾国有最乏而宜讲求，然犹未暇讲求者，则美术是也。夫美术者何？凡可以娱官神耳目，而所接在感情，不必关于理者是已。其在文也，为辞赋；其在听也，为乐，为歌诗；其在目也，为图画，为刻塑，为宫室，为城郭园亭之结构，为用器杂饰之百工，为五彩彰施玄黄浅深之相配，为道涂之平广，为坊表之崇闳。凡此皆中国盛时

---

① 《论今日教育应以物理科学为当务之急》，《严复集》第二册，中华书局 1986 年版，第 282 页。

之所重,而西国今日所尤争胜而不让人者也。而其事于吾国则何如?盖几乎无一可称者矣。自其最易见者而言之,则在在悉呈其苟简。宫室之卑狭,道路之莱污,用器百工之窳拙,设色之浓烈,音乐之噭楚,图画则无影,刻塑则倍真,以美术之法律绳之,盖无一不形其失理,更无论其为移情动魄者矣!《记》有之:安上治民以礼,而移风易俗以乐。美术者,统乎乐之属者也。使吾国而欲其民有高尚之精神,訦荡之心意,而于饮食、衣服、居处、刷饰、词气、容仪,知静洁治好,为人道之所宜。否则,沦其生于犬豕,不独为异族之所鄙贱而唤讥也,则后此之教育,尚于美术一科,大加之意焉可耳。"① 不难看出,严复是以"科学"的眼光审视中国的美术的,从而认定中国的美术"在在悉呈其苟简"。沿着这个思路,他得出了中国"宫室之卑狭,道路之莱污,用器百工之窳拙,设色之浓烈,音乐之噭楚,图画则无影,刻塑则倍真,以美术之法律绳之,盖无一不形其失理,更无论其为移情动魄者矣"的结论。更为重要的是,在他的视界中,与中国的美术之匮乏形成强烈对比的是西方的美术之繁荣,而两者之间的一苟简一繁盛之对比对应的便是中西之间的一衰弱一富强。其中的秘密在于,美术乃乐之属,是移风易俗之利器。因此,若使国民拥有"高尚之精神,訦荡之心意",非在"饮食、衣服、居处、刷饰、词气、容仪"等方方面面施以美术不可;如若不然,国民将日益堕落,乃至沦为犬豚。基于这种认识,严复对中国的美术忧心忡忡——一面指出"吾国有最乏而宜讲求,然犹未暇讲求者,则美术是也",一面大声疾呼中国"后此之教育,尚于美术一科,大加之意焉可耳"。

严复所讲的美术教育并不可以理解为美育。在他那里,美术教育具有两个不同的维度:从学科归属上看,是对人之感情的教育,与德育密切相关。从具体方法上看,采取文学艺术形式,与诗词歌赋、文学艺术密切相关。美术教育的两个维度源于严复对心之理解,他将心分为情感(感情)与理性("思理")两部分,认为凡情感而不涉及理性者,皆可以归为美术教育。

最后,严复在三育中凸显智育。他宣称:"民智者,富强之原。"②

---

① 《法意》按语,《严复集》第四册,中华书局1986年版,第988页。
② 《原强修订稿》,《严复集》第一册,中华书局1986年版,第29页。

若想国家富强，舍"开民智"之外，别无他途。西方之所以国富民强，得益于民智大开；中国之所以贫弱衰微，"民智已卑"难辞其咎①。沿着这个思路，他对促进中国的智育殚精竭虑，多方谋划：一面深入挖掘中国民智低下的根源，抨击八股取士禁锢民智，进而提出"废八股"的呼吁；一面提倡科学教育，大力宣传西学，借此开发国民的心智，增长国民的知识。

进而言之，严复之所以凸显智育，是为了纠正中国古代教育的偏颇。按照他的说法，中国教育的缺陷是偏于德育，而体育、智育少；两相比较，智育的状况尤为堪忧。对于这一点，严复以孟子的思想为例进一步剖析说："孟子生于战国之时代，其世至纷纷已，哀民生之涂炭，于是言王道，贱霸功。其黜力尚德之教，于七篇之中，三致意焉。顾其所实行，则急农桑，使民衣帛食肉，不饥不寒，毗乎力之事也。曰：谨庠序，使民备其孝弟忠信，毗乎德之事也。独至智育之事，则寥寥尔。此吾国自古教育所以近于宗教，而民生千世，敦庞以为相生养有余。至于箾勺水火，号召风雷，取天地自然之利，合以助民之耳目手足，致劳半而功倍，使人道日趋于乐康，则概乎未之多及也。"②借助这个分析，他旨在强调，智育是中国古代教育所稀缺的，也成为近代教育改革亟待充实的内容。更为重要的是，严复具有深切的现实关怀，认为人生之要先是生存，之后才是子女教育以及其他事宜。既然求生存是人生的第一要务，那么，教会人生存法则的教育便成为教育之急务。基于这种认识，严复在三育之中凸显智育。

严复之所以凸显智育，还有一个重要原因，那就是：严复的教育纲领基于中国近代社会的现实有感而发，既有针对性，又有功利性和操作性。对于中国近代社会的现状，他分析说："今吾国之所最患者，非愚乎？非贫乎？非弱乎？则径而言之，凡事之可以愈此愚、疗此贫、起此弱者皆可为。而三者之中，尤以愈愚为最急。何则？所以使吾日由贫弱之道而不自知者，徒以愚耳。继自今，凡可以愈愚者，将竭力尽气鞁手茧足以求之。惟求之能得，不暇问其中若西也，不必计其新若故也。有一道于此，致吾于愚矣，且由愚而得贫弱，虽出于父祖之亲，君师之

---

① 《原强修订稿》，《严复集》第一册，中华书局1986年版，第21页。
② 《〈女子教育会章程〉序》，《严复集》第二册，中华书局1986年版，第253页。

严，犹将弃之，等而下焉者无论已。有一道于此，足以愈愚矣，且由是而疗贫起弱焉，虽出于夷狄禽兽，犹将师之，等而上焉者无论已。何则？神州之陆沈诚可哀，而四万万之沦胥甚可痛也。"[1] 这就是说，近代中国的大患有三：一曰愚，二曰贫，三曰弱。这种状况决定了中国教育的大政方针以愈愚、疗贫、起弱为最终目标。相比较而言，三者以愈愚为最急。这是因为，中国之所以沦落到如此地步而不知，都是由于愚昧所致。基于这一认识，严复将愈愚视为中国之最急，并将智育提到了三育之首。对于严复的教育思想来说，明确了这一点，也就有了教育的大方向。自此以后，凡是可以愈愚者便是教育的目标；只要能够达此目的，来不及问其属中属西、是新是旧——只要是能够使中国致愚得贫得弱，即便出于父祖、君师，必将毅然弃之；只要是能够使中国愈愚疗贫起弱，即便出于夷狄，必将欣然师之。由于认定贫、弱皆由愚而来，严复在愚、贫、弱中凸显愚，并由此以愈愚作为"自强保种"的突破口和下手处，进而在三育之中凸显智育。

第二节　尊孔读经

严复的思想前后之间变化巨大，前期以西学为主，后期则以中学为主。这一变化影响到他对教育内容的不同侧重，具体到德育和国民教育上便是：早期以西方思想为主，热衷于对国民自由、民主和权利思想的培养；后期以中学尤其是儒家思想为主，提倡尊孔读经，旨在导扬中国人的国民精神。由此可以想象，严复倡导尊孔读经，最终目的不是增长知识，而是培养中国人的人格，进而培铸中国的国格、国性和国魂。在他看来，各国的国性尽管大不相同，然而，有一点却是相同的，那就是：皆经数千年教化，通过国民教育而成。这表明，国性由教育而来，是借助教育后天养成的；要培养国性，舍教育末由。基于这一理解，严复将培养中国国性的希望寄托于尊孔读经。在这个前提下，他从不同角度对读经的具体方法、操作实施提出要求和部署。

---

[1]《与〈外交报〉主人书》，《严复集》第三册，中华书局1986年版，第560页。

一 读经之必要

为了破除人们对群经的蔑视，端正读经的态度，严复深入挖掘时人"荒经蔑经"的根源，大力论证读经的必要性和正当性。他声称："大凡一国存立，必以其国性为之基。国性国各不同，而皆成于特别之教化，往往经数千年之渐摩浸渍，而后大著。但使国性长存，则虽被他种之制服，其国其天下尚非真亡。此在前史，如魏晋以降，五胡之乱华，宋之入元，明之为清，此虽易代，顾其彝伦法制，大抵犹前，而入主之族，无异归化，故曰非真亡也。独若美之墨西、秘鲁，欧之希腊、罗马，亚之印度，非之埃及，时移世异，旧之声明文物，斩然无余。夷考其国，虽未易主，盖已真亡。今之所谓墨西、秘鲁、希腊、罗马、印度、埃及，虽名存天壤之间，问其国性，无有存者，此犹练形者所谓夺舍躯壳，形体依然，而灵魂大异。庄生有言：'哀莫大于心死。'庄生之所谓心，即吾所谓灵魂也。人有如此，国尤甚焉。"[①] 这就是说，国与国之所以不同，根于各国不同的国性；国性之不同，则根于各国不同的教育。国性是国家存在的根基，与国之存亡性命攸关。国性存则国存，只要国性不亡，纵然国家被他种所灭，亦非真亡——终究可以东山再起，恢复国运。对于这一点，中国历史上的五胡乱华、元代宋和清代明等事例都是明证。反之，国性亡则国亡，即使国家没有被他种所灭，却已经名存实亡。从美洲的墨西哥、秘鲁到欧洲的罗马再到亚洲的印度、非洲的埃及，这方面的例子不胜枚举。古今中外正反两方面的例子让严复深信，保国保种的秘诀在于保存国性。既然国家的存亡系乎国性，那么，要保国保种就要培固国性。中国要救亡图存，舍此之外，别无他途。

在此基础上，严复进而指出，中国有别于他国的国性是"孔子之教化"，而"孔子之教化"之所以能够传承二千四百余年而不坠，就在于群经。于是，他接着说道："嗟呼诸公！中国之特别国性，所赖以结合二十二行省，五大民族于以成今日庄严之民国，以特立于五洲之中，不若罗马、希腊、波斯各天下之云散烟消，泯然俱亡者，岂非恃孔子之教化为之耶！孔子生世去今二千四百余年，而其教化尚有行于今者，岂非

[①] 《读经当积极提倡》，《严复集》第二册，中华书局1986年版，第330页。

其所删修之群经，所谓垂空文以诏来世者尚存故耶!"① 依据严复的说法，国性关乎国家之存亡，既然中国的国性在于"孔子之教化"，而"孔子之教化"就保存在群经之中，那么，为了国家之存立，中国人必须尊孔读经。

更为重要的是，严复强调，如果说从保存国性的角度提倡尊孔读经是惯例，对中国人提出了必须尊孔读经的要求的话，那么，中国近代特殊的历史背景和艰难处境则使尊孔读经拥有了比以往任何时候都迫切的必要性和正当性。对此，严复解释说："盖不独教化道德，中国之所以为中国者，以经为之本原。乃至世变大异，革故鼎新之秋，似可以尽反古昔矣；然其宗旨大义，亦必求之于经而有所合，而后反之人心而安，始有以号召天下。即如辛壬以来之事，岂非《易传》汤武顺天应人与《礼运》大同、《孟子》民重君轻诸大义为之据依，而后有民国之发现者耶! 顾此犹自大者言之，至于民生风俗日用常行事，其中彝训格言，尤关至要。举凡五洲宗教，所称天而行之教诫哲学，征诸历史，深权利害之所折中，吾人求诸《六经》，则大抵皆圣人所早发者。显而征之，则有如君子喻义，小人喻利，欲立立人，欲达达人，见义不为无勇，终身可为惟恕。又如孟子之称性善，严义利，与所以为大丈夫之必要，凡皆服膺一言，即为人最贵。今之科学，自是以诚成物之事，吾国欲求进步，固属不可抛荒。至于人之所以成人，国之所以为国，天下之所以为天下，则舍求群经之中，莫有合者。彼西人之成俗为国，固不必则吾之古，称吾之先，然其意事必与吾之经法暗合，而后可以利行，可以久大。盖经之道大而精有如此者。"② 在他看来，由于不仅关涉中国的政治、教化、民风礼俗，而且决定中国之所以成为中国，群经对于养成中国的国性至关重要，尊孔读经对于中国人之所以成为中国人更是不可或缺。换言之，尊孔读经无论对于国家还是个人都不可或缺。尤其是在中国近代民族危机日益深重、国家面临生死存亡的历史关头，尊孔读经不仅没有失去必要性，反而拥有了更为急切的价值和意义。在这个问题上，绝不能由于将中国的贫困衰微归咎于传统文化而轻蔑群经，反而要更加推崇群经。

---

① 《读经当积极提倡》，《严复集》第二册，中华书局1986年版，第330页。
② 同上书，第331页。

之所以如此，原因在于：第一，群经大义具有普适性和普世性，它的价值并不因为中国政治局势的变化而改变；即使是辛亥革命、民国建立等天翻地覆的重大变革，亦可在群经中找到依据。第二，西方的民俗之成和国家之立固然有其自身的依傍，亦不必尊崇中国的先典。尽管如此，有一点是可以肯定的，那就是：西方之"意事"不仅不与中国群经大义相悖，反而相暗合。这些相互印证，凸显了群经的有效性和权威性，也共同证明了一个道理：中国若求进步，不仅不可抛经荒经，反而必须尊经读经。对于每一个中国人来说，尊经读经是"人之所以成人，国之所以为国，天下之所以为天下"的必然要求，故而不得不如此。

二 读经之方法

对于严复来说，明确了尊经读经的必要性和紧迫性，接下来便是如何读经的问题了。总的说来，与呼吁尊孔读经类似，他对读经方法的思考从剖析人们弃经不读的根源入手，通过驳斥群经难读，一面铲除人们对群经的轻慢懈怠心理，一面呼吁中国人必须从儿童开始终身读经。

严复审视当时的国民教育，对只追求富强之效而将读经置后的做法提出严正批评。他写道："谓教育国民，经宜在后。此其理由，大率可言者三：一曰苦其艰深；二曰畏其浩博；三曰宗旨与时不合。由此三疑，而益之以轻薄国文之观念，于是蔑经之谈，阒然而起，而是非乃无所标准，道德无所发源，而吾国乃几于不可救矣。"① 在这里，严复将中国人轻经蔑经的原因归结为三条，即"一曰苦其艰深；二曰畏其浩博；三曰宗旨与时不合"。找到了问题的根源而对症下药，在对这三条理由的逐一反驳中，他既重申了尊孔读经的必要性、紧迫性和正当性，又针对时人的状况，为了克服人的畏经心理，提出了自己的读经方法。

首先，针对轻经蔑经是因为群经"艰深"的理由，严复的反驳如下："夫群经乃吾国古文，为最正当之文字。自时俗观之，殊不得云非艰深；顾圣言明晦，亦有差等，不得一概如是云也。且吾人欲令小儿读经，固非句句字字责其都能解说，但以其为中国性命根本之书，欲其早岁讽诵，印入脑筋，他日长成，自渐领会。且教育固有缮绠记性之事，小儿读经，记性为用，则虽如《学》《庸》之奥衍，《书》《易》之浑噩，又何病焉？况其中自有可讲解者，善教者自有权衡，不至遂害小儿

---

① 《读经当积极提倡》，《严复集》第二册，中华书局1986年版，第331页。

之脑力也。果使必害脑力，中国小子读经，业已二千余年，不闻谁氏子弟，坐读四子五经，而致神经瞀乱，则其说之不足存，亦已明矣。彼西洋之新旧二约，辣丁文不必论矣，即各国译本，亦非甚浅之文，而彼何曾废。且此犹是宗教家言，他若英国之曹沙尔、斯宾塞、莎士比亚、弥勒登诸家文字，皆非浅近，如今日吾国之教科书者，而彼皆令小儿诵而习之，又何说耶？"①他承认群经是用古文写成的，却不认同时人关于用古文写成的群经"艰深"的观点。恰好相反，在严复看来，对于中国人而言，写成群经的古文字是"最正当之文字"；退一步说，即使是古文在当时来看有些"艰深"，亦不能成为蔑经荒经的理由。为了阐明其中的道理，他从不同角度提出了自己的理由：第一，尊孔读经对于中国人来说旨在培养国性，引导儿童读经并非令他们字字能解、句句都懂，真正目的是将经典作为中国人必读的"性命根本之书"，趁早习诵，印入脑中。第二，儿童读经全凭记忆，不会禁锢智慧。因此，尽可以选择适合的内容，对儿童施以教育。第三，至于文字"艰深"是一个普遍问题，并非中国独有，而是世界惯例。就西方教育来说，也会遇到文字艰深问题。无论是拉丁文本还是《新约》《旧约》均文字艰深，即使是各国译本，文字亦非甚浅。可是，从未听说哪个国家因为《圣经》文字艰深而废弃不读。宗教文本如此，文字亦复如是。拿英国的斯宾塞、莎士比亚等人来说，他们的文字并非"浅近"，却可以入教科书被儿童诵读、学习。既然如此，中国本土文字——古文写成的群经对于中国儿童何难之有？

值得玩味的是，严复所反驳的幼儿读经禁锢智慧代表了时人的看法，其中也包括严复本人。1895年，他在《救亡决论》中率先提出"废八股"的主张，理由之一就是八股取士"锢智慧"，而严复列举的八股取士"锢智慧"的理由就是让人在儿童之年就开始读经。正是在这个意义上，他写道："而八股之学大异是。垂髫童子，目未知菽粟之分，其入学也，必先课之以《学》《庸》《语》《孟》，开宗明义，明德新民，讲之既不能通，诵之乃徒强记。"② 20年后，严复由对儿童读经的痛心疾首转而批评以此为借口而荒经不读——思想转变之大，前后判

---

① 《读经当积极提倡》，《严复集》第二册，中华书局1986年版，第331—332页。
② 《救亡决论》，《严复集》第一册，中华书局1986年版，第40页。

若两人。这种巨大的逆转直观地再现了严复教育思想的转变,背后隐藏着他对传统文化和中西文化关系的态度变化。

其次,针对荒经不读是因为群经"浩博"的理由,严复反驳说:"若谓经书浩博,非小、中、大学年之所能尽,此其说固亦有见。然不得以其浩博之故,遂悉废之,抑或妄加删节,杂以私见,致古圣精旨坐此而亡。夫经学莫盛于汉唐,而其时儒林所治,人各一经而已。然则经不悉读,固未必亡,惟鲁莽灭裂,妄加删节,乃遂亡耳。……若夫形、数、质、力诸科学,与夫今日世界之常识,以其待用之殷,不可不治,吾辈岂不知之?但四子五经,字数有限,假其立之课程,支配小、中、大三学年之中,未见中材子弟,坐此而遂困也。"[①] 在这里,他承认中国群经"浩博",并非在小学、中学和大学时期所能穷尽。在这个前提下,严复强调,"浩博"并不能成为"悉废"群经的借口,甚至不可以以"浩博"为借口而对群经"妄加删节";而之所以不允许对群经"妄加删节",是因为这样做将会使"古圣精旨坐此而亡"。

在此基础上,面对群经浩博不能穷尽与不可不读乃至不可删节之间的巨大张力,严复总结中国历史上的成功经验,结合近代的教育实践,提出了应对之策,那就是:对于群经不必悉读,人各一经即可。他确信,一人一经可以在人的传承中确保群经"未必亡",尽管不是万全之策,比起对群经的鲁莽灭裂、妄加删节,亦属最佳的无奈之举;因为如果妄加删节,将导致群经的精旨不再,那么,群经就真的亡了("乃遂亡耳")。果真如此,中国便真的亡了!

再次,针对经典"宗旨与时不合"的说法,严复反驳的理由如下:"至谓经之宗旨与时不合,以此之故,因而废经,或竟武断,因而删经,此其理由,尤不充足。何以言之?开国世殊,质文递变,天演之事,进化日新,然其中亦自有其不变者。姑无论今日世局与东鲁之大义微言,固有暗合,即或未然,吾不闻征诛时代,遂禁揖让之书,尚质之朝,必废监文之典也。考之历史,行此者,独始皇、李斯已耳。其效已明,夫何必学!总之,治制虽变,纲纪则同,今之中国,已成所谓共和,然而隆古教化,所谓君仁臣忠,父慈子孝,兄友弟敬,夫义妇贞,国人以信诸成训,岂遂可以违反,而有他道之从?假其反之,则试问今

---

① 《读经当积极提倡》,《严复集》第二册,中华书局1986年版,第332页。

之司徒，更将何以教我？此康南海于《不忍》杂志中所以反复具详，而不假鄙人之更赘者矣。是故今日之事，自我观之，所谓人伦，固无所异，必言其异，不过所谓君者，以抽象之全国易具体之一家，此则孔孟当日微言，已视为全国之代表，至其严乱贼、凛天泽诸法言，盖深知天下大器，而乱之为祸至烈，不如是将无以置大器于常安也。苟通此义，则《六经》正所以扶立纪纲，协和亿兆，尚何不合之与有乎！"① 这就是说，正如不能因为群经"浩博"、人之精力有限不能穷尽而对群经"妄加删节"一样，不能借口"宗旨与时不合"而删经，更遑论以此为借口废经不读了：第一，严复认为，中国近代之时局与孔子、孟子的微言大义相合，这足以证明群经之旨可行于今日。退一万步讲，纵令群经宗旨与当今之时局不合，派不上用场，也不应该由此废经。这正如文治之世不必废法典，征伐时代、法制之世不必废揖让之书一样。纵观中国历史，只有秦始皇、李斯这样做了，后果之可怕足以令人引以为戒。第二，从社会历史的发展来说，社会形态、政治制度在变，人伦纲常却古今同一，未尝改变。当时的中国虽然步入共和，但是，"君仁臣忠，父慈子孝，兄友弟敬，夫义妇贞"已成国训，骤然废弃，何以为教？如果无以为教的话，那么，国民何以适从？

值得注意的是，随着思想的转变和德育内容的改变，严复对康有为的态度急剧转变，从批判转向服膺。转变之后的严复不仅赞同康有为六经皆孔子所做的观点，而且肯定孔子、孟子思想蕴含微言大义，与当今宗旨契合，群经足以成为"挺立纲常、协和亿兆"的依傍。正是由于这个原因，严复在写给朋友的信中坦言："鄙人年将七十，暮年观道，十八、九殆与南海相同，以为吾国旧法断断不可厚非。……即他日中国果存，其所以存，亦恃数千年旧有之教化，决不在今日之新机，此言日后可印证也。"② 从提倡尊孔读经来看，严复此言不虚。

总之，在严复看来，是否读经于孔子无损，关键是影响中国的命运和前途。这用他本人的话说便是："夫读经固非为人之事，其于孔子，更无加损，乃因吾人教育国民不如是，将无人格，转而他求，则亡国

---

① 《读经当积极提倡》，《严复集》第二册，中华书局1986年版，第332—333页。
② 《与熊纯如书》，《严复集》第三册，中华书局1986年版，第661—662页。

性。无人格谓之非人,无国性谓之非中国人,故曰经书不可不读也。"①基于上述分析,严复得出了如下结论:"吾闻顾宁人之言曰:有亡国,有亡天下。使公等身为中国人,自侮中国之经,而于蒙养之地,别施手眼,则亡天下之实,公等当之。天下兴亡,匹夫有责,正如是云。公等勿日日稗贩其言,而不知古人用意之所在也。"② 在这里,严复之所以援引顾炎武(字宁人)的观点为自己提出的尊孔读经做辩护,是因为顾炎武有"天下兴亡,匹夫有责"之语,并且主张"明道救人"。沿着这一思路,只要文脉不绝,国家就可以浩然长存;对于肩负天下兴亡的国民而言,他们所能做的就是保存国性。这些正是严复大声疾呼尊孔读经的意图和宗旨所在。

三 严复对读经态度的转变及启示

对于严复的尊孔读经之举,学术界持否定态度,斥之为思想趋于保守的表现。这一评价隐含着两个理论预设:第一,严复的思想具有截然不同的前后期之分,前期尚西学,后期尚中学。第二,尚西学时期的严复是进步的(启蒙的),尚中学时期的严复是保守的(落后的)。且不论中学与西学是否可以作为评价思想保守的标准,仅就严复对西学与中学的不同侧重而言,其间明显存在着知识与德行、手段与目的之分。

早在1895年提倡西学之时,严复就表明自己的初衷在于为陷入民族危机的中国愈愚疗衰振弱,一切学术皆应以此为目标。只要能够达此目的,中西可以超越,古今可以超越。出于这一立言宗旨,加之他本人浓郁的有机体情结,严复力图建构包罗中外古今的思想体系。这表明,即使是在大力宣传西学之时,他也没有放弃中学。更为重要的是,严复明确声称自己宣传西学是为了弘扬中学,用他本人的话说叫作以西学"回照故林"。这一宗旨决定了严复的国学家身份,即使是早期对西学的宣传,充其量只是表明他在学问上是西学家,在价值上则与后期一样是国学家、中学家。对于他来说,西学是为中学服务的,归根结底围绕着救亡图存这个不变的宗旨展开。可以作为证据的是,严复对西学的翻译有取舍、有删减,对群经的诵读却无比遵从原义,绝不可以"妄加删节"。

---

① 《读经当积极提倡》,《严复集》第二册,中华书局1986年版,第332页。
② 同上书,第333页。

不可否认的是，尽管在价值观上是一以贯之的国学家，然而，从1895年在《救亡决论》中公开抨击四书五经到1913年大声疾呼积极提倡尊孔读经，严复在这近20年间对读经态度的转变是巨大的。前后之间反差极大，甚至可以说判若两人。严复思想的转变与中国近代的历史背景、文化语境和现实需要密切相关，也与他本人的价值诉求和中西文化观一脉相承。1895年，在剖析中国在甲午海战中失败的原因时，严复宣称："夫人才者，民力、民智、民德三者之征验也。……民力已苶，民智已卑，民德已薄故也，一战而败，何足云乎！"① 此时的他认定中国"民力已苶，民智已卑，民德已薄"是导致中国战败的根本原因，在将中国的贫弱衰微、落后挨打归咎于国民素质低下的同时，进一步指出是科举制度造成了中国国民素质低劣而无人才的局面。对此，他断言，八股之大害有三："其一害曰：锢智慧。……其二害曰：坏心术。……其三害曰：滋游手。"② 这就是说，以科举取士为核心的旧式教育和人才培养模式造成了中国亡国灭种的局面，为了救亡图存、自强保种，必须根除这种教育模式。由此，严复发出了"废科举"的第一声呐喊，反对四书五经、尊孔读经亦在其中。

离严复率先喊出"废科举"过去了20年即1905年，在中国存在了1300年的科举制度被废除，与科举制度相伴而生的背诵经典和私塾教育也随之失去了存在的根基。伴随着社会现实的这一转变，严复调整了早年为废除科举制度在德、智、体三育中凸显智育，大力提倡输入西学的做法，开始在三育中凸显德育。1906年，他在《论教育与国家之关系》中依然把教育分为体育、智育、德育三育，所不同的是，不再像1895年那样在三育中凸显智育而是转向突出德育——不仅断言"国以民德分劣优"，而且明确宣称"智育重于体育，而德育尤重于智育"。此时的严复之所以凸显德育，旨在培养中国人的国格和国性，而由重智育到重德育预示着他对读经态度的转向。

辛亥革命后，京师大学堂改名为北京大学。1912年，严复受袁世凯任命担任北京大学校长之职。此时，他对中西文化的比较远离了1895年由于甲午海战失败引发的强烈震撼和刺激，心态趋向平和。加

---

① 《原强修订稿》，《严复集》第一册，中华书局1986年版，第20页。
② 《救亡决论》，《严复集》第一册，中华书局1986年版，第40—42页。

之从甲午战争开始特别是在甲午战争之后，一大批洋务学堂兴起，既培养了大批专门、专业人才，又由于这些新式学堂重外文和西学而引发了诸多新的弊端。这引起了当时众多思想家的警觉和担忧。担任北京大学校长的严复也由此对自己从前的教育主张和中西文化观予以反省，《读经当积极提倡》便是这一反思的产物。该文是1913年严复在中央教育会上的演讲，也是他思想转变的标志。促使严复这一转变的动因是多方面的：第一，从理论层面上看，新式学堂的教育使他认识到人才培养不仅在于智力开发，而且重在德行培养。基于这种认识，严复在肯定德、智、体三育并重的同时，强调"德育重于智育"。对于中国人来说，尊孔读经是不可或缺的内容。第二，文化分为形而上之道与形而下之器（术），两相比较，道更为根本。与西方文化重术迥然不同，中国文化重道。中国之道就蕴含在群经之中，尊孔读经就是传承中国之道。沿着这一思路，严复试图将北京大学的文科与经学合而为一，以"保持吾国四五千载圣圣相传之纲纪彝伦道德文章于不坠"。

梳理严复对尊孔读经态度的转变轨迹可以发现，他对经典的态度经历了一个由批判拒斥到认同肯定再到积极提倡的过程。严复的心路历程留给后人深刻的启示：第一，教育的根本目的不是知识的灌输，而是人格的培养。因此，无论在近代救亡图存刻不容缓的特殊形势下还是在其他时期，教育均离不开本民族特质的培养。这也就是严复所讲的国性、国格以及二者与人格的关系问题。第二，不同民族有不同的文化传承，经典是中国几千年薪火相传的精神命脉和文明载体，也是中国人之所以成为中国人的特质所在。葆有对经典的敬畏，在吸收外来文化的同时，不忘经典，传承经典，是推进文化创新、弘扬传统文化的有效途径。从近代以来的百年历史雄辩证明，无论是废弃经典、与传统文化决裂还是全盘西化、唯西学之马首是瞻都不利于中国文化的发展和创新。

第三节 导扬立国精神

循着群经宗旨并不过时，并且是中国之国性所在的思路，严复试图借助经典培养中国人的人格和国格。在他看来，忠、孝、节、义是群经要义，也是中国的立国精神所在。因此，必须在尊孔读经的同时，将忠、孝、节、义纳入国民教育之中，与尊孔读经一起作为德育的基本内容。

首先，严复指出，忠、孝、节、义是中国的立国精神，必须大力导扬。对此，他论证说：

> 盖忠之为说，所包甚广，自人类之有交际，上下左右，皆所必施，而于事国之天职为尤重。不缘帝制之废，其心德遂以沦也。孝者，隆于报本，得此而后家庭蒙养乃有所施，国民道德发端于此，且为爱国之义所由导源。（西字爱国曰："巴特里鄂狄"，本于拉丁语之所谓父。）人未有不重其亲而能爱其祖国者。节者，主于不挠，主于有制，故民必有此，而后不滥用自由，而可与结合团体。耻诡随，尚廉耻，不慭不竦，而有以奋发于艰难。至于义，则百行之宜，所以为人格标准，而国民程度之高下视之。但使义之所在，则性命财产皆其所轻。故蹈义之民，视死犹归，百折不回，前仆后继，而又澹定从容，审处熟思，绝非感情之用事。
>
> 今者幸此四端，久为吾国先民所倡导，流传久远，而为普通夫妇所与知。公等以为吾国处今，以建立民彝为最亟，诚宜视忠孝节义四者为中华民族之特性。而即以此为立国之精神，导扬渐渍，务使深入人心，常成习惯。文言曰：贞者，事之干也。必以此四者为之桢干，夫而后保邦制治之事，得所附以为施。以言其标，则理财而诘戎；以言本，则立法而厉学。凡兹形式之事，得其君形者存，庶几出生入死，而有以达最后之祈响。准斯而行，实于民国大有裨益。①

在此，严复着重阐明了四个问题：第一，忠、孝、节、义放之四海而皆准，是国之为国、人之为人的准则。第二，幸运的是，具有普适和普世价值的忠、孝、节、义作为群经的要旨在中国流传久远，已为中国人所熟知。第三，对于当时的中国来说，培植国民道德（"民彝"）为最亟，而民德教育的原则便是将忠、孝、节、义奉为中国的立国精神，以此导扬国性，并使之成为国民必备的素质和品质。第四，以忠、孝、

---

① 《导扬中华民国立国精神议》，《严复集》第二册，中华书局1986年版，第343—344页。

节、义对国民进行德育教育，对于国民大有裨益。由于抓住了枝干，可以标本兼治——随着"新民德"的推进，许多问题都将得到解决。

其次，对于以忠、孝、节、义为立国精神对国民进行道德（"民彝"）教育的具体步骤和做法，严复"拟办法若干条"，从中可见他对德育的深入思考和全局规划。现摘录如下：

一、标举群经圣哲垂训，采取史书传记所纪忠孝节义之事，择译外国名人言行，是以感发兴起合群爱国观念者，编入师范生及小学堂课本中，以为讲诵传习之具。

二、历史忠孝节义事实，择其中正逼真者，制为通俗歌曲，或编成戏剧，制为图画，俾合人民演唱观览。

三、各地方之忠孝节义祠堂坊表，一律修理整齐，以为公众游观之所。每年由地方公议，定一二日醵赀在祠举行祭典，及开庙会。

四、人民男妇，不论贵贱贫富，已卒生存，其有奇节卓行，为地方机关所公认，代为呈请表章者，查明属实，由大总统酌予荣典褒彰。

五、治制有殊，而砥节首公之义，终古不废。比者政体肇变，主持治柄之地，业已化家为官。大总统者，抽象国家之代表，非具体个人之专称，一经民意所属，即为全国致身之点。斯乃纯粹国民之天职，不系私昵之感情，是故言效忠于元首，即无异效忠于国家。至正大中，必不得以路易"朕即国家"之言相乱也。此义关于吾国之治乱存亡甚巨，亟宜广举中外古今学说，剖析精义，勒成专书，布在学校，传诸民间，以袪天下之惑。

六、旧有传记说部，或今人新编，西籍撰著，其有关于忠孝节义事实者，宜加编译刊布，以广流传。①

早在1895年提出"新民德"之时，严复就感叹民德"最难"。20年过去了，严复的教育思想尤其是德育内容发生了巨大变化，然而，他

---

① 《导扬中华民国立国精神议》，《严复集》第二册，中华书局1986年版，第344—345页。

对"新民德"至难，必须深入人心，并养成习惯才能奏效的看法却始终没有变。基于此，严复提出的旨在"新民德"的德育方法和措施包罗万象，在总结世界各国经验教训的基础上，既借鉴中国历史上的成功经验，又容纳了西方的新式方法。其中，如下几个要点和特点尤为引人注目：

第一，"尚公"。忠、孝、节、义四端以忠为首，忠不是忠于总统一人，而是忠于国家。这贯彻了新道德的"尚公"原则，从一个侧面证明严复将"尚公"奉为德育宗旨的做法没有变。他之所以在导扬立国精神时将忠与"尚公"相提并论，既是为了以忠号召国民牺牲"小己之自由"而捍卫"国群之自由"，又是为了迎合中国近代救亡图存的时代主题。

第二，春风化雨，细致入微。一方面，严复始终坚持教育形式与内容相结合，关注教科书的编写。在这方面，德育与智育、体育并无不同，导扬立国精神的国民教育也不例外。另一方面，德育具有不同于体育、智育的特殊性，关涉人心民俗，与人的日常生活息息相关。因此，他对德育的思考比智育、体育更深入细致、更繁复细碎。严复提出的导扬国性的办法"见缝插针"，利用各种场合随时随地进行。

第三，和合中西。在严复提出的导扬立国精神，培养忠、孝、节、义的办法中，无论是教科书内容的选择还是小说等形式都不限于地域或中西之别，而是在立足中学的同时，兼采西学。

第四，德育贵在深入人心、身体力行是严复的一贯主张，而若要雅俗共赏，深入人心，就要通俗易懂。因为认识到了接地气是德育的生命线，他所讲的德育贴近百姓生活，形式多种多样，内容丰富多彩。对忠、孝、节、义之立国精神的导扬以及具体办法淋漓尽致地呈现了德育的这些特点。透过这些特点，可以反观严复对德育的用力之著和用心之苦。

严复的思想是变化的，这一变化影响到他的教育理念和教育思想。严复对德育在三育中的位置和内容的调整既是教育思想变化的体现，又是他的整个思想变化的一个缩影。在1895年提出德、智、体三育并重而极力凸显智育之时，严复的思想以西学为主，智育旨在废除中国的八股取士，引进西方的教育机制和人才培养模式，德育则是以西方重平等的"尚公"观念变革中国古代的"尊亲"观念。思想发生转变之后，严复从大力提倡西学转而倡导尊孔读经。这时的他不仅将德育置于三育之首，而且将尊孔读经、导扬国性作为德育的主要内容。尽管将"尚公"奉为德育宗旨的观点没有变，然而，严复这时所讲的"尚公"不是从西方舶来的，而是从中国传承了几千年的四端尤其是忠中阐发出来的。

第四节　严复教育思想的价值与误区

正如特殊的学术经历和西学素养使严复的启蒙思想个性鲜明、影响深远一样，严复的教育思想独具特色、意义非凡，同时带有中国近代特有的以及他本人多独有的误区。有鉴于此，对于严复的教育思想，要有一个客观而辩证的态度。

一　与中国近代的其他启蒙思想家类似，严复对教育的殚精竭虑与救亡图存的社会现实密不可分

对于中国教育状况的十分担忧，严复借助《春秋》三世说进行了这样的描述和说明："吾闻深于《春秋》者，推《春秋》于天下，说世有三等：治世为一等，乱世为一等，衰世为一等。治世与乱世至不同，治世与衰世，则貌若相似。何谓治世？教宗、政法、学术均能推极。夫人所受于天之智，而人与物各得其情。此世则今欧人有其几，或千年之后能有之。何谓乱世？智识初开，世运初变，林林生材，不相统一。于是有教门之战，有国权之战，有货殖之战。以材而战，战而益材，此世则中国周秦时，南北朝隋唐时，欧洲希腊、罗马以至英、法民变时见之。何谓衰世？大都本有政教，逐渐倾颓，至于退化，此世在埃及、波斯、印度久矣，而支那乃不幸渐近之。游衰世之国者，行于其野，间阎安堵，击壤以嬉，如是者民类治世；观于其市，百货腾涌，万瓦鳞集，如是者商类治世；游于其校，图书满屋，呫唔相闻，立于其朝，貂蝉盈座，文酒从容，如是者士大夫类治世。均类治世矣，而所显之果，乃与治世反。强邻环视，刀俎鱼肉，任其取携，草泽奸人，沉吟睥睨，以为时至。樽俎之间，枕席之上，未尝有他，而知与不知，心目之间，常若有一事之将至。如是者乃不及乱世，何论治世！若此者何哉？天下之政教，名存实去，而天下已为无政教之民也。"[①] 由此可见，严复借助

[①]《论中国教化之退》，《严复集》第二册，中华书局1986年版，第481—482页。

《春秋》公羊学的三世说将世界划分为治世、乱世与衰世三个不同的等级，借此分析了中国所处的位置，并由此对中国的教育状况忧心忡忡。按照严复的说法，衰世与治世表面上看极为相似，实则相去霄壤。所谓治世，指其国教育、宗教、政治、法律和学术均极盛，人之天智得以发挥。所谓衰世，指其国有教化，却已经开始衰退——埃及、波斯和印度处此境遇，中国已经接近之。对于衰世，严复进一步分析说，一方面，衰世之国，其民安居乐业，其朝歌舞升平，并且书声琅琅，极重教育。正因为如此，衰世从表面上看与治世类似。另一方面，衰世在本质上与治世截然相反。这是因为，衰世处于列强环视的生存危机之中，在我为鱼肉人为刀俎的困境中却浑然不知——不仅不如乱世，而且危险至极。分析至此，他进而指出，中国几近衰世，正处于危险的境遇之中。中国人对此必须警醒，并且全力应对。对于应对之方，严复认为，治世、乱世与衰世之由来，皆因教化而成。正如西方之盛得益于自由之教化一样，中国之衰被害于教育之弛。基于这一分析，他对教育寄予厚望，在对中国的教育状况心急如焚的同时，推出了教育改革的措施——不仅注重"自然之教育"，旨在使人明了生存竞争法则；而且关注国民教育，并将自由教育纳入其中。

值得注意的是，综观严复的教育思想可以看到，他所讲的三育关系以及教育内容是有差异的，甚至可以说变化非常巨大。例如，在教育方针上，早期凸显智育，后期强调"德育重于智育"；在教育内容上，早期侧重西学和科学教育，醉心于西方的自然科学和逻辑方法，后期则侧重中学，大声疾呼尊孔读经、导扬国性，等等。尽管如此，严复对教育内容的调整是就方法而言的，救亡图存、"自强保种"的宗旨始终如一。事实上，他之所以对教育十分重视，反复阐发，是因为认识到教育关乎中国的未来，与救亡图存密不可分。

二 严复的教育思想无论理念还是方针都带有极强的功利性

正如中国近代的启蒙思想始终围绕着救亡图存的宗旨展开一样，严复的所有思想均以裨益于现实为根本宗旨和价值诉求。这一点早在翻译西学之时即已确定，并被他贯彻到教育思想之中。正是秉持有裨于"实政"的初衷和原则，严复建构了自己的教育理念和设想。中国近代政治风云变幻莫测，有裨于"实政"使他的主张以急剧变动的现实为风向标，由此引发了种种矛盾，也使他的许多教育观点难免带有急功近利性。例如，严复提倡女学，在某种程度上不是由于他本人赞同女权——在这方面，"女娲"论便是明证，更不是以赋予女子权利为初衷；而是出于"自强保种"的思考，因为他认为，女子接受教育更有助于儿童教育和家庭教育。同样的道理，严复对自由津津乐道，对自由和君主立宪的宣传不遗余力，到头来却呼吁国民为了"国群之自由"而减损自身的"小己之自由"。之所以如此，是因为他当初提倡自由是基于社会有机体论，出于"自强保种"的需要，而并非呼唤个人自由，甚至不是出于对自由的渴望。恰好相反，对于严复来说，正因为"国群之自由"与"小己之自由"是矛盾的，在国难当头的特殊时期，迫于对政治局势的权衡，必须对国民进行自由教育、权利教育；而进行自由教育、权利教育的目的是让国民明晓自由的要义，正确处理"国群之自由"与"小己之自由"的关系。这就是说，严复宣讲国民教育、自由教育，并非是为了让国民更好地行使自己的自由权利，而是为了捍卫"国群之自由"。

第四章　谭嗣同的教育思想

谭嗣同（1865—1898），戊戌启蒙思想家，最著名的"戊戌六君子"之一。谭嗣同出身官宦世家，父亲谭继洵是湖北巡抚，殷实的家境使谭嗣同有条件出游，结交有识之士。谭嗣同所在家庭是典型的封建大家庭，加之生母亡故，受继母虐待，使他饱尝人生冷暖，认识到大家庭之害。特殊的成长环境和人生经历既养成了谭嗣同叛逆的性格，又奠定了他对三纲五常的批判。谭嗣同的代表作有《仁学》《石菊影庐笔识》《壮飞楼治事》《寥天一阁文》《莽苍苍斋诗》《远遗堂集外文》等。这些论作被后人合编为《谭嗣同全集》，《仁学》则有多种版本流传于世。

1875年，10岁的谭嗣同拜欧阳中鹄为师。欧阳中鹄是湖南著名学者，培养了谭嗣同和唐才常等维新人士。欧阳中鹄对谭嗣同的思想影响巨大，可以说伴随谭嗣同的一生。1877年，谭嗣同又师从涂启先，系统学习中国古代典籍，开始接触算学、格致等自然科学。此后，谭嗣同曾到兰州，在父亲的道署中读书。1884年，谭嗣同离家出走，游历直隶（今河北）、甘肃、新疆、陕西、河南、湖北、江西、江苏、安徽、浙江、山东和山西等省，观察风土人情，结交硕学名士。游历各地开阔了谭嗣同的视野，既增长了阅历和见识，又增加了对民众疾苦的了解。1888年，谭嗣同在著名学者刘人熙的指导下研究王夫之等人的著作，汲取其中的爱国和民主思想，并且对王夫之的元气论和道器观兴趣盎然。与此同时，谭嗣同开始关注西学，广泛搜罗和阅读当时介绍西方天文、地理、历史和政治的报纸、杂志以及各类书籍。

1894年，中日甲午战争爆发，短短10个月的时间，北洋水师全军覆没。中国战败，并于1895年与日本签订《马关条约》。谭嗣同坚决反对中国与日本签订丧权辱国的和约，对清政府"竟忍以四万万七千万人民之身家性命一举而弃之"的妥协行径极为愤慨。甲午海战的失败以及《马关条约》的签订标志着中国在半殖民地的深渊中越陷越深，深重的民族危机使谭嗣同对中国的前途命运忧心忡忡，痛心疾首。由此，他开始反思自己从前的救亡纲领和变法主张，苦苦思索拯救民族危亡的大计。这用谭嗣同本人的话说便是："详考数十年之世变，而切究其事理，远验之故籍，近咨之深识之士。不敢专己而非人，不敢讳短而疾长，不敢徇一孔之见而封于旧说，不敢不舍己从人取于人以为善。设身处地，机牙百出。因有见于大化之所趋，风气之所溺，非守文因旧所能挽回者。不恤首发大难，书此尽变西法之策。……而变法又适所以复古。"① 痛定思痛，谭嗣同认识到"大化之所趋，风气之所溺，非守文因旧所能挽回者"，必须废除君主专制，才能从根本上拯救中国。基于这一认识，1896年，为了寻找救亡真理，他开始"北游访学"。在"北游访学"的过程中，谭嗣同途经上海、苏州、南京、北京和天津等文化、政治中心，拜访、结交了以傅兰雅为首的西方传教士，以杨文会、吴雁舟为代表的佛教大德和以康有为、梁启超为首的维新派，思想为之大变。对此，谭嗣同自己的概括是"前后判若两人"："三十以前旧学凡六种，兹特其二。余待更刻。三十以后，新学洒然一变，前后判若两人。三十之年，适在甲午，地球全势忽变，嗣同学术更大变，境能生心，心实造境。天谋鬼谋，偶而不奇。故旧学之刻，亦三界中一大收束也。"② 与此同时，"北游访学"所到之处，哀鸿遍野，生灵涂炭，他的救亡图存之心越来越迫切。加之基督教（谭嗣同称之为耶教）、佛教和在理教等各色宗教的影响，谭嗣同发愿"以心度一切苦恼众生"。伴随着对心的顶礼膜拜，谭嗣同在哲学上从原来的气学转向了心学，皈依"以心挽劫"的仁学。在1897年夏秋之间，谭嗣同写成《仁学》一书。《仁学》集中阐释了"以心挽劫"的仁学，是谭嗣同平生最重要的著作，也被誉为维新派的第一部哲学著作。

1897年2月，谭嗣同回到湖南，在湖南巡抚陈宝箴、按察使黄遵宪和学政江标的支持下，与唐才常等人主办《湘报》，创办时务学堂、南学会、延年会和群萌学会等新式学堂和学会。1898年年初，谭嗣同

---

① 《兴算学议·上欧阳中鹄书》，《谭嗣同全集》（增订本），中华书局1998年版，第168页。

② 《秋雨年华之馆丛脞书卷一·与唐绂丞书》，《谭嗣同全集》（增订本），中华书局1998年版，第259页。

接受了倾向维新的湖南巡抚陈宝箴的邀请,回到湖南协助举办新政。在"湖南新政"期间,谭嗣同先是加强了时务学堂中维新派的力量,使时务学堂成为培养维新志士的机构。谭嗣同本人担任分教习;接着又安排唐才常任中文教习,聘请梁启超协助任中文总教习。据梁启超披露,谭嗣同、梁启超等人在时务学堂的教学中大力宣传变法维新思想,"所言皆当时一派之民权论,又多言清代故实,胪举失败"①。经过课堂讲授和宣传,孔子改制、平等和民权等学说走进学生的心中,并随着他们带到各自的家乡而远播四方。谭嗣同还刊刻《明夷待访录》《扬州十日记》等含有民族主义意识的书籍发给学生,向他们灌输民主、民权思想。此外,谭嗣同倡导开矿山、修铁路,宣传变法维新,推行新政。在谭嗣同的宣传、鼓动下,湖南风气大开,成为全国最富朝气的一省,走在了变法维新的前列。

"百日维新"期间,光绪帝颁布《明定国是诏》后不久,康有为在代徐靖和做的奏折中向光绪帝推荐谭嗣同。奏折曰:"江苏候补知府谭嗣同,天才卓荦,学识绝伦。忠于爱国,勇于任事,不避艰险,不畏谤疑。内可以为论思之官,外可以备折冲之选。……其黄遵宪、谭嗣同二员,可否特谕该省督抚送部引见,听候简任之处,出自圣裁,非臣所敢擅请。"② 光绪帝审阅奏折后同意召见谭嗣同,谭嗣同随即抵达北京。光绪帝下诏授谭嗣同和林旭、刘光第、杨锐四品卿衔,参与新政。次日,光绪帝又召见谭嗣同,表示自己愿意变法,只是迫于慈禧和守旧大臣的阻挠而无可奈何。接着,光绪帝又对谭嗣同说:"汝等所欲变者,俱可随意奏来,我必依从。即我有过失,汝等当面责我,我必速改。"光绪帝变法的决心和对维新派的信赖使谭嗣同在深受感动之余,也备受鼓舞,觉得实现自己抱负的机会已经到来。他在写给妻子——李闰的信中说:"朝廷毅然变法,国事大有可为。我因此益加奋勉,不欲自暇自逸。"③ 光绪帝支持变法维新的行为引起了慈禧的不满和朝中大臣的恐慌,慈禧等人早有密谋,镇压变法力量。谭嗣同密会袁世凯,请求袁世凯带兵入京,除掉顽固派。袁世凯表面上假惺惺地表示先回天津除掉荣

---

① 《清代学术概论》,《梁启超全集》第五册,北京出版社1999年版,第3100页。
② 《国是既定用人宜先谨保维新救时之才请特旨破格委任折》,《康有为全集》第四集,中国人民大学出版社2007年版,第76页。
③ 《致李闰三》,《谭嗣同全集》(增订本),中华书局1998年版,第531页。

禄，然后率兵入京；暗地里却于20日晚赶回天津，向荣禄告密，荣禄将这一情况密报给了慈禧。1898年10月21日，慈禧乘光绪帝去天津阅兵时发动兵变，废黜光绪帝；并且连发谕旨，捉拿维新派。至此，戊戌变法彻底失败，史称"百日维新"。

谭嗣同听到政变消息后，置个人安危于不顾，多方活动，筹谋营救光绪帝。在所有计划均告失败的情况下，他决心以死来殉变法，酬圣上。事实上，谭嗣同有机会像康有为、梁启超那样选择逃亡海外，因为在戊戌变法失败后，日本使馆曾经派人与谭嗣同联系，表示可以为他提供"保护"。与谭嗣同一同领导戊戌变法的梁启超就是在日本人的营救下逃往日本，最终躲过一劫的。谭嗣同面对日本人的"保护"毅然回绝，并对来人说："各国变法，无不从流血而成。今中国未闻有因变法而流血者，此国之所以不昌也。有之，请自嗣同始！"① 抱定赴死决心的谭嗣同把自己的书信、文稿交给梁启超，劝梁启超东渡日本避难，并慷慨激昂地说："不有行者，无以图将来；不有死者，无以酬圣主。今南海之生死未可卜，程婴杵臼，月照西乡，吾与足下分任之。"② 9月24日，谭嗣同在北京的浏阳会馆被捕。在狱中，他从容自若，写下了"我自横刀向天笑，去留肝胆两昆仑"③ 的豪迈诗句。1898年9月28日，谭嗣同与林旭、杨深秀、刘光第、杨锐和康广仁六人在北京宣武门外的菜市口刑场英勇就义，史称"戊戌六君子"。当"戊戌六君子"被行刑时，刑场上观看者上万人。谭嗣同神色不变，临终时大声高呼："有心杀贼，无力回天。死得其所，快哉快哉！"④ 谭嗣同的言行充分表现了舍身报国的英雄气概，鼓舞了无数仁人志士投身到救亡图存的运动之中。

谭嗣同的相貌有一个显著特点——通眉，所谓"通眉"，也就是左右两条眉毛长在一起，据说这种相貌的人命硬，能够成就一番事业。他本人提到了自己的"通眉"，并且以此自我磨砺。例如，在写给自己的一生挚友——唐才常的信中，谭嗣同如是说：

---

① 《谭嗣同传》，《梁启超全集》第一册，北京出版社1999年版，第233页。
② 同上。
③ 《秋雨年华之馆丛脞书卷二·狱中题壁》，《谭嗣同全集》（增订本），中华书局1998年版，第287页。
④ 《秋雨年华之馆丛脞书卷二·临终语》，《谭嗣同全集》（增订本），中华书局1998年版，第287页。

嗣同不慧，蚤为旧学所溺，或饾丁斠积，役于音训；或华藻宫商，辱为雕虫。握槊则为之腕脱，雒诵则为之气尽，夫亦可谓笃于文矣。往年罗穆倩谓嗣同："子通眉，必多幽挚之思。"饶仙槎则亦谓："惨淡精锐，吾惟见子。"故偶然造述，时复黮然深窅，而精光激射，亦颇不乏苍郁之概，峭蒨之致。其于哀乐，煎情锻思，昼夜十反。一丝潜引，无首无尾，溶裔长怀，若弥万仞而莫之竟。顾纡徐愈婉，斯激出弥劲，忽便任之，遽有慓疾廉悍恣睢不可控制之观，孰使令之欤？由其性情与所遭遇在焉。过此以往，方当金篦刮目，慧剑刳胸，上九天而下九地，魄万生而魂万灭，长与旧学辞矣，又放笔为直干者乎？所谓心计转粗，不能复从容唱《渭城》矣。①

无论"通眉"的传言是否灵验，有一点是可以肯定的，那就是：谭嗣同确实特立独行，拥有常人无法企及的胆识和气概。1899年，谭嗣同的遗骸被运回原籍，葬在湖南浏阳城外石山下。烈士的墓前立有华表，华表上的挽联写道："亘古不磨，片石苍茫立天地；一峦挺秀，群山奔赴若波涛。"无论是谭嗣同的言行还是哲学都在中国历史上留下了永不磨灭的光辉一页。

特殊的人生经历和理论渊源造就了谭嗣同思想的特殊性，与此相伴而来的则是他教育思想的独特性。

第一节 变法维新与"变通科举"

中国近代是救亡图存的时代，大多数近代哲学家秉持教育救国的理念，谭嗣同也不例外。正如其他近代哲学家一样，谭嗣同深切认识到了教育的作用，并且极力提高教育的地位、凸显教育的价值。这使他对教育寄予厚望，进而将教育改革奉为变法维新的重中之重。

首先，谭嗣同深谙学校对于教育普及、风气引领的重要性，故而对

---

① 《秋雨年华之馆丛脞书卷一·与唐绂丞书》，《谭嗣同全集》（增订本），中华书局1998年版，第259—260页。

教育极为重视。因此，他一面将中国的贫困衰微、民智低下归咎于教育，一面渴望通过变革学校打开中国振衰疗弱的突破口。例如，在写给徐仁铸的信中，谭嗣同如是说："责以学校之事，何以教育，何以奖掖，何以涤瑕，何以增美，则其位其权，皆成渺不相涉。学校废则士无识，士无识则民皆失其耳目，虽有良法美意，谁与共之？此故非学政莫能为力矣。"① 这就是说，学校的废弛导致士人的无识，士人的无识又进一步导致民众的愚昧。陷入这种局面，即使有完善的法律和制度也难以推行；反过来，只有通过变革学校，提高士人之见识，然后，在士人的引导下，全面提高民众的素质，中国才有希望。

进而言之，谭嗣同之所以认为变法应该以人才为本，先变科举，基于这样的逻辑：民权的实行离不开民智的提升，民智与民权相互促进、相得益彰。正是在这个意义上，他写道："唯变法可以救之，而卒坚持不变。岂不以方将愚民，变法则民智；方将贫民，变法则民富；方将弱民，变法则民强；方将死民，变法则民生；方将私其智其富其强其生于一己，而以愚贫弱死归诸民，变法则与己争智争富争强争生，故坚持不变也。究之智与富与强与生，决非独夫之所任为。"② 由此可见，谭嗣同重视教育，就是为了提高人的素质，教会人行使自己的权利。在他设想的未来社会中，不仅是民主的，而且是文明的。这用谭嗣同本人的话说便是："人人可有教主之德，而教主废；人人可有君主之权，而君主废。"③ 如果说对于人的至关重要表明教育不可或缺的话，那么，中国近代救亡图存的迫在眉睫则加剧了教育的重要性和紧迫性。无论对教育作用的认识还是对教育的重视都让他坚信，加强教育、推进学术是中国行之有效的救国之策，甚至是救亡图存的捷径。对此，谭嗣同断言："然而求保国之急效，又莫捷于学矣。"④ 循着谭嗣同的逻辑，变法维新急需人才，人才的培养则离不开教育。这使教育在中国近代变得比任何时期都更为重要，也更为急切。由于认定中国缺乏人才从根本上说是由于教育所致，他提出变法维新从变革教育开始，将教育改革作为变法维新的基础。

---

① 《与徐仁铸书》，《谭嗣同全集》（增订本），中华书局1998年版，第270页。
② 《仁学》，《谭嗣同全集》（增订本），中华书局1998年版，第343页。
③ 同上书，第370页。
④ 同上书，第354—355页。

其次，在将变革教育视为变法维新基础的前提下，谭嗣同进一步聚焦科举制度，并将"变科举"说成是教育改革的突破口和切入点。基于这一思考，他甚至明言："故必变科举而后可造就人才，而后可变一切之法矣。……若不变科举，直不如不变。"① 如此说来，变科举成为中国变法维新的必由之路乃至不二法门——不仅是中国教育改革的突破口和下手处，而且是变法维新的根本和基础。甚至可以说，中国变法维新的纲领和途径全赖变革科举。

谭嗣同主张变通科举，就是为了通过改变科举考试的方式和内容，不拘一格用人才，由此改变资格用人的局面。他在写给"刎颈之交"——唐才常的信中表露了自己的焦虑心情："变法三四年，不为不久。不惟大体了不更张，而犹以科目取士，资格用人。待其人自以时积累之，时久否耳，人贤否，不问也。是惟恐其人所阅之时，不瞬疾以逝，而设成格以促之。是不惟人贱，时又甚贱也。生时贱时，虽有经天纬地之文，澄清天下之志，天民大人之学，孔、墨、曾、史之行，横绝一世之才，辟易万夫之气，炙輠雕龙之辩，翘关扛鼎之用，将焉用之! 将焉用之!"②

对于谭嗣同来说，"变科举"之所以如此重要，可以从两个方面来理解：第一，中国之所以缺乏人才，是现有教育机制特别是科举考试的内容和方法所致。反过来说，变革科举则是为了造就人才，通过变革科举的内容和方法，解决中国人才短缺的问题。这意味着谭嗣同提倡的变通科举，所要变的是科举的内容和方法，而不是科举制度本身。第二，只有变革科举才能造就人才，有了人才作为基本保障才可以变一切法。这就是说，没有人才，一切变法都将由于无法实施而最终流于空谈。正因为如此，谭嗣同强调"若不变科举，直不如不变"。这个结论将变法维新的希望寄托于"变科举"，也将"变科举"的急切性和重要性推向了极致。

谭嗣同不仅在思想上认为学术与政治相互印证，而且在操作上使二者层层推进。有鉴于此，他提出的变法维新的纲领由四个层层递进的方

---

① 《兴算学议》，《谭嗣同全集》（增订本），中华书局1998年版，第159—160页。
② 《秋雨年华之馆丛脞书卷一·与唐绂丞书》，《谭嗣同全集》（增订本），中华书局1998年版，第261页。

面组成:"夫变科举以育人才,开议院以达下情,改官制而少其层累,终身不迁以专其业。"① 由此可见,谭嗣同的变法主张分为四个方面,这四个方面是相互递进的关系,也可以说是四个层层推进的具体步骤:

第一步,变科举育人才,正是这一点决定了变法以"变科举"为切入点。国势衰微的中国近代急需人才,为了造就人才,必须"变通科举"。为此,谭嗣同建议:"变通科举,先从岁科试起,以期速开风气而广育人才。"② 值得一提的是,他提议"变通科举"先从"岁科试起",既是为了"速开风气",又是为了"广育人才"——如果说"速开风气"与中国近代救亡图存的迫在眉睫相呼应的话,那么,"广育人才"则寄予了谭嗣同普及教育的期待,并且与他旨在培养各种专门专业人才的教育目标相暗合。对于变法的先后缓急,谭嗣同有过一段精彩论述:"论变法之次第,则根本有所宜先,而未容或紊,如铁路、轮船、钱币、枪炮,与夫务财、训农、通商、惠工诸大政,固无一不应规仿西法,亦无待今日而始知其然。然而某人果精某艺,某事宜任某人,瞻望徘徊,未知所属,则万不能不广育人才,为变法之本。固不能不变通科举,为育才之本也。"③ 这就是说,谭嗣同深知中国的变法千头万绪、百废待兴,从铁路、轮船、钱币、枪炮到务财、训农、通商、惠工诸大政,皆囊括其中。他强调,尽管变法牵涉诸多条目和内容,然而,这些条目和内容并非并列的,万万不可对它们等量齐观。这是因为,变法牵涉的各项举措具有本末之分,彼此之间的先后缓急之序不容颠倒。正是通过对变法的全盘思考和权衡,他得出了如下结论:变法的根本是"广育人才","广育人才"的根本是"变通科举"。

第二步,开议院通下情,这是变法维新在政治上的表现,与谭嗣同对民主、平等和民权的呼吁相一致。议院的设立依赖民智的提升,离开民众参与的议院充其量只有议院之名而无议院之实。因此,只有将开设议院与"变通科举"、提升民智联系起来相互促进,才能使议院充分反映民意、发扬民主,而避免形同虚设。

第三步,改官制少层累,这是政治体制和社会结构的变革。民权的

---

① 《兴算学议》,《谭嗣同全集》(增订本),中华书局1998年版,第160页。
② 《乙未代龙芝生侍郎奏请变通科举先从岁科试其摺》,《谭嗣同全集》(增订本),中华书局1998年版,第237页。
③ 同上。

实施和民主的实现不仅在政治上体现为官民平等，而且需要政治体制、社会结构的支持，才能贯彻到方方面面，并且，除了政治上官民之间的权利变革，还体现在用人上的机会平等。通过"变通科举"，一切官员皆从科举考试中择优选拔，既体现公平民主原则，又是对社会结构、宗法等级的冲击。

第四步，终身不迁而专其业，这是教育普及后人人有学的基本要求，也是改变宗法等级之后对社会结构的新调整。谭嗣同设想，经过如此调整之后，人人有学，彻底改变了传统社会体制下学为士人专有的局面。不仅如此，每个人所学为专门、专业之学，既普及、扩展了学的领域和范围，包括他津津乐道的各种"实学"，又在择优选拔官员的同时确保"专业对口"，因而从根本上打破了人与人不平等的局面。与此同时，谭嗣同具有实学情结，并且将对实学的情有独钟贯彻到教育改革以及对科举取士的变革之中。

上述内容显示，维新派思想家都对科举倍加关注，变科举是维新派的共识。在变科举是为了造就人才的问题上，谭嗣同的初衷与其他维新派思想家别无二致，而他对如何变科举的规划、设想则与其他人迥异其趣。

再次，需要说明的是，谭嗣同并非对科举考试，特别是八股取士的弊端视而不见。恰好相反，他对科举、八股之弊的揭露入木三分，曾经发表过诸多洞见。例如，他指出："窃见古人为学，虽师授不同，家法异尚，犹不欲专己任残，暖暖昧昧，墨守一先生之说，以自旌异，故必问难往复，出以相质。自八股、试律之说盛天下，始斤斤自封，私相授受，若惟恐一人之猎取其长，以假径于科目者，由是耳目不营于坟典，智计不出于盆盎，洪波孤涉，幽穴闇行，求其不蹶且溺者，庸有幸乎？此在偏隅所限，既有然矣。独怪有明三百年间，道学大明，巨人辈出，何以鸿文实学，郁蔚不舒？杨升菴博而寡要，又喜附会，然哉明人，已为奇特。故荆川、熙甫之流，得以其么弦细响，庞然自命为古；前后七子，局蹐声律，边幅益隘；驯至唐六如、祝枝山、李卓吾诸人，靡荡披猖，儒行扫地，恢张才人之称，实乃斯文之蠹，不尚古书而传注佚，不习算学而四元亡。究其所由，盖非徒知行合一之说，人教人束书不观，而应试之经义，引绳披根，实足以困一世之通材，使即于弇陋。"① 谭嗣同认为，学问本来是天下之公器，古代办学尽管师承不同，也不至于将学问据为私有。自从有了八股、试律之后，士人以考取功名为鹄的，于是开始故步自封，不再相互切磋、辩学，唯恐自己之举被他人猎取，使自己在科举考试中丧失竞争机会。这既妨碍了学术发展，又造成了人心不古。

问题的关键是，尽管对科举及八股之弊明察秋毫，谭嗣同并不主张骤然废除科举。理由是，中国人才的匮乏并非全在科举制度本身，如果变法得当，完全可以借助科举的权威大力培养人才。因此，面对他人对科举的口诛笔伐，谭嗣同指出，法久弊生，任何制度实行时间长了都难免产生弊端。科举当然概莫能外，故而不可对科举求全责备。这就是说，中国的人才匮乏即使与科举制度有关，亦非废除科举即可解决。更何况一旦骤废科举却无新法替代，结果可能更糟。基于这种考虑和担忧，他写道："然臣尝熟计之，一旦骤废制艺，又将易何法以试士？而法久弊生，其陈腐亦无以异于制艺。反复研究，因悟人才之衰，非尽制艺之过也，制艺之外，一无所长也。此后科举，即仍考制艺，宜令各兼习西学一门，以裨实用。实用苟具，制艺亦必迥不犹人，而世复何所容其訾病？"② 在谭嗣同看来，与其骤废制艺而无以替代之，倒不如沿用科举考试，在考制艺的同时，兼考一门西学。这样既由于考西学可以裨以实用，又可以解决科举制艺之弊端。循着这一逻辑，谭嗣同的重点不是像严复、梁启超等人那样痛心疾首地揭露科举取士的弊端，而是借科举之名行改革之实。

谭嗣同变通科举的基本思路是保留科举考试的形式而改变科举考试的科目，具体办法则是将各种实用之学和专门、专业之学作为科举考试的内容。对此，他在上书欧阳中鹄的信中提出了自己的详细规划和设想。其中有这样一段文字：

> 故议变法必先从士始，从士始则必先变科举，使人人自占一门，争自奋于实学，然后人才不可胜用，人才多而天下始可有为

---

① 《致刘淞芙十》，《谭嗣同全集》（增订本），中华书局1998年版，第486页。
② 《乙未代龙芝生侍郎奏请变通科举先从岁科试其摺》，《谭嗣同全集》（增订本），中华书局1998年版，第238页。

矣，舍此更无出身之路，斯浮议亦不攻自破。故变法者非他，务使人人克尽其职，不为坐食之游民而已。考理学、文学者使官礼部，考算学、理财者使官户部，考兵学者使官兵部，考律学者使官刑部，考机器者使掌机局，考测量者使绘舆图，考轮船者使航江海，考枪炮者使备战守，考公法者使充使臣，考医学者使为医官，考农桑者使为农官，考商务者使为通商之官。善夫！西人学校科举之合为一也，有择官选士之意焉。其成材者升于大书院，各有专门之学以待录用。投考者即于大书院由院长考之，不拘人数，求考即考，一二人可也，百十人可也；不拘时日，随到随考，今日可也，明日可也。所考者又皆有实验：如考算学即令运算，考船学即令驾船，考医学即令治病，考律学即令决狱，考机器即令制器，考天文测量即令运用仪器。中式即面予凭单，差其等第，如中国举人、进士之类。其有殊尤，立即拔用，余俟录用或再考。考每一国大小公私书院，或数万或数十万。又有五家连坐之法，一人不读书五家皆坐罪，故农夫走卒无不读书识字。又有女学校，故妇女无不读书识字。……至于品行心术，故无法以考验，而实即寓于诸学之中，苟其不端，亦决无能善其事而不败露者。况满街有警察吏以举刺之，到处有议院以评论之，又有浓赏厚刑以驱其后，复何忧其不得人哉？中国之考八股，于品行心术又有何干涉？不惟八股也，策论亦八股也，经学辞章皆八股也；即考算学而不讲实用，犹八股也。[①]

由此可见，谭嗣同的这套规划和设想，初衷是借助科举推行实学、普及教育，达到无人不识字、无人不读书的目的。在这个前提下，他的设想从四个方面展开：

第一，士是读书人，关系到中国的教育状况和人才培养。谭嗣同强调，变法从士入手，"变通科举"从士人开始。有了士之教育改革，也就有了人才保障。

第二，为了确保士为有用之才，谭嗣同呼吁改革科举考试的内容，其中最大的举措是加入大量的专门、专业之学。具体办法是，每人选择

[①]《兴算学议·上欧阳中鹄书》，《谭嗣同全集》（增订本），中华书局1998年版，第159页。

一门专业之学，官员任用视每人所学专业而定。这样一来，便在杜绝由出身门第任用官员的同时，既避免了古代科举取士的学非所用，又在代之以专业对口的风气引领下，使人争先恐后钻研实学。谭嗣同设想，经过如此推行之后，考理学、文学者使官礼部，考算学、理财者使官户部，考兵学者使官兵部，考律学者使官刑部，考机器者使掌机局，考测量者使绘舆图，考轮船者使航江海，考枪炮者使备战守，考公法者使充使臣，考医学者使为医官，考农桑者使为农官，考商务者使为通商之官。如此等等，不一而足，整个社会形成专业对口、内行充官的新局面。这对于中国来说是亘古未有的新举措。

第三，实行全民教育全覆盖，不唯做官必须通过考试择优选拔，即使是农、工、商皆须考试，彻底打破了中国古代读书识字为士人阶层垄断的习俗。

第四，谭嗣同设想的"每人各占一门"的前提是教育普及，为了普及教育，必须实现强制教育。换言之，他希望通过强制来推广、普及教育，从而达到人人有学的目标。通过强制、普及教育之后，不仅士、农、工、商各阶层皆有学，而且从幼儿起即入学接受教育。为此，谭嗣同提议开办女学，普及女子教育；通过女子教育的普及带动幼儿教育，由幼儿教育的普及将人人有学落到实处。

秉持教育救国理念的近代哲学家都将拯救中国的希望寄托于教育，在这一点上，谭嗣同与康有为、严复、梁启超和章炳麟等人的观点如出一辙。在这个前提下，必须进一步明确的是，谭嗣同对教育具有自己的独特认识和设想。在这方面，如果说保国之急效莫捷于学决定了谭嗣同对各种实学的器重，致使他所讲的变革科举和教育内容侧重各种专门、专业之学的话，那么，贵知不贵行则注定了谭嗣同的教育理念和救亡纲领倚重以知为代表的精神力量。至此，谭嗣同的教育理念在哲学上与他的心学旨趣汇合了。

第二节　实学情结与专业教育

在对学校之变的阐释中，谭嗣同将目光投向了科举取士，并在对科举取士的审视和思考中提出了具体的变法主张。不仅如此，他崇尚实学，关注时政，对治事抱有深切关注和极大热情。这促使谭嗣同将变革科举与人才培养结合起来，进而对科举考试的内容和方法提出变革。谭嗣同将"变学校"视为变法之根本，而他寄予厚望的"变学校"，质而言之，就是用实学（"实事"）变革科举考试的内容和方法。这用谭嗣同本人的话说便是："学校何以变，亦犹科举依于实事而已。"① 实学情结使谭嗣同注重专门、专业之学，并将天文学、地理学和生理学（他称为全体学）作为人人必备之知识。

一　专门、专业之学

谭嗣同提出的变科举的途径因循一贯的实学原则，与他的尚实情结息息相关。谭嗣同之所以注重实学，是因为实学可以致用，不仅可以富国强兵，而且有利于改善民生问题。

首先，与关注、崇尚实学密切相关，谭嗣同所讲的教育内容和科举考试的科目以格致之学为主。为此，他不厌其烦地为格致之理正名，并在给贝元徵的信中这样写道："格致之理，杂见周、秦诸子，乍聆之似甚奇，其实至平至实，人人能知能行，且已知已行，习焉不察，日用之不觉耳。而迂儒睹诸凡机器不辨美恶，一诋以奇技淫巧。及见其果有实用也，则又仗义执言，别为一说曰'与民争利'。当西人之创为机器，亦有持是说阻之者。"②

谭嗣同确信："无其器则无其道也。"③ 这意味着道离不开器，依于器而存在；没有器，也就无所谓道。同样的道理，教育不是一句空话，必须从实处入手——只有讲求实学，才能够确保学以致用。由此，他由提倡实学进而热衷于各种专门、专业之学。谭嗣同对"两年间"所做之事的回顾印证了这一点："两年间所兴创，若电线，若轮船，若矿物，若银圆，若铸钱，若银行，若官钱局，若旬报馆，若日报馆，若校经堂学会，若舆地学会，若方言学会，若时务学堂，若武备学堂，若化学堂，若藏书楼，若刊行西书，若机器制造公司，若电灯公司，若火柴公司，若煤油公司，若种桑公社、农矿工商之业，不一而足。近又议修

---

① 《思纬氤氲台短书·报贝元徵》，《谭嗣同全集》（增订本），中华书局1998年版，第208页。

② 同上书，第218页。

③ 《兴算学议》，《谭嗣同全集》（增订本），中华书局1998年版，第165页。

铁路及马路。其诸书院亦多增课算学、时务,乌睹所谓守旧闭化者耶!"①

其次,在谭嗣同那里,实学在很大程度上指各种专门、专业之学。因此,在他借助科举之名行教育改革之实的过程中,教学科目和内容的设置以实用为鹄的,科举考试以专业、专科为主,各种专门专业之学在其中占据重要位置。例如,谭嗣同在奏请"变通科举"的奏折上曰:

> 拟请旨饬下各直省学臣,自光绪二十二年始,凡遇岁、科、优拔等试,除考制艺外,均兼考西学一门,以算学、重学、天文、测量为一门,外国史事及舆地为一门,万国公法及各国法律、政事、税则等为一门,海、陆兵学为一门,化学为一门,电学为一门,船学为一门,汽机学为一门,农学为一门,矿学为一门,工、商学为一门,医学为一门,水、气、声、光等学为一门,各国语言文字为一门,必须果真精通一门,始得考取。不兼西学,虽制艺极工,概置不录。②

将名目繁多的专门、专业之学作为科举考试的科目是对科举内容的变革,也是对人才培养目标的变革。不仅如此,专门、专业之学主要是从西方传入的各种实用学科或技术技能。从这个意义上说,谭嗣同对专门、专业之学的重视也就是对西学的提倡和对格致之学的热衷。正是由于这个原因,他建议在科举考试中加入各种专门、专业之学,同时建议兼考西学,甚至建议不兼考西学不予录用。与传统科举考试的"大学"相比,专门、专业之学不仅包括理,而且包括术。这决定了实际运用和操作技术对于谭嗣同提倡的专门、专业之学的重要性,无论学习还是考试均注重实际操作和动手能力。他强调:"所考若系工艺等学,并置列各门精器,面令运用,以免流于空谈。"③

沿着这个思路,谭嗣同在不同场合反复建议,数学专业考运算能力,航海专业考驾驶技术,医学专业考治病,法律专业考判案,机械专

---

① 《与徐仁铸书》,《谭嗣同全集》(增订本),中华书局1998年版,第270页。
② 《乙未代龙芝生侍郎奏请变通科举先从岁科试其摺》,《谭嗣同全集》(增订本),中华书局1998年版,第238页。
③ 同上。

业考机器制作，天文测量专业考仪器运用，等等。下面即是一例："善夫西法学校科举之合为一也，有择官选士之意焉。……各守专门之学以待录用，学弗精进，或他过失，依次降之，犹郊遂也。其投考也，即由各专门院长考之，不拘人数，求考即考，一二人可也，百十人可也。不拘时日，随到随考，今日可也，明日可也。所考又皆实事，皆可实验。如考算学即面令运算，船学面令驾船，律学面令决狱，医学面令治病，汽机学面令制造，天文、测量面令运用仪器。众目昭彰，毫无假借。中式即面予证书，差其等第，以为名称，如中国举人、进士之类，其有殊尤，立即报明擢拔。考政学文学者官内部，考算学理财者官户部，考兵学者官海军陆军部，考法律者官刑部，考机器者掌机局，考测绘者掌舆图，考轮船者航江海，考矿学者司煤铁，考公法者充使臣，考农桑者列农部，考医学者入医院，考商务者为商官。余或掌教，或俟录用，或再考。"[①]

可以看到，谭嗣同注重各种实际技能，并且把训练、培养学生对仪器的熟悉掌握和实际运用纳入到具体的教学实践之中。例如，他在《金陵测量会章程》中规定了如下学习章程：

  练习仪器。先将同人所有各种仪器凑集一处，每日一聚，各述所知，互相传习。不出一月，可期精熟。[②]

  专精一门。各种仪器皆已演习精熟，则各择其性近而喜习者，别为专门之学，庶几精益求精。专门总门有二：曰测天，曰测地。测天分门有二：曰测日，曰测星。测地分门有二：曰测立点相距，若测山、测岸之类。曰测平点相距，若测路、测河之类。各占一门，暂勿贪多。所用仪器，若天文镜、子午仪、经纬仪、纪限仪、叠测仪、全圆圈、墙环、半圆仪、十字仪、象限仪、地平仪、专林仪、测向仪、罗盘、行船纪里轮、陆地纪里轮、水准钢链带、尺度时表带、佛逆之寒暑表、水银风雨表、空气风雨表、燥湿表、量风

---

① 《思纬氤氲台短书·报贝元徵》，《谭嗣同全集》（增订本），中华书局1998年版，第209页。

② 《秋雨年华之馆丛脞书卷一·金陵测量会章程》，《谭嗣同全集》（增订本），中华书局1998年版，第255页。

器、量雨器、量潮器，均应各人专心考究一器，合之则成用。器余于人，则兼习数器，亦应此器既精而后及彼器。人余于器，则同习一器。器有未备，容它日集资购置，此时暂互相借用。各人在家专习，以俟定期会测。①

"练习仪器"与"专精一门"印证了谭嗣同的一贯思路——教育的目标是普及教育，必须做到人人有学；教育的目标是培养学以致用的专门、专业人才，必须使受教育者在皆有学的基础上选择一门专业之学。这样一来，受教育者便被打造成各种专门、专业人才，既有学、有专业，"专精一门"；又有术，拥有一技之长，因而"练习仪器"。

谭嗣同相信，经过如此改革，科举完全可以为中国的变法维新提供支持，中国再无人才匮乏之虞。于是，他说道："岁、科等试既变，而科举始能渐变，凡一切当变之法，始能切实举行，而无乏才之患矣。"②

再次，谭嗣同认为，由于不讲实学，中国的洋务没有落到实处——由于舍本逐末，最终一事无成。对此，他痛心疾首地剖析说："中国数十年来，何尝有洋务哉？抑岂有一士大夫能讲者？能讲洋务，即又无今日之事。足下所谓洋务：第就所见之轮船已耳，电线已耳，火车已耳，枪炮、水雷及织布、炼铁诸机器已耳。于其法度政令之美备，曾未梦见，固宜足下之云尔。凡此皆洋务之枝叶，非其根本。……试先即枝叶论之，西法入中国，当以枪炮为最先，其次则轮船，皆不为不久矣。枪炮尚不能晓测量，遑论制造！今置一精枪精炮于此，足下以为可仅凭目力而浪击之乎？势必用表用算而后能命中，则试问：左右前后之炮界若何？昂度低度若何？平线若何？抛物线若何？速率若何？热度若何？远近击力若何？寒暑风雨阴晴之视差增减若何？平日自命读书才士，无一人能言者，甚则并其名与制犹不能识。"③ 基于这种剖析和判断，谭嗣同极力呼吁讲求实学，提倡各种专门、专业之学。

---

① 《秋雨年华之馆丛胠书卷一·金陵测量会章程》，《谭嗣同全集》（增订本），中华书局1998年版，第255—256页。
② 《乙未代龙芝生侍郎奏请变通科举先从岁科试其摺》，《谭嗣同全集》（增订本），中华书局1998年版，第239页。
③ 《思纬氤氲台短书·报贝元徵》，《谭嗣同全集》（增订本），中华书局1998年版，第202—203页。

谭嗣同进而指出，提倡各种专门、专业之学有助于培养技术人才，同时有助于端正人心，可谓是本末并举。具体地说，谭嗣同提出的变科举的方法是效法西学而依于实事，具体办法则是将各种专门、专业之学作为科考的内容，引导人各占一门，从而使人皆有一技之长（"各擅一艺"）。他说道："向令早数十年变科举如西法之依于实事，舍此更无出身之阶，彼便身图者，复何所容其冀幸，而不回心易虑以治西学？迄乎今日，民志久定，谤议久平，人才久布列在位，中国久复乎圣人之道，而首出乎万国。父以是诏，兄以是勉，我辈亦必精其业于公法条约，使务、界务、商务、农务、税务、矿务、天文、舆地、测绘、航海、兵、刑、医、牧、方言、算数、制器、格致之中，各占一门，各擅一艺，以共奋于功名之正路。何至如今日一无所长而流为废物；又何劳腾其口说至有此等辩论？……然则诸公与士民，皆有不得归罪者，不早变科举故也。"①

值得注意的是，谭嗣同之所以急切渴望"依于实事"，人皆掌握专门、专业之学，是因为他认为这样做不仅可以将"一无所长而流为废物"的中国人变成拥有一技之长的宝物，而且可以杜绝作伪。这意味着学习各种专门、专业之学有助于端正品行，从而形成良好的社会风气。对于其中的奥秘，谭嗣同解释说：

中国之经史性理，诵习如故，尊崇如故，抑坐定为人人应有而进观其他，不当别翘为一科而外视之也。即考据词章八股试律，亦听其自为之，不以入课程，不以差高下，皆取文理明通而已，以其可伪为也。余不可伪为，自必皆实事。皆实事，则科学之取士也有据，而乡举里选无计以遂其私。……至于品行心术，固无法以考验，实即寓于诸学之中。坐定为人人应有，而进观其他。苟其不端，亦决无能善其事而不败露者。况有警察官吏刺之，有上下议院评论之，又有浓赏厚罚驱其后，复何忧不得人哉？中国之考八股，于品行心术即又何涉！岂惟八股经史性理考据辞章凡可伪为者，其无涉犹八股也。顾亭林悼八股之祸，谓不减于秦之坑儒。愚谓凡不

---

① 《思纬氤氲台短书·报贝元徵》，《谭嗣同全集》（增订本），中华书局1998年版，第207—208页。

依于实事,即不得为儒术,即为坑儒之坑。惟变学校变科举,因之以变官制,下以实献,上以实求,使贤才登庸而在位之人心以正。且由此进变养民卫民教民一切根本之法,而天下之人心亦以正。根本既立,枝叶乃得附之。夫何忧顽钝贪诈,夫何忧洋务之无效?①

对于谭嗣同来说,专门、专业之学的作用是巨大的——不仅增长技能,而且端正人心。既然如此,他大力提倡各种专门、专业之学,并对之如饥似渴也就不言而喻了。

二 天文学、地理学和生理学

在谭嗣同那里,推广各种专门、专业之学依靠教育的普及,教育普及与专业人才的培养相互促进。他所讲的教育内容包括专业教育与通识教育两大类,其中,专门、专业之学属于专业教育,主要针对不同专业之人,旨在使所有中国人都成为拥有一技之长的专业人才;通识教育是人人相同的,不分专业而人人共知,旨在培养人的自主之权。沿着这一思路,谭嗣同将作为专门、专业之学的天文学、地理学和生理学作为人人必备的内容注入针对全体国民的通识教育之中。

谭嗣同强调,在通识教育中,天文学、地理学和生理学至关重要,无论何人都要知晓。他写道:"上观天文,下察地理,远取诸物,近取之身,能自主者兴,不能者败。公理昭然,罔不率此。"② 这就是说,自主之权是个人存身、国家兴盛的基础,因而是通识教育的目标。由于认定自由之权通过观天文、察地理、取诸身获得,谭嗣同试图通过对国民进行天文学、地理学和生理学教育来增强他们对自主之权的认识。

对于如何培养人的自主之权,这部分内容包括什么,谭嗣同如是说:"人在世界上,有几件事不可不知:一曰天,二曰地……更有切要者,则为全体学。在天地间不知天地,已为可耻;若并自己之身体不知,不更可笑乎?然全体学又极难讲。何则?无图以供指点也,无腊人以为模样也。骨节如何承接?血脉如何周流?脑筋如何散布?肌肉皮肤如何层叠束固?则皆不能言矣。试仅即脏腑言之,亦只能言其部位功用,不能将

---

① 《思纬氤氲台短书·报贝元徵》,《谭嗣同全集》(增订本),中华书局1998年版,第209—210页。
② 《仁学》,《谭嗣同全集》(增订本),中华书局1998年版,第350页。

其形状曲曲传出。部位功用，中国医书亦言之最详，然必不如西国所言之确而可信者，则以彼有剖验之术可凭也。"① 在他看来，天文学、地理学和生理学为人人所必备，对于培养自主之权的教育更是不可或缺。三者的内容各不相同，让人懂得活着的意义和价值却是一样的，因而都成为通识教育的重要组成部分。

谭嗣同认为，人生于天地之间，了解天地是首务。在分门别类的各种学科中，对人之自主之权的教育要从天文学讲起。他断言："然今日欲讲各种学问，宜从何处讲起？则天地其首务也。夫人生天地之中，不知天何以为天，地何以为地，且地是实物，尚可目见，天是空物，不可窥测。于不可窥测者，遂置之不讲，则人为万物之灵之谓何矣？"② 透过这段话，可以得出两点认识：第一，谭嗣同是将天地连在一起讲的，展示了他将天文学与地理学相提并论的一贯做派和风格。第二，天文学、地理学对于谭嗣同来说不是纯粹的自然科学而是"人学"，共同验证了"人为万物之灵"。沿着这个思路，他接着讲道：

> 尝考《素问》曰："地在天中，大气举之。"《列子》曰："虹霓也，云雾也，风雨也，四时也，此积气之成乎天者也。"张子《正蒙》曰："夫天，气也，自地以上皆天。"可见天地交界，以地面为之，此天是气之明证。《列子》又曰："夫天地，空中之一细物。"是明知地为行星之一矣。至其为地圆地动之说，则亦确有明征。《大戴礼》曾子曰："如诚天圆而地方，则是四角之不掩也。"此地圆之铁案也。且《周髀算经》亦曰："地如覆槃。"盖仅举东半球言之。若合之西半球，则为圆形无疑。③

> 且地动之说，亦非始自西人。《易》曰："天地以顺动，故日月不过，四时不忒。"又曰："夫坤，至柔，而动也刚。……承天而时行。"又曰："夫坤，其静也翕，其动也辟。"是地动之理，大《易》已详哉言之。又《易·乾凿度》："坤母运轴。"仓颉云：

---

① 《论全体学》，《谭嗣同全集》（增订本），中华书局1998年版，第403页。
② 《论今日西学与中国古学》，《谭嗣同全集》（增订本），中华书局1998年版，第399页。
③ 同上书，第399—400页。

"地日行一度，风轮扶之。"《尚书·考灵曜》："地恒动不止。"《春秋·元命苞》："地右转以迎天。"《河图·括地象》："地右动起于毕。"……但地既绕日而转，何以日不可以绕地而转？盖日为八星之中心，其体积大于地球者一百四十万倍；乌有大至一百四十万倍，而反绕一小星之理？且八星皆绕日而成一世界，又安能撇却地球以外诸星，而如最小之月之自绕星球乎？此所以知地球绕日而转，日断不能绕地球而转也。①

在这里，谭嗣同引经据典、旁征博引，从天是圆的讲到地是动的——不仅证明西方的学说皆为中国古学所固有，而且解释了地球围绕太阳公转的原因。在普及了这些基本常识之后，他从天地法则中进一步引申出两个人类公理：第一，地球是变动不居的，居住在地球上的人也要变化日新；如果泥旧不变，就是"逆天"。第二，地球是太空中极微小的星球，居住在地球上的人都是"近亲"，彼此之间休戚相关，因而不可自大而排他。对此，谭嗣同谆谆教导说："诸君但先讲明此理，则知吾身所附丽之地球，本变动不居，而凡泥不变之说者为逆天矣。又以知吾身所处之地球，原天空中不大之物，则凡附丽斯球者，可作同里同闬同性命观，而不必惊疑骇异，夜郎吾国而禽兽他人矣。"②

在谭嗣同的视界中，无论天文学还是地理学都并非纯粹的"知识"，而是与中国的政治密不可分。依据地理学提供的知识，他重新审视包括中国与西方列强在内的世界各国的关系，并且得出了如下结论：

地既是圆的，试问何处是中？除非南北二极，可以说中，然南北极又非人所能到之地。我国处地球北温带限内，何故自命为中国，而轻人为外国乎？然而此亦不可厚非也。中者，据我所处之地而言。我既处于此国，即不得不以此国为中，而外此国者即为外。然则在美、法、英、德、日、俄各国之人，亦必以其国为中，非其国即为外。……夫无伦常矣，安得有国？使无伦常而犹能至今日之

---

① 《论今日西学与中国古学》，《谭嗣同全集》（增订本），中华书局1998年版，第400页。
② 同上。

治平强盛，则治国者又何必要伦常乎？惟其万不能少，是以西人最讲究伦常，且更精而更实。即如民主、君民共主，岂非伦常中之大公者乎？又如西人招民兵，有独子留养之例，又最重居丧之礼，岂得谓其无父子乎？西人自命为一夫一妻世界，绝无置妾之事，岂非夫妇一伦之至正者乎？①

由此可见，以地球是圆的这一事实为切入点，谭嗣同推演说，地理学意义上的"中"，根本就不存在。这就是说，中原是相对的，传统的夷夏之辨是孤陋之见。在此基础上，他进一步指出，西方国家不是"夷狄"，而是教化极富的文明之地。他们有伦常，西方国家的伦常更为精实。在这方面，无论西方的君臣关系、父子关系还是夫妇关系都是明证。

问题到此并没有结束，基于对天文学、地理学重要性的认识，谭嗣同建议，中国的教育要将天文学、地理学作为必修课，以便使人从儿童时起就掌握基本的天文、地理常识，明晓中国与外国的关系。正是在这个意义上，他不止一次地大声疾呼兴办女学，由女子教育带动幼儿教育；幼儿教育的目的之一便是，使人在幼年时就接受地理学教育。于是，谭嗣同反复写道：

> 又有女学校，故妇女无不读书识字。由是小儿得力于母教，方七八岁即知地为球体，月为地之行星，地为日之行星，地自转而成昼夜，地绕日而有寒暑。地凡几洲，凡几国，某国与我亲，某国与我疏，及其大小强弱，均已晓其大概。②

> 凡子女生八岁不读书，罪其父母。又有五家连坐之法，一家不读书，五家皆坐罪。故百工商贾农夫走卒，无不读书。又有女学校，故妇女无不读书。由是小儿得于母教，方七八岁时，即知地为球体，月为地之行星，地为日之行星，地自转而成昼夜，地绕日而

---

① 《论学者不当骄人》，《谭嗣同全集》（增订本），中华书局1998年版，第401页。
② 《兴算学议·上欧阳中鹄书》，《谭嗣同全集》（增订本），中华书局1998年版，第159页。

有寒暑,地凡几洲,凡几国,某国与我亲,某国与我仇,及其广狭强弱,均已晓其大概。①

谭嗣同认为,在对人的通识教育中,通晓天文学、地理学是必需的,然而,仅有二学尚且不够,还必须将生理学纳入其中。有鉴于此,在明晓了天文学、地理学之后,生理学便被提到了议事日程。对于生理学,他讲述了如下内容:

中国言心主思,西国则谓心不能思,而思特在脑。脑分大小。大脑主悟,小脑主记及视听之属。脑气筋布满四肢百体,则主四肢百体之知觉运动。所谓心者,亦徒主变血之事而已。夫中西论心,不同如此,愚谓其理实亦相通。思固专在脑,而脑之所以能思者,全赖心能变血以养脑,是心与脑交相为用也。故思字从囟,从心。脑之主思,古人盖已知之矣。心之所以变血,因血压周身,而后化红色为紫色,养气之功用已竭,血中含足炭气。如不将炭气放出,其毒立刻足以杀人,赖由回血管仍回至心中,由心入肺,有呼吸以吐故纳新;俟再经心中,即复为红色,毒去而可以养人矣。故心之时时跃动,皆为上下四房红紫血出入之故,信足为生命之本矣。

古人谓肝左肺右,心居中央,此说实误。心虽居中,而心尖略斜向左。肺则左右各一大块,每块分六叶,左右共十二叶。肺中大小管极多,酷肖树木枝干,其为用有三:一主呼吸,二主变血,三主声音。肝则在右边肺下,其用亦主变血。凡新生之血,必经肝家一过,方由淡红色变成红色,而有甜味;有甜味乃能养人。故西人或称肝为造糖公司。②

孤立地看,谭嗣同所讲的生理学皆在人的"生理"范围之内,是地地道道的生理学内容,并且属于"科学常识"。实则不然。通过讲明人之心、脑和五脏,谭嗣同旨在让人透过人体的结构和机制领悟人体构

---

① 《思纬氤氲台短书·报贝元徵》,《谭嗣同全集》(增订本),中华书局1998年版,第209页。
② 《论全体学》,《谭嗣同全集》(增订本),中华书局1998年版,第403—404页。

造的精妙绝伦，由此唤起人的生命尊严和生存意义。于是，他写道："大抵全体竟是一副绝精巧之机器。各司其职，缺一不可，与天地之大机器相似。独是天必造此一种全体之精巧机器，果何为也哉？原是要使人顶天立地，做出一番事业来，所谓赞天地之化育与天地参也。诸君当知此堂堂七尺之躯，不是与人当奴仆、当牛马的。"① 这就是说，人有七尺之躯，就要大有作为；作为堂堂之人，要有人格和人权。人来到这个世界上，不是给别人当奴隶、做牛马的。经过谭嗣同的这番讲解，生理学便与天文学、地理学一起在使人认清世界形势的前提下，既不妄自尊大，又不放弃权利，从而在分清敌我中捍卫中国的国权，在自强不息中做出一番事业。

第三节 教育的普及与途径

与其他近代哲学家一样，谭嗣同并非专职教师或教育工作者，而是主张变法维新的启蒙思想家和参与戊戌变法的政治家。因此，谭嗣同所面对的教育对象除了特定的学生——如长沙时务学堂的学员外，更多的是中国的广大民众。这决定了谭嗣同所讲的教育是普及的，其中不仅包括教育内容，而且包括教育途径。

首先，谭嗣同提倡的专门专业教育与普及教育并不矛盾，而是从不同角度立论的；对于一个人来说，既需要专门专业教育，又需要通识教育。换言之，专门、专业教育与教育普及是同步进行的，天文学、地理学和生理学既是专门之学，又是人人必学的普及教育。在谭嗣同的教育普及中，普及算学是一项重要内容。对于普及算学的理由，他如是说："考西国学校课程，童子就傅，先授以几何、平三角术，以后由浅入深，循序精进，皆有一定不易之等级。故上自王公大人，下逮兵农工贾，未有不通算者，即未有通算而不出自学堂者。盖以西国兴盛之本，虽在议院、公会之互相联络，互相贯通，而其格致、制造、测地、行海诸学，固无一不自测算而得。故无诸学无以致富强，无算学则诸学又靡

---

① 《南学会答问》，《谭嗣同全集》（增订本），中华书局1998年版，第404—405页。

所附丽。层台寸基，洪波纤受，势使然也。"① 在谭嗣同看来，西方富强与注重算学密切相关，算学包括算术和几何等内容。

与此同时，为了教育普及，谭嗣同大声疾呼"广兴学校"，以学校普及为教育普及提供设施保障。教育的普及需要必要的配套措施和设备，谭嗣同向往的人人有学是以学校的普及为前提的。对于西方的教育以及普及，他不无艳羡地介绍说："有初学院、中学院、上学院，学者依次递升，其材者升于大书院，犹成均也。……每国大小公私书院学塾多至十数万区，少亦数万。学某学即读某门专书，而各门又不无兼有舆地之学。又有兵学校，凡兵均令读书。又有瞽学校，制凸字书令扪而读之。"② 这就是说，教育的普及以学校的普及为前提，外国学校的普及表现在三个方面：第一，数量多，多则"十数万"，少则"数万"。第二，学校具体分为小学（"初学院"）、中学（"中学院"）和大学（"上学院"），彼此具有低高之分，由此组成有机的教育序列。第三，学校的种类多样，针对特殊目的和特殊人群，开设专门学校。这些令谭嗣同羡慕不已，并将"广兴学校"与"广开议院"一起作为改造中国、进行教育改革的两个举措。

其次，谭嗣同曾经将中国人称为"四百兆无用之废物"③。由于认定中国人由于"一无所长而流为废物"，他提倡人人有学，并且竭尽全力地提倡各种专门、专业之学。这既贯彻了他的实学诉求，又流露出将中国人从"无用之废物"打造成"有用之宝物"的殷切希望。在教育方针的问题上，严复提出"鼓民力""开民智""新民德"，试图通过三育提高国民德、智、体三方面的素质。梁启超呼吁新民，着重培养中国人的爱国主义、公德观念和群体意识。与严复、梁启超相比，谭嗣同的教育方针简单易行，更接地气。如果说严复、梁启超将教育视为改造中国的手段的话，那么，谭嗣同则将变法的途径归结为教育。

对于谭嗣同来说，教育的最终目标是将四万万中国人从"四百兆无用之废物"变成人人有学并且拥有一技之长的"有用之宝物"。与这一

---

① 《兴算学议·浏阳兴算记》，《谭嗣同全集》（增订本），中华书局1998年版，第181页。

② 《思纬氤氲台短书·报贝元徵》，《谭嗣同全集》（增订本），中华书局1998年版，第209页。

③ 同上书，第207页。

最终目标相一致，他所讲的教育既关乎国家大计，又关乎百姓的日常生活。在这方面，正如将"变衣冠"视为"洋务根本之一端"一样，谭嗣同所讲的教育无论内容还是途径均包括改变中国人的思想观念和生活方式。他写道："日本、暹罗之变法也，先变衣冠，所以神其鼓舞之妙用，而昭其大信。一新士民观听，俾晓然共喻于法之决于一变，渐摩濡染，久久自将合为同心同德，以舍旧而新是图，进变他法。始自易于听从，乐于效用，民志于以定，谤议于以平也。日本遂以勃兴，暹罗亦不失为宇内第三等国。其不变者，则皆不祀，忽诸暂焉灭矣。故夫变衣冠，亦洋务根本之一端焉。或者以五十步笑百步而不顾变，亦可不强之，而其他当变者，固无一可缓也。"① 日本、泰国（暹罗）等国变法皆从衣冠变起，并且卓有成效。这给谭嗣同以极大启发和信心，也促使他沿着这一思路规划变法内容，扩大教育途径，以教育途径的普及推动教育对象和教育内容的普及，并将教育普及与改变人之思想观念和生活方式紧密联系在一起。谭嗣同发起、创办的延年会便具体贯彻了这一教育方针和理念。

再次，谭嗣同对学会具有自己的理解和期待，并将学会视为教育普及的主要途径。事实上，他认为，学会无议院之名却有议院之实，借助学会，完全可以达到教育普及与兴民权的双重目的。除此之外，学会还有联合众人为一体的功效，是凝聚人心的不二选择。有鉴于此，谭嗣同一贯对学会的作用期待甚高，并且始终对学会抱有极大热情。基于这一设想，谭嗣同以学为中介，将"变学校""变科举"与建立学会直接联系起来。对此，他解释说："吾所云变学校，变科举，凡以为士与民，化其桀骜，而登庸其贤才也。贤才登庸，正如西人所称联合力，岂有不可为之时势哉？"② 依据谭嗣同的说法，学会除了具有兴民权、开民智的功能，还可以普及教育。有了上述理解，他声称"今之急务，端在学会"也就顺理成章了。谭嗣同断言："今之急务，端在学会。名之琯惟孤奏，无当于昭华；艾不三年，讵神于痼疾，其势至涣，其效至迂。然群圣之灵，六经之经，震旦之精英，黄种之娉婷，寄斯焉耳！他无幸

---

① 《思纬氤氲台短书·报贝元徵》，《谭嗣同全集》（增订本），中华书局1998年版，第206页。

② 同上书，第210页。

矣。尝妄谓何故变法、兴学而已,上即不变法,而终不能禁下之不兴学,锲而不舍,金石为开。国存而学足以强种,国亡而学亦足以保教,有学斯有会,会大而天下之权力归焉,复何为而不成乎?"①

孙中山认定政治权力最大,发出了"若夫最大权力者,无如政治"②的论断。与孙中山的认识不同,谭嗣同认定学会权力最大。基于对学会作用的这一认识,谭嗣同对建立学会奔走呼号、乐在其中,从不放过建立学会的任何机会。在他看来,学会多多益善,以至于提议有一学即有学会,人人皆参加学会,各行各业皆有学会。不仅如此,为了迅速建立学会,谭嗣同建议将中国各府州县的所有书院都改成学会。正是在这个意义上,他发出了如下号召:"今欲人人皆明此理,皆破除畛域,出而任事,又非学会不可。故今日救亡保命,至急不可缓之上策,无过于学会者。吾愿各府州县,就所有之书院概改为学堂、学会,一面造就人才,一面联合众力,官民上下,通为一气,相维相系,协心会谋,则内患其可以泯矣,人人之全体其可以安矣。"③

作为启蒙思想家,谭嗣同是引领近代中国人冲破旧思想、旧观念束缚的精神导师。作为启迪民众的精神导师,谭嗣同一面投身时务学堂宣讲维新思想,一面积极组织、创建学会,引领全新的思想观念和生活方式。

就思想观念和生活方式的引领而言,在谭嗣同领导、参与的名目繁多的学会中,无论范围之广还是影响之大皆非延年会莫属:

第一,延年会的宗旨在于通过更新生活理念,引领全新的生活方式,使人将节省下来的时间和精力投入到有意义的事业和作为之中。对此,谭嗣同开宗明义地指出,道教所谓延年"数十百年"纯属异想天开,根本就不可能!他有针对性地强调,自己提倡的延年与道教追求的长生久视、羽化成仙迥异其趣,延年会追求的延年有时可计,有事可征,绝不会像道教那样流于梦呓。谭嗣同承诺:"吾之所谓延年,有所省之时可计,有所益之事可征,尤远逾于彼,所谓延之数十百年之云云

---

① 《秋雨年华之馆丛脞书卷一·与涂儒翯书》,《谭嗣同全集》(增订本),中华书局1998年版,第274页。
② 《在广州岭南学堂的演说》,《孙中山全集》第二卷,中华书局2006年版,第359页。
③ 《南学会答问》,《谭嗣同全集》(增订本),中华书局1998年版,第405页。

也。"① 在此基础上，他进一步解释了延年会所讲延年的功效和速成："无能延于所得之年之外，自可延于所得之年之中；无能延年于所阅之时，自可延年于所办之事。则惟有明去其纷扰以耗吾年者，即以所腾出闲暇之年，为暗中增益之年。少一分之纷扰，即多一分之闲暇。无纷扰，有闲暇，则一日可程数日之功，一年可办数年之事。统合算之，将使一世之成就可抵数世，一生之岁月恍历数生，一人之才力若并数人。志气发舒，智虑兴起，境象宽衍，天和充畅，谓之延年，岂为诬乎！"②

第二，谭嗣同坚信，由繁入简是一切文化进化的共同法则，延年会凭借的延年方法是删繁就简。这使一切领域都进入延年的领地，皆不出延年的范围，从衣服饮食、语言文字到交往礼仪无不囊括其中。正如谭嗣同所言："是故地球公理，其文明愈进者，其所事必愈简捷，简捷云者，非以便人之苟焉为窳惰也。文明愈进，其事必愈繁，不简不捷，则生人之年，将不暇给。……又如一文字然，吾尚形义，经时累月，诵不盈帙；西人废象形，任谐声，终朝可辨矣，是年之不耗于识字也。……他若衣服惟取轻便，礼节不尚跪拜，皆恐其以冗缛者耗人之年，而思有以延之也。尝谓西人之治之盛几轶三代而上之，非有他术，特能延年，而年足以给其所为耳。反是以观，吾之为延为耗何如哉！"③

最后，谭嗣同对报纸格外青睐，并且将报纸视为普及教育的有力武器。对于报纸的作用，他的总体评价是："至于新闻报纸，最足增人见识，而藉知外事。"④ 出于对报纸增长知识、了解外情作用的激赏，谭嗣同将报纸视为普及教育、启迪民众的法宝。在他看来，对于近代中国的国民素质教育来说，就内容而言，增加"见识"与了解"外事"尤为急切；就途径而言，唯有报纸可以一举两得。

谭嗣同在自己乐此不疲地创办报纸的同时，时刻关注外界的报纸和外界情况。鉴于对报纸以及报纸对于普及教育作用的认识，他甚至将报纸销量的大小与风气开塞相提并论。例如，在写给自己的刎颈之交——唐才常的信中，谭嗣同这样写道："闻湘中长沙一城，销千数百分；销

---

① 《延年会叙》，《谭嗣同全集》（增订本），中华书局1998年版，第410页。
② 同上书，第409—410页。
③ 同上书，第410页。
④ 《思纬壹壹台短书·报贝元徵》，《谭嗣同全集》（增订本），中华书局1998年版，第221页。

《时务报》又千余分。盛矣！士之好学也。金陵销《时务报》仅及二百分，盖风气之通塞，文化之启闭，其差数亦如此矣。嗣同以各新闻纸为绝精之测量仪器，可合测其国，兼可分测其人。国愈盛者，出报必愈多，美利坚是也。人至极闇陋，必不阅报，中国之守旧党是也。合数国数人相较，以得其比例，若一之与二、三之与四，不难倭指数，而报之美恶亦因之。《湘学报》愈出愈奇，妙谛环生，辩才无碍，几欲囊古今中外群学而一之，同人交推为中国第一等报，信不诬也。"① 一目了然，报纸是这封信的绝对"主角"。信中披露了三个重要信息：第一，谭嗣同考察了《时务报》的销售情况，从《时务报》在长沙与南京（金陵）两地销量的相去甚远窥见两地风气的通塞、文化的启闭相去霄壤。第二，由此推而广之，谭嗣同将报纸销量的大小视为风气的晴雨表，以报纸"为绝精之测量仪器"来观测国情和人情，最终得出了国家兴盛则报纸兴盛的结论。对于这一结论，他举出的正面证据是美国，反面证据则是中国的顽固派，他称之为"守旧党"。第三，谭嗣同对《湘学报》赞誉有加，并充分肯定其在促进湖南风气转变以及传播中外古今各种新知方面发挥了重要作用。

与对报纸与社会风气密切关系的认识息息相通，谭嗣同在盘点、总结自己的维新之举和主持的"湖南新政"时，特意指出，报纸特别是《湘学报》在其中发挥了首屈一指的作用。他写道："诸新政中，又推《湘学报》之权力为最大。盖方今急务在兴民权，欲兴民权在开民智。《湘学报》实钜声宏，既足以智其民矣，而立论处处注射民权，尤觉难能而可贵。"②

无论报纸作用的不可低估还是以《湘学报》为代表的报纸的实际作用都使谭嗣同倚重报纸，故而对办报殚精竭虑。与此同时，他对利用报纸启迪民众始终保持高度关注，并时时在通信中商榷办报事宜。下仅举其一斑：

卓如兄闻当办《广报》，则近日必仍未返海上。……报馆若需

---

① 《秋雨年华之馆丛脞书卷一·与唐绂丞书》，《谭嗣同全集》（增订本），中华书局1998年版，第262页。

② 同上书，第270页。

人者，弟前云之唐生绂丞，其文笔敏速，精力充满，实不多见；至若学识宏通，品行卓越，尤在洞鉴之中，无俟鄙人之琐琐。独惜其本年不暇外出，明年又迫试事，惟春间必作海上之游。若趁彼时，勉强挽留数月，使摅谋虑成文章，想当不至坚拒。我公若有早为延揽之意，嗣同愿为先容，以书商之。①

嗣同前与伯纯、铁樵商量，于汉口设一《民听报》，每日一张，但筹款大难。顷来金陵，四处多方诱惑，竟不能招一人，集一钱，或反从而笑之。六朝名胜地，乃尔俗陋耶！此事全仗鄂中筹款矣。嗣同谬拟一张报式寄上，希酌之。去年吴雁翁到金陵，述卓如兄言，有韩无首大善知识，将为香港《民报》，属嗣同畅演宗风，敷陈大义。斯事体大，未敢率尔，且亦不暇也。近始操觚为之，孤心万端，触绪纷出。非精探性天之大原，不能写出此数千年之祸象，与今日宜扫荡桎梏冲决网罗之故，便觉刺刺不能休，已得数十篇矣。少迟当寄上。居今之世，吾辈力量所能为者，要无能过撰文登报之善矣。而遇乡党拘虚之士，辄谓报章体裁，古所无有，时时以文例绳之。嗣同辩不胜辩，因为一《报章总宇宙之文说》以示人，在湘中诸捷给口辩之士，而竟无以难也。今检以寄呈，可登诸贵报否？②

据此可知，谭嗣同时刻关注、了解外界有关报纸方面的信息，同时对办报事宜殚精竭虑，从人员招募到报纸样式皆在他的考虑之中。

对于普及教育、启迪民众的途径，谭嗣同曾经概括为三条，即报纸、学会和议院。三者之中，最为有力而有效的则非报纸莫属。这是因为，议院的设立远远超过谭嗣同的权力范围，至于学会亦非一朝一夕而成。唯独报纸，随办即可见效，可谓是立竿见影。难怪他本人发出了这样的感慨："居今之世，吾辈力量所能为者，要无能过撰文登报之善矣。"

进而言之，谭嗣同之所以对报纸格外器重，不仅因为报纸出版周期短，撰文登报速度快，而且因为报纸传播广，可以使自己的心得、新说

---

① 《致汪康年二》，《谭嗣同全集》（增订本），中华书局1998年版，第491—492页。
② 同上书，第493—494页。

在短时间内最大限度地得以传播。这些都促使谭嗣同将报纸作为自己宣讲新说、普及教育的首选。与对报纸功能的上述认识一脉相承，谭嗣同著文最先考虑的便是在报纸上刊载。他在《致汪康年》的信中不止一次地提及文章刊载之事，上文提到的《报章总宇宙之文说》，如此，独创"管音表"亦是如此。谭嗣同在信中写道："顷撰《管音表》……窃谓可为快字之辅，今将其叙寄上，可否登报？"① 除此之外，报纸尤其是日报还有一个独特优势，那就是：每日一出，所载皆"最新消息"（"新闻"），故而最为契合谭嗣同对日新的追求。他对《湘报》（《湘学报》）由旬报改为日报并在名字上加一个"新"字的思考和设想更是将对以快取胜的报纸的青睐表达得淋漓尽致：

> 昨日之新，至今日而已旧；今日之新，至明日而又已旧。虽温故知新，存乎其人，而新究在人不在书也。书而新，势必日日使新人、阐新理、纪新事，而作为新书而后可也。然日日使新人、阐新理、纪新事而作为新书，其构意也有日，谋篇也有日，成卷也有日，刊行也又有日，比书之寓吾目，则去其初著书之时，不知凡若干日。昨日之新，至今日而已旧；今日之新，至明日而又已旧。所谓新理、新事必更有新于此者，而书亦非新书矣。……日日使新人、阐新理、纪新事，而作为新书。不俟其书之成也，而十日一出之，名之曰《湘学新报》，其助人日新之意至切也。然而则既已十日矣，昨日之新，至今日而已旧；今日之新，至明日而又已旧。然而则既已十日矣，谓之新可也，谓之日新不可也。于是同志诸友，复创为《湘报》。日一出之，其于日新之义庶有合也。②

将《湘学报》由旬报改为日报表明，谭嗣同对报纸的要求以快为好。这决定了他对日报情有独钟。与此相一致，谭嗣同筹划在汉口创办的《民听报》选择了"日一出之"的日报。

由此可见，如果说近代哲学家都重视报纸，并将报纸视为普及教育

---

① 《致汪康年四》，《谭嗣同全集》（增订本），中华书局1998年版，第495页。
② 《〈湘报〉后叙》上，《谭嗣同全集》（增订本），中华书局1998年版，第417—418页。

的有效途径的话，那么，谭嗣同对报纸的青睐则将近代哲学家对报纸的倚重推向了极致。在此之外，谭嗣同对于报纸还有两个独特的见解：

第一，对报纸的情有独钟与哲学理念一脉相承。谭嗣同认为，仁是天地万物的本原，作为世界本原的仁不生不灭。由于不生灭是"仁之体"，作为仁之显现的天地万物"旋生旋灭，即灭即生"。这就是说，世界万物瞬息万变，不可把握。正如人知有"现在"时，"现在"已经变成了"过去"一样，当人见闻事物时，此一事物已经变成了"已逝之物"。这种情况决定了人对事物的认识不能经历"过程"和等待，而必须当下觉解。无论世界万物的转瞬即逝还是认识的当下觉解都决定了知识更新之快，这对知识传播的速度提出了严苛要求。隔日即已是"旧"的认识使谭嗣同将目光投向了报纸，并且是日日更新的日报。

第二，从日新出发，谭嗣同认为，报纸优于书籍。他对于十日一期的旬报尚嫌太慢，更遑论著书出版了。按照谭嗣同的说法，出书要经历创意构思、谋篇布局、成卷成书、刊印发行等诸多环节，每一环节都"有日"，等到看见"新书"时，离当初著书已过数日。这对于认定"昨日之新，至今日而已旧"的谭嗣同来说，太急不可耐了。由此，也就不难理解谭嗣同为何迫不及待地将自己的论作在报纸上发表了。

在将报纸作为普及教育利器的同时，谭嗣同往往不失时机地将报纸作为教育的手段和途径。例如，在他创办的浏阳算学馆中，明确规定学生每天除了学习算学，余下时间"阅看……各种新闻纸"。[①]

"广兴学校"、培养民权的教育普及和教育途径共同表明，谭嗣同与其他近代哲学家一样是注重全民教育的精神导师和启蒙思想家。因此，他的"课堂"并不限于时务学堂或浏阳算学馆的教室之内，而是在中国这个大课堂对全体中国人进行教育普及。这就是说，谭嗣同的教育思想与其他近代哲学家一样带有两个与生俱来的鲜明特色和时代特征：第一，教育思想与启蒙思想密不可分，在有些方面是重合的，可以归结为启蒙思想的一部分。第二，教育思想服务于救亡图存这个根本目标。

[①] 《兴算学议·浏阳兴算记》，《谭嗣同全集》（增订本），中华书局1998年版，第188页。

第四节　谭嗣同教育思想的
　　　　特色与误区

谭嗣同的教育思想紧扣中国近代的时代主题，直接服务于救亡图存的现实需要。总的说来，他的教育思想既呈现出与古代教育思想的不同，并且具有不可否认的积极意义；又带有那个时代共有的时代局限，同时还包括谭嗣同本人所特有的理论误区。

首先，谭嗣同大声疾呼变法，所变者包括"变通科举"和教育改革。这使他所讲的教育带有不同于古代的近代风尚和特征，因而成为他的启蒙思想的一部分。

中国历来尊师重教，中国的教育源远流长。除了《周礼》记载的国家教育（国学）之外，春秋时期孔子开创私人教育。尽管如此，中国古代的教育大多是以蒙学为主的家庭（家族）式教育或以私塾为主的私人教育。古代特有的教育模式形式自由，来去随意。正因为如此，中国古代重视教育，却没有系统的教育学。谭嗣同所讲的教育与其他近代哲学家的教育思想一样带有由古代教育向现代教育过渡的近代特征，其具体表现则是借鉴了西方教育的管理经验和方法，建立严格的规章制度，在传授知识的同时，对学生进行统一管理。例如，对于浏阳算学馆，他将重点放在对学校的管理上。在谭嗣同制定的浏阳算学馆章程中，对学生的管理占据大量篇幅。现摘录如下：

> 四曰每年开馆考甄别。应俟算学掌教到馆后，由县正堂示期，在考棚点名收考。所考杂文一题，算学一题。拟题阅卷，均由算学掌教主政。取定正课、副课，填写名次后，移送县正堂出榜晓谕。正课、副课及名次，但论学业深浅，天资高下，不分生员、童生。既入馆后，再由算学掌教面试算学，差其等第，分别正课、副课，各为班头、二班、三班等名目，编为生徒等第比较表，悬贴讲堂。每月功夫进退，班次即随之升降，另行改换贴示。并会同总理随时酌派正课班头肄业生充当分教，俟年终视款项若何，酌量酬给薪资。遇有正课某班额出，由算学掌教先以正课班次名次递升，再按

副课班次挨名推补。若副课缺额过十名以上，可由总理举生童入馆补之。

五曰每日学算时，讲堂设长案一，算学掌教中坐，每班肄业生序齿左右列坐。分教或同坐，或另行设案，视每班人数多寡办理。掌教、分教讲授算术，当面出题演草，为之改正。上午以三点钟为度，下午以二点钟为度，余时分阅肄业生本日之日记、杂记、图表、论说、杂著等，为之改正。日记、杂记，随即交还，余可听便。某生若干日学至某法，精熟某法，应由掌教暗自登记，以备编表之用。年终总编一表，择其高等量提公项给奖。如有不遵学规，及无事久不到馆者，即告知总理驱逐。惟副课肄业生既无膏火，则常到馆与否，应听其自便。

六曰肄业生每日除学算外，所余时刻尚多，应时常温习经史，阅看各国史事、古今政事、中外交涉、算学、格致诸书，及各新闻纸。其有心得及疑义，与夫应抄录以备遗忘者，即分类录入杂记。有分数可相比较者，列为图表。有变通可须发挥者，即作论说、杂著。此与日记均听人自便。惟每七日中须请掌教会同总理出题作图表或论说、杂著一次，限三日内交卷，由掌教会同总理阅看。取前列者另由本人录稿送呈总理，以备寄登各报及选刻本馆课艺。正课肄业生除考试及端午、中元外，如有事不能到馆，一日以上，须往掌教处请假。每月中不得踰七日，或疾病与重大事故，不得踰一月。

七曰本馆前后七日中，隔六日一休沐，遇房、虚、昴、星四宿值日，即为休沐之期。此固文武弛张之道，而特与西人之礼拜同期者，盖预备他日办理中外使务、界务、商务、税务诸交涉事件，可使事同一律，无事迁就更张，所谓闭户造车、出门合辙也。每年上学、散学日期，临时公议。①

显而易见，浏阳算学馆章程包括入学考试、管理办法、成绩考核、升级制度和奖惩制度等内容，可谓是事无巨细，一应俱全，几乎涵盖了学员在校学习和生活的方方面面。其中，有两点尤为引人注目：第一，

---

① 《兴算学议·浏阳兴算记》，《谭嗣同全集》（增订本），中华书局1998年版，第187—188页。

不仅规范学员在课堂上的学习情况,而且规定学员在业余时间的学习内容。第二,不仅规定学员的学习情况,而且规范学员的生活习惯和生活方式,每周沐浴便是其一。显而易见,这套规章制度吸纳了西方教育的管理模式,尤其是借鉴了当时各种洋务学堂的管理办法和经验。

正如谭嗣同的启蒙思想围绕富国强兵的立言宗旨展开一样,他的教育思想同时肩负救亡图存与思想启蒙的双重历史使命。如果说特殊的历史背景和时代呼唤决定了谭嗣同的教育思想在教育宗旨上与康有为、严复和梁启超等人一样注重新型人才的培养的话,那么,谭嗣同在教育途径、方法上却与后者迥异其趣。具体地说,谭嗣同一贯以尚实著称于世,并将实学情结贯彻到教育理念之中。这使各种实学成为教育的主要内容,也使尚实成为谭嗣同教育思想的一贯原则。他将培养人才的途径锁定在变科举而非废科举上,并在对科举取士的变革中突出格致教育、专业教育和技能教育。

其次,谭嗣同的教育思想带有鲜明的时代烙印和历史局限,其中之一便是由救亡图存的迫在眉睫造成的与生俱来的急功近利性。如果说救亡图存的现实需要使谭嗣同侧重实学,关注"实业教育"的话,那么,救亡图存的迫切性则使他对教育措施的思考一味地追求实效,应急多而长计少,偏于当下而少计其他,故而表现出明显的急功近利的倾向。

可以看到,近代哲学家救亡图存的心情有多急切,对变法维新的呼吁就有多坚定,随之而来的便是他们包括教育思想在内的主张就有多急功近利了。这是中国近代教育思想的共性和通病,谭嗣同的教育思想亦不例外。具体地说,作为急功近利的表现,谭嗣同的教育思想不仅以追求实际功效为主要目标,一切主张以现实需要和政治斗争为风向标;而且一旦提倡某种主张或某项措施,就将之地位无限拔高,以期取得立竿见影的效果。例如,对于地图的重要性,他如是说:"舆图者为政之纲领,尤行军之首务,中西所同然也。然中国从古至今,无一详而确之图。经史大儒,恒自命舆地专门,于亚细亚洲沿革形胜,尚纷争不已,无从折中,况此外岂复知为何地?西人分舆地为文、质、政三家。文家言地与日月诸行星之关系,各球体之大小轻重,各本质之松紧分数,寒暑昼夜潮汐之所以然,及测日星所躔高弧,定经纬道里而著之于图。质家辨土石之新旧层,各种僵石五金凝结之故,得太古以前冰山火山沧海桑田之形势,动物植物之同异,及矿苗之类别。政家纪风土礼俗及治忽之理，攻守之宜。故西学子目虽繁，而要皆从舆地入门。不明文家之理，即不能通天算、历法、气学、电学、水学、火学、光学、声学、航海绘图、动重、静重诸学；不明质家之理，即不能通化学、矿学、形学、金石学、动植物诸学；不明政家之理，即不能通政学、史学、文学、兵学、法律学、商学、农学、使务、界务、税务、制造诸学。"①在这里，谭嗣同将地图说成是政治之纲领，"行军之首务"，将地图的地位提到了无以复加的高度。不仅如此，基于这一判断，他进而宣称名目繁多的西学科目皆以地理学为基础——由地理学入门。沿着这一思路，地理学成为教育不可或缺的内容，甚至成为教育的首选内容。

饶有趣味的是，对于铁路的作用，谭嗣同如是说："今日之世界，铁路之世界也。有铁路则存，无则亡；多铁路则强，寡则弱。西人为统计之学者，校稽环球各国铁路之长短，列为图表，惟美国最长，惟中国最短，而各国安危盛衰之数，率以是为差。问国富，亦辄举铁路以对，其效莫铢发爽也。"② 在这里，他将铁路与国家的存亡兴衰直接联系起来，断言对于一个国家来说，铁路至关重要——有铁路则存，无铁路则亡；铁路多则强，铁路少则弱。沿着这个思路，谭嗣同得出结论，铁路与国家的安危盛衰富贫成正比，对于这一点，美国铁路最长、中国铁路最短便是明证。沿着这一思路，有关铁路的知识和学问成为教育的基础课程，甚至成为教育的重中之重。

应该说，谭嗣同的这两段话单独看并无不妥，甚至可以说分析入理，言之有据；两段合观，则相互抵牾。当然，从这些言论中可以深切感受到谭嗣同对中国落后衰微的忧心忡忡，振衰疗弱的心情是药到病除。然而，教育是一项系统的工程，并非一蹴而就、立竿见影的，找不到包治百病的灵丹妙药。拿谭嗣同所举的例子来说，拔高地图时，以地理学为要；拔高铁路时，教育内容便转向其他方面。这样做的后果难免出现以子之矛攻子之盾的尴尬，并且，从长远的眼光来看势必冲击教学内容的整体性、系统性。

再次，在谭嗣同的教育思想中，就德、智、体三育而言，主要集中

---

① 《思纬氤氲台短书·报贝元徵》，《谭嗣同全集》（增订本），中华书局1998年版，第219—220页。

② 《论湘粤铁路之益》，《谭嗣同全集》（增订本），中华书局1998年版，第422页。

在智育，也就是普及、推广各种专门、专业之学的教育。与对各种专门、专业之学的如饥似渴形成强烈对比的是，他对增强身体素质的体育的漠视。热衷于专门、专业之学与谭嗣同对实学的青睐息息相关，也决定了因循他的教育理念培养出来的人才主要是技术型、专业型人才。谭嗣同一面不遗余力地提倡各种专门、专业之学，一面对身体素质的提高语焉不详。这直观地流露出他在重视智育的同时，忽视体育。谭嗣同对体育的漠视在中国近代的教育思想中可谓是个案，也表明了他的教育理念的独树一帜。

在中国的教育史上，对体育的重视和大力提倡无疑始于近代，体育在中国近代之所以备受关注，是时代使然：第一，近代的中国落后挨打，中国人被蔑称为"东亚病夫"。救亡图存需要军事武器和爱国精神，也需要强健的身体。这就是说，在亟须富国强兵的中国近代，身体强健变得至关重要，提高中国人的身体素质势在必行。正是由于这个原因，近现代哲学家、教育家大声疾呼提高中国人的身体素质，并由此将体育纳入教育视野。第二，鸦片战争、甲午战争让中国人认识到种弱、兵弱是中国落后挨打的原因之一，并由此对强身健体奔走呼喊，于是出现了严复的"鼓民力"、陈独秀的兽性主义和蔡元培的军国民主义等以强健中国人体质为宗旨的教育主张。严复提出三育方针，并且将"鼓民力"置于首位。这是因为，他认定身体素质是提高国民素质和救亡图存的基础，体育是教育的基础。到了五四新文化运动时期，蔡元培提倡的军国民主义和陈独秀主张的兽性主义也都属于体育范畴，由此可以深切感受到两人对提高国民身体素质的心急如焚。与其他近现代哲学家对身体素质的高度关注以及由此而来的对强身健体的大声疾呼截然相反，谭嗣同认为，重视身体会导致贪生怕死之念，不利于培养人勇猛无畏、勇于牺牲的大无畏精神，当然也妨碍中国近代的救亡图存。

进而言之，谭嗣同之所以忽视体育与对实学的热切呼唤而无暇兼顾其他有关，更根本的则与对生死问题的看法尤其是与他视肉体为累赘有关。换言之，谭嗣同轻视体育，源于对魂魄关系的认识。在形神观上，他一面贱视体魄，一面推崇灵魂。按照谭嗣同的说法，人的体魄由各种元素凑合而成，因而没有自性，是虚幻的。这也成为他断言人生无我的一个理由或方面。谭嗣同认为，与体魄的虚幻不同，人之灵魂则是不灭的。更有甚者，人有体魄则有亲疏，并且由亲疏、厚薄之分进一步衍生出尊卑、贵贱之别。这是不平等的根源，也是不平等的表现。要臻于平等，必须"超出体魄之上而独任灵魂"。无论肉体的虚幻、灵魂的永恒还是对平等的追求都使谭嗣同轻贱体魄而独任灵魂。这一主张表现在知行观上便是贵知不贵行。谭嗣同公开标榜自己贵知，是因为知属于"灵魂之事"；不贵行，则是因为行属于"体魄之事"。对此，他解释说："吾贵知，不贵行也。知者，灵魂之事也；行者，体魄之事也。……是行有限而知无限，行有穷而知无穷也。"[1] 轻视体魄而注重灵魂表现在教育观上便是忽视体育，而注重与灵魂即知密切相关的智育。至此可见，谭嗣同对体育的漠视与他本人的形神观、知行观和价值观一脉相承，也为近代哲学家的教育理念与他们的哲学思想密不可分提供了最佳注脚。

最后，考察、审视谭嗣同的教育思想可以发现一个饶有趣味的现象：与在启蒙思想领域的彻底而激进形成强烈反差的是，他的教育思想保守而传统——在新旧杂糅方面比同时代的其他近代哲学家更接近传统（中学），在教育主张方面更侧重因循。

作为近代教育思想的一部分，谭嗣同的教育理念和教育思想带有新旧杂糅的时代特征，也因而呈现出明显的由古代向现代教育的过渡性质。谭嗣同教育思想的新旧杂糅最先也最直接地表现在概念的使用上。众所周知，现代意义上的教育无论作为概念还是作为学科都是西方的舶来品，在中国本土文化中找不到与之对应的概念，中国流行的一直是教之概念。这就是说，教是旧概念、旧名词，教育则是新概念、新名词。与严复、梁启超和孙中山等人对教育一词的津津乐道相去霄壤，谭嗣同对中国本土的教之概念情有独钟。在对教的诠释中，他明确指出教能包政学，将政治、学术统统归入教之统辖范围。谭嗣同断言："教也者，求知之方也。……盖教能包政、学，而政、学不能包教。教能包无教。"[2] "教能包政、学"避免了学术与宗教在康有为等人那里相混，却没有对宗教与教育进行厘定。这表明，谭嗣同所使用的教之概念，内涵是模糊的，外延是宽泛的。总之，教兼具教育、宗教以及教化等诸多含义。有鉴于此，谭嗣同所讲的孔教既有宗教义，借助孔教与耶教（基督教）分庭抗礼；又有教育义，借助孔教教化民众、鼓舞人心。无

---

[1] 《仁学》，《谭嗣同全集》（增订本），中华书局1998年版，第369页。

[2] 同上。

论教之概念的模糊还是对孔教的理解都表明,谭嗣同的教育理念新旧杂糅,与严复、梁启超和孙中山等人相比,离现代教育理念的距离更大。

热衷于中国本土的教之概念与忽视作为舶来品的教育一词共同证明,谭嗣同的教育思想在新旧杂糅中偏向于旧。对于这一点,拿谭嗣同的教育思想与同为戊戌启蒙四大家的康有为、严复和梁启超进行比较则看得更加清楚。例如,在对待科举的态度上,谭嗣同主张保留科举形式而改革科举内容和科举考试的方法,与康有为、梁启超尤其是严复对科举的大力鞭挞相比态度温和得多。再如,在对待教育的内容上,谭嗣同提倡洋务即各种专门、专业之学,这与严复、梁启超等人对洋务的反思和质疑存在一定距离。同样,在对待学生的管理上,谭嗣同订立的学规往往以中国古代教育为参照,在这方面,以《礼记》作为理论支撑便是明证。例如,《浏阳算学馆增订章程》规定:

一、为学莫重于尊师。《记》曰:"师严然后道尊。"严,重也,言重师也。诸生当山长指授时,务当虚心听受,或有疑义,敬谨请益。如或凭虚捏藉,故相诘难,造为讥刺语言,诋毁信札,议论阅卷不公,批语失当,是为目无师长,不安承教。一经查明,由总理会同监院请山长戒饬,即行逐出。其情节较重者,禀明县君及学师会禀学使,生员斥革注劣,童生禁考。

二、诸生务宜平心和气,互相切磋。其功力较浅者,须执谦德,向胜己求益。胜己者亦当倾诚相与,去其骄吝,《记》所谓:"相劝而善之谓摩"也。若蹈文人相轻之习,党同伐异,辄因小事,致相龃龉,即此一念,已不可与共学,何况出而致用。有似此者,由总理会同,断其曲直,曲者开缺,甚则请山长戒饬逐出。①

这两条学规从不同维度展开:第一条规范学生与老师的关系,第二条则主要规范学生与学生的关系,谭嗣同都在《礼记》中为之找到了依据。这直观地表明,谭嗣同的教育思想以中国古代思想为主要来源和参照。谭嗣同的做法使人不由联想起严复对西方教育模式的引进和梁启

---

① 《兴算学议·浏阳算学馆增订章程》,《谭嗣同全集》(增订本),中华书局1998年版,第192页。

超等人对日本、德国和英国等外国教育的盛赞。

问题到此并没有结束，谭嗣同的教育思想始终笼罩着一层复古色彩。可以看到，他一面主张教育改革、"变通科举"，一面呼吁复归古学。即便是他提倡的各种专门、专业之学和实学，亦包括三代之前的古学。正是在这个意义上，谭嗣同不止一次地写道：

> 学术可变乎？亦曰复古而已矣。唐、虞之际，任农者稷，任工者垂，任水土者禹，任山林者益，任教者契，任刑者皋陶，任礼乐者伯夷、夔，任历算者羲和，皆深明其学。故多世其官职，而群圣之相与咨谋，又不离乎兵刑六府鲜食艰食懋迁有无化居之实事。有薄一名一物之不足为，而别求所谓道者乎？①

> 三代学者，亦皆有所专习，切近而平实。自秦变去古法，学术亦与之俱变，渐无复所谓实学，而今则滋甚。即如算学为中国最实之学，中国往往以虚妄乱之，故谈算者必推本《河图》《洛书》，为加减乘除之所出。不知任举二数，皆可加可减可乘可除，何必《河》《洛》？夫《河》《洛》诚不解是何物，要与《太极图》《先天图》、谶纬、五行、爻辰、卦气、纳甲、纳音、风角、壬遁、堪舆、星命、卜相、占验诸神怪之属，同为虚妄而已矣。必如西人将种种虚妄一扫而空，方能臻于精实。②

新旧杂糅体现了近代教育思想由古代向现代教育体系的过渡特征，因而是近代教育思想的共性。如果说新旧杂糅作为共性体现了谭嗣同与其他近代哲学家的教育思想的一致性的话，那么，启蒙思想激进与教育思想在新旧杂糅中倾向于"旧"则是谭嗣同教育思想的独特之处。透过谭嗣同教育思想的这一独特之处，可以得到如下启示：任何哲学家的思想都有多面性、复杂性，所谓激进与保守并不是绝对的，不仅在不同时期会有不同侧重，即使是在同一时期的不同领域也可能大不相同。

---

① 《思纬氤氲台短书·报贝元徵》，《谭嗣同全集》（增订本），中华书局1998年版，第217页。

② 同上。

第五章 梁启超的教育思想

梁启超（1873—1929），号任公，自号饮冰室主人，不仅是中国近代著名的启蒙思想家、哲学家、史学家和国学家，而且是著名的教育家，被誉为"不是校长的校长"。梁启超的教育思想和教育实践既与中国近代特殊的历史背景、文化语境和社会需要密切相关，又与他本人的中西学养、致思方向和价值旨趣一脉相承，故而特色鲜明，成为中国近代教育思想史上的独特个案。

梁启超1873年2月13日出生在广东省江门市新会区茶坑村，祖父梁维清（字延后、镜泉）是郡生员，父亲梁宝瑛（字莲涧）教授于乡里，两人都是本地有威望、有学识的人，梁启超由此具有了得天独厚的家庭教育。梁启超早慧，离不开他受到的家庭教育。良好的家庭教育不仅使梁启超成为家庭教育的受益者，而且决定着他日后对家庭教育的重视。从1896年在《变法通议》中大声疾呼女学、家庭教育（幼儿教育）开始，梁启超对家庭教育的关注终身不辍。更为难能可贵的是，他将家庭教育理念和对幼儿教育的重视贯彻到实践中，创造了中国几千年家庭教育史上的"神话"。

梁家的祖坟在厓山（一说崖山），这里是1277年宋元厓山海战的古战场。厓山面临大海，是陆秀夫背着宋代皇帝跳海自杀的地方。祖父常带着梁启超到崖边，一遍又一遍地为他讲述南宋那段惊心动魄的历史。这种潜移默化的教育给梁启超幼小的心灵打下了深深的忠君爱国烙印。尽管梁启超的思想富于变化，然而，爱国主义却是他终生不渝的情怀。不仅如此，梁启超将爱国主义、民族主义理念注入教育之中，无论是新民教育、道德教育还是国学教育均秉持民族主义立场，始终以爱国主义为宗旨。

梁启超的父亲——梁莲涧不仅是教师，而且教子有方，子女中多有奇才。谭嗣同写道："（梁启超之父梁莲涧——引者注）子有四，皆才，启超尤有隆隆声于支那。"① 特殊的地理环境和家庭教育对梁启超的思想以及教育影响甚巨。梁启超自幼聪慧过人，四五岁开始读经史典籍，是名震乡里的"神童"。梁启超12岁中秀才，17岁中举人，可谓少年得志。

1890年，18岁的梁启超入京会试，不第；返乡时途经上海，看到徐继畬编撰的介绍世界地理的《瀛环志略》和上海机器局所译西书，由此眼界大开。同年秋，梁启超在同乡、学海堂同学——陈千秋的引见下结识康有为，并投在康有为的门下。1891年至1894年，他在万木草堂学习，一度担任学长，并协助康有为编纂《新学伪经考》和《孔子改制考》，深受康有为变法维新思想的影响。1895年春，梁启超和康有为入京参加会试，恰逢甲午战争失败，中国与日本签订了割地赔款的《马关条约》。同年三月二十八日（4月22日），梁启超协助康有为鼓动广东、湖南等省190名举人上书都察院，请代奏皇帝拒绝批准条约，史称"公车上书"，从此揭开了维新变法的序幕。四月初，康有为、梁启超进而约同18省举人1300多人，聚会决定联合上书，四月初八日（5月2日），清政府批准了《马关条约》，事遂中止。"公车上书"虽未成功，但是，此举对于梁启超的影响却是巨大的。这不仅表现为他已经走向了近代启蒙的最前沿，而且由此开始投身于论证变法维新与实践操作上兴办报纸、主讲学堂等维新运动之中。作为国民启蒙教育的导师，梁启超的全民教育已经开始。

1896年3月，梁启超南下上海，与黄遵宪和汪康年等人筹办《时务报》（旬刊）。梁启超任主笔，先后发表《变法通议》《论中国积弱由于防弊》《论君政民政相嬗之理》和《说群》等一系列宣传维新变法和民权思想的论文，一时风靡海内，广受欢迎。

1897年秋，梁启超应湖南巡抚陈宝箴之聘，任湖南时务学堂中文总教习，倡导民权思想，宣传变法维新。1898年，梁启超回京，参加"百日维新"。1898年7月3日，梁启超由于康有为的举荐受到光绪召见，奉命进呈所著《变法通议》，赏六品衔，负责办理京师大学堂译书局事务。戊戌变法期间，梁启超帮助康有为组织保国会，草拟《京师

---

① 《秋雨年华之馆丛脞书卷一·赠梁莲涧先生序》，《谭嗣同全集》（增订本），中华书局1998年版，第282页。

大学堂章程》，以六品衔主持京师大学堂译书局。维新运动期间，梁启超曾经主持北京《万国公报》（后改名《中外纪闻》）和上海《时务报》笔政，后来又赴澳门筹办《知新报》。他的许多政论在社会上有很大影响。1898年9月，"百日维新"失败后，梁启超逃亡日本，在日本创办了东京高等大同学校，曾主办《清议报》和《新民丛报》，撰写一系列介绍西方国家社会、政治、经济、文化和教育的文章，在当时的知识分子中产生了广泛影响。

1903年后，梁启超坚持立宪保皇，受到革命派的批判。1905年，同盟会成立，革命派的势力不断壮大，身为维新派主将的梁启超遭到革命派的反对。1906年，清政府宣布"预备仿行宪政"，梁启超立即表示支持。1907年10月，梁启超在东京建立"政闻社"，期望推动清政府实行君主立宪。由于清政府有立宪之名而无立宪之实，"政闻社"受到查禁而宣告解散。1911年，武昌起义爆发后，梁启超一度宣扬"虚君共和"，企图使革命派与清政府妥协。1912年冬，梁启超结束十四年的流亡生涯，从日本回国，积极从事组织政党的活动。梁启超以"在野"身份支持袁世凯，并承袁世凯之意将民主党与共和党、统一党合并，改建进步党。

1913年，进步党"人才内阁"成立，梁启超出任北京政府司法总长。袁世凯恢复帝制的野心日益暴露，梁启超反对袁世凯称帝。1915年8月，梁启超发表《异哉所谓国体问题者》，猛烈抨击袁世凯的行为，并且与蔡锷策划武力反袁。1915年年底，护国战争在云南爆发。1916年，梁启超赴两广地区，积极参加反袁斗争，为护国运动的兴起和发展做出了重要贡献。1916年，袁世凯死后，梁启超依附段祺瑞，拉拢一些政客组建宪政研究会，与支持黎元洪的宪政商榷会对抗。1917年7月，段祺瑞掌握北洋政府大权，梁启超由于拥护段祺瑞有功，出任财政总长兼盐务总署督办。1917年9月，孙中山发动护法运动。同年11月，段祺瑞内阁被迫下台，梁启超也随之辞职，从此退出政坛。

1920年后，专门从事著述和讲学的梁启超先后在北京大学、北京师范大学、东南大学、南开大学讲学。1925年，梁启超任北京图书馆馆长，同时担任清华大学研究院导师，与陈寅恪、王国维和赵元任一起被誉为清华大学四大国学导师。1929年1月19日，梁启超在北京协和医院由于误诊而溘然长逝，终年56岁。

梁启超被公认为中国近代最优秀的学者，一度被誉为史上著述最丰的人。尽管这一纪录被打破，[①] 然而，一个不争的事实是，梁启超是中国历史上有名的百科全书式的人物，在许多领域都取得了令人无法企及的成就。梁启超的学术研究涉猎广泛，在国学、哲学、文学、史学、子学、经学、法学、政治学、经济学、伦理学、宗教学和文化学等领域，均有建树。梁启超有多种作品集行世，以1936年9月11日中华书局出版的《饮冰室合集》最负盛名。《饮冰室合集》分《专集》与《文集》，共计148卷，1000余万字。

尽管没有专门的教育学著作，然而，梁启超"不是校长的校长"的美名并非浪得虚名。梁启超历来重视教育，而且教育有方。以1896年的《变法通议》为例，除了《自序》，共有13章，其中，两章为《论不变法之害》和《论变法不知本原之害》，接下来分别是《学校总论》《论科举》《论学会》《论师范》《论女学》《论幼学》《学校余论》和《论译书》，最后三篇是《论变法必自平满汉之界始》《论金银涨落》和《论变法后安置守旧大臣之法》。从这些题目中不仅可以看出教育在其中的比重，而且可以看到梁启超对师范、女学和幼学等教育门类的捷足先登。

第一节 变法维新与教育改革

梁启超秉持教育救国的理念，作为中国近代教育救国论的积极倡导者，认为教育是育人、强国的根本。梁启超是戊戌启蒙思想家，教育作为变法维新的主要内容在他的启蒙思想中占有重要一席。梁启超认为，变法维新的根本是育人才，育人才的途径是变革教育，变革教育的核心是变科举。基于这一认识，他始终将变科举视为变法维新的切入点和下手处。

变科举、兴学校，建立近代教育制度，是梁启超重要的教育主张，也是他变法维新的重要举措。梁启超在《变法通议·论科举》中深刻

[①] 以季羡林主编，由安徽教育出版社2007年版的《胡适全集》为例，共44卷，总字数2000万。

批判了以八股为核心的科举制度，抨击八股取士制度"为中国锢蔽文明之一大根源，行之千年，使学者坠聪塞明不识古今，不知五洲"。因此，科举取士制度不改，"士大夫之家聪颖子弟皆以入学为耻"，一心追求功名利禄，不愿意入新式学堂。沿着这一思路，他将科举取士与人才培养和兴办学校对立起来，得出了"欲兴学校，养人才以强中国，惟变科举为第一义"的结论。这个结论不仅使梁启超将对旧式教育的批判矛头直指科举取士，而且使科举取士由于与中国近代急需的人才培养、兴办学校势不两立而成为除旧布新的下手处。与严复不同的是，梁启超是科举取士的受益者，他对科举的抨击显得尤为不同寻常。

在主张废八股、变科举的同时，梁启超极力倡导兴学校，育人才。他在《学校总论》中指出："亡而存之，废而举之，愚而智之，弱而强之，条理万端，皆归本于学校。"他在1896年发表的《变法通议》中指出："吾今为一言以蔽之曰：变法之本，在育人才；人才之兴，在开学校；学校之立，在变科举；而一切要其大成，在变官制。"① 基于这种认识，梁启超对学校非常重视，不止一次地大声疾呼"兴学校"。下仅举其一斑：

今之识时务者，其策中国也，必曰兴学校。②

盖中国今日之大患，苦于人才不足，而人才所以不足，由学校不兴也。③

事实上，梁启超不仅认为中国近代的救亡图存离不开教育，而且将教育与爱国连为一体。正是在这个意义上，他写道："夫爱国者，欲其国之强也。然国非能自强也，必民智开，然后能强焉。必民力萃，然后能强焉。故由爱国之心而发出之条理，不一其端。要之必以联合与教育二事为之起点，一人之爱国心，其力甚微；合众人之爱国心，则其力甚大，此联合之所以为要也。空言爱国，无救于国，若思救之，必籍人

---

① 《变法通议》，《梁启超全集》第一册，北京出版社1999年版，第15页。
② 同上书，第29页。
③ 《戊戌政变记》，《梁启超全集》第一册，北京出版社1999年版，第196页。

才,此教育之所以为要也。"① 按照梁启超的说法,爱国之人都希望国家强盛,而国家却不是自然而然强盛的,国家的富强需要两个条件:第一,奠基于国民的智力之上,只有民智大开,国家才能富强。第二,依赖民力之萃,只有国民的力量凝聚起来,国家才能富强。有鉴于此,他认为,尽管爱国之心的培养不一端,归根结底必须以"联合与教育二事"为起点。由一个人的爱国之心生发出来的力量甚微,联合起来则力量甚大。这表明,爱国以联合为要,空言爱国无补于现实;若真有爱国心,思考救亡图存之策,则必须借助人才。基于这种分析,梁启超得出结论,爱国以教育为要。与这一结论相一致,他的救亡之路从提高民智、凝聚人心入手,并由此将教育与爱国心的培养始终连在一起,故而注重爱国教育。

进而言之,在梁启超看来,爱国既需要教育,又需要"联合"。仅仅"开民智"还不够,必须将民智凝聚起来,他称之为"群心智"。如果说"开民智"之事依赖于学校的话,那么,将民智凝聚起来的"群心智"之事则依靠议院、公司和学会三方筹措方能奏效。对此,梁启超借鉴西方的经验进一步解释说:"群心智之事则赜矣。欧人知之,而行之者三:国群曰议院,商群曰公司,士群曰学会。而议院、公司,其识论业艺,罔不由学;故学会者,又二者之母也。学校振之于上,学会成之于下,欧洲之人,以心智雄于天下,自百年以来也。"② 在他那里,如果说爱国必须萃民力的话,那么,"群心智"之事则极为奥赜。依西方的经验来看,具体操作办法有三,从不同层次展开:在国群层面上依靠议院,在商业层面上依靠公司,在知识层面上依靠学会。议院和公司罔不由学,二者皆以学会为母。学校振于上,学会成于下,便是欧洲百年来雄于天下的原因。梁启超进而指出,如果说西方的议院、公司皆奠定在学会之上,故而离不开学校的话,那么,对于中国来说,学校则显得更为急切。原因在于,议院是否设立取决于民智的状况,学校是议院之本。这意味着中国能否开议院以强国,关键取决于学校。于是,他声称:"问今日欲强中国,宜莫及于复议院,曰:未也,凡国必风气已开,文学已盛,民智已成,乃可设议院。今日而开议院,取乱之道也,

---

① 《爱国论》,《梁启超全集》第一册,北京出版社1999年版,第271页。
② 《变法通议》,《梁启超全集》第一册,北京出版社1999年版,第27页。

故强国以议院为本，议院以学校为本。"①

值得注意的是，梁启超将废八股说成是教育改革的下手处，并不意味着废八股乃至变科举是教育改革的全部。他声称："今日之中国，必非补苴掇拾一二小节，模拟欧美日本现时所谓改革者，而遂可以善其后也。彼等皆曾经一度之大变革，举其前此最腐败之一部分，忍苦痛而拔除之，其大体固已完善矣，而因以精益求精、备益求备。我则何有焉？以云改革也，如废八股为策论，可谓改革矣，而策论与八股何择焉？更进焉，他日或废科举为学堂，益可谓改革矣，而学堂与科举又何择焉？……吾故曰：国民如欲自存，必自力倡大变革实行大变革始；君主官吏而欲附于国民以自存，必自勿畏大变革且赞成大变革始。"② 这段话出自《释革》，并不是专门阐发教育的，而是厘定改良（reform）与改革（revolution）的区别的。透过这段话可以看到，梁启超认为，中国所需要的是大刀阔斧的改革而不是修修补补的改良，并且以"废八股为策论""废科举为学堂"为例进一步阐发了这一问题。这印证了教育在他的整个思想中的重要地位，同时表明他渴望教育的大变革。梁启超的这一理念具体到教育领域包括从教育宗旨到教育内容再到教育方法的全面变革。

对于中国衰弱的根源，梁启超如是说："中国之弱，由于民愚也。民之愚由于不读万国之书，不知万国之事也。欲救其敝，当有二端：一曰，开学校以习西文，二曰，将西书译成汉字，二者不可偏废也。"③ 他的剖析避开了社会形态和政治制度方面的根源，将民智低下说成是中国衰弱的根源。事实上，这不仅是梁启超一个人的观点，康有为、严复等人都将中国的衰微归咎为民智、民德等素质低劣。正是在这个前提下，近代哲学家将教育说成是振兴中国的必由之路乃至不二法门。从这个意义上说，教育救国论对于中国来说幸或不幸，亦未可知。

---

① 《古议院考》，《梁启超全集》第一册，北京出版社1999年版，第62页。
② 《释革》，《梁启超全集》第二册，北京出版社1999年版，第760—761页。
③ 《戊戌政变记》，《梁启超全集》第一册，北京出版社1999年版，第194页。

第二节 教育的宗旨

梁启超重视宗旨,将宗旨说成是人与动物的本质区别。在此基础上,他将宗旨与教育联系起来,强调教育"第一当知宗旨"。在阐明宗旨对于人之生存至关重要的同时,梁启超对教育的宗旨问题倍加关注,反复从不同角度探讨宗旨以及教育的宗旨问题。

首先,在生存论的维度上,宗旨是人区别于万物的本质。梁启超断言:"人之所异于群物者安在乎?凡物之动力,皆无意识;人之动力,则有意识。无意识者何?不知其然而然者是也,亦谓之不能自主;有意识者何?有所为而为之者是也,亦谓之能自主。夫植物之生也,其根有胃,吸受膏液;其叶有肺,吐纳空气;其所以自荣卫者,不一端焉。虽然,不过生理上自然之数而已。彼植物非能自知其必当如此、不当如彼,而立一目的以求之也。其稍进者为动物,饥则求食,饱则游焉、息焉;求而难得者则相争,其意识稍发达,略知所谓当如此、不当如彼者。然必如何然后能如此,如何然后不如彼,非动物所能知也。最下等之野蛮人,其情状殆亦尔尔。要而论之,则植物之动,全恃内界自然之消息者也。动物及下等野蛮之动,则内界之消息;与外界之刺激,稍相和合者也,皆不知其然而然者也。若人则于此二界之外,别有思想,别有能力,能自主以求达其所向之鹄,若是者谓之宗旨。"[①] 在他的视界中,万物的活动是无意识的,人的活动则是有意识的;由于出于无意识,所以,万物不知其然而然,一切都在被动之中,故而不能自主;人的活动是有意识的,经过了意识的参与,故而能够自主。这种区别使人与动物的生存状态渐行渐远:植物的生存全凭本能,这用梁启超本人的话说便是:"不过生理上自然之数而已";动物的生存除了植物所凭借的"内界之刺激"之外,多了一个"外界之刺激"。尽管比植物上了一个台阶,然而,动物的一切活动仍然处于"不知其然而然"之中。与动物天差地别,人除了"内界之刺激"和"外界之刺激",别有意志,别有能力。这使人不仅知其然,而且"知其所以然"。有了意志和能

---

① 《论教育当定宗旨》,《梁启超全集》第二册,北京出版社1999年版,第911页。

力，人便可以为自己的活动设定一个目标（鹄的），这个目标就是宗旨。由此看来，宗旨对于人不可或缺——不仅在人与万物之间的区别中决定了人的本质，而且为人指明了活动的意义和人生的方向。

其次，宗旨之状况显示了人的文野之别。梁启超宣称："宗旨之或有或无，或定或不定，或大或小，或强或弱，恒为其人文野之比例差。"① 如果说宗旨之有无决定了人与万物的分野的话，那么，宗旨之定与不定、大与小、强与弱则进一步划定了人与人之间文明与野蛮的分界线。这表明，宗旨不仅决定了人区别于动物的本质，而且决定了人与人之间的差别。因此，对于文明人来说，宗旨不可或缺。

进而言之，既然文明人必有宗旨，那么，文明人的宗旨究竟是什么？定何宗旨才能使人臻于文明之境？对于这些问题，梁启超解释说：

> 文明人何以有宗旨？宗旨生于希望，希望生于将来。必其人先自忖自语曰："吾将来欲如是如是。"此宗旨之所由起也。曰："吾将来必如何然后可以如是如是。"此宗旨所由立也。愈文明则将来之希望愈盛，教育制度所以必起于文明之国，而野蛮半开者无之。何欤？教育者，其收效纯在于将来，而现在必不可得见者也。然则他事无宗旨，犹可以苟且迁就，教育无宗旨，则寸毫不能有成。何也？宗旨者，为将来之核者也。今日不播其核，而欲他日之有根有芽有茎有干有叶有果，必不可期之数也。②

这就是说，宗旨寄托着人的希望，直接决定着人的未来。在这个意义上，宗旨是未来的种子。正如今日不播下种子，他日之根芽茎干叶果必不可期一样，今日不定宗旨，未来必不达欲立之地。

在这个前提下，梁启超特意强调，宗旨对于教育至关重要——其他事若无宗旨或许可以苟且迁就，教育若无宗旨必将一事无成。之所以如此，奥秘在于：教育之效不是立竿见影的，收效在于将来。因此，只有在今日定下宗旨，播下希望的种子，才能期望这颗种子生根发芽，开花结果，在未来收到成效。

---

① 《论教育当定宗旨》，《梁启超全集》第二册，北京出版社1999年版，第911页。
② 同上。

再次，认识到教育必定宗旨尚且不够，还必须明确教育的宗旨缘何而立以及如何确定。梁启超声称："一国之有公教育也，所以养成一种特色之国民，使之结为团体，以自立竞存于优胜劣败之场也。……故有志于教育之业者，先不可不认清教育二字之界说，知其为制造国民之具；次不可不具经世之炯眼，抱如伤之热肠，洞察五洲各国之趋势，熟考我国民族之特性，然后以全力鼓铸之。由前之说，则教育宗旨所由起也；由后之说，则教育宗旨所由立也。"[1] 正如将中国人的大梦初醒说成是中国在中日甲午海战的失败一样，梁启超认为，中国热衷于教育改革肇始于甲午之难，庚子之难则为之推波助澜。这就是说，近代教育与中国日益深重的民族危机密切相关，是直接服务于救亡图存的。这一历史背景、政治需要决定了近代教育的立言宗旨，也使教育将重心锁定在了铸造特色国民的"公教育"上。沿着生存竞争、适者生存的思路，梁启超强调，国家处于优胜劣汰之场，必须借助"公教育"培植国家的生存之道。一国有"公教育"，"公教育"之公表明这种教育是普及的，属于全民教育。"公教育"的宗旨在于"养成一种特色之国民，使结团体"。

对于梁启超来说，明白了"公教育"关乎国家的生存之道，也就明确了教育宗旨缘何当定以及如何确定了：第一，教育是"制造国民之具"，这一功能决定了教育的宗旨。第二，教育要有经世之情怀，为了养成"特色"，并且屹立于世界民族之林，教育要知此知彼。在树立本民族特色，含菁除芜的同时，采他山之石，兼纳五洲。梁启超声称："何也，教育之意义，在养成一种特色之国民，使结团体，以自立竞存于列国之间，不徒为一人之才与智云也。深明此义者，可与语教育焉耳。吾欲为吾国民定一教育宗旨，请先胪列他国之成案，以待吾人参考而自择焉。凡代表古代者三，曰雅典，曰斯巴达，曰耶苏教；代表现世者三，曰英吉利，曰德意志，曰日本。"[2] 由此，他强调，教育宗旨必须在协调民族性与世界性的同时，兼顾传统性与近代性。这些构成了梁启超考量、厘定中国教育宗旨的基本原则和办法。

最后，正如对教育的重视是出于教育救国的初衷一样，梁启超对宗

---

[1] 《论教育当定宗旨》，《梁启超全集》第二册，北京出版社 1999 年版，第 911—912 页。
[2] 同上书，第 912 页。

旨和教育宗旨的大声疾呼是为了明确中国教育的宗旨。在他看来，如果说宗旨对于教育至关重要的话，那么，特殊的历史背景和生存状况则将宗旨对于近代中国教育的重要性推向了极致。在这个前提下，梁启超对中国当定之教育宗旨提出了具体要求和规划。

其一，中国的教育"当知宗旨"。对于中国的教育为何要"知宗旨"，梁启超断言："使欲造成文学优美、品格高尚之国民也，则宜法雅典；使欲造成服从纪律、强悍耐苦之国民也，则宜法斯巴达；使欲造成至诚博爱、迷信奉法之国民也，则宜法耶稣教会；使欲造成自由独立、活泼进取之国民也，则宜法英吉利；使欲造成团结强立、自负不凡之国民也，则宜法德意志；使欲造成君国一体、同仇敌忾之国民也，则宜法日本。苟不能者，则虽学法国之拿破仑可也，学奥国之梅特涅可也，学俄国之皮里加辣陀（现任宗教大臣。）可也；彼其宗旨虽谬，然彼固有所为而为之，犹胜于无意识之动力，仅感受外界之刺激，突奔乱撞，与动物野蛮无别也。故必先知宗旨之不可以已，然后吾敢以更端进也。"① 按照他的说法，教育是"制造国民之具"，欲铸造何种国民，必当选择何种铸造国民之具的教育模式。出于这一思考，梁启超介绍了世界各主要国家的教育模式，其中包括这些国家的教育方式以及由此塑造的国民性格。被他选中的国家有雅典、斯巴达、法国、英国、德国、日本和俄罗斯等。梁启超强调，一方面，这些国家的教育宗旨迥然相异，国民性格千差万别。另一方面，这些国家的教育模式和国民性格具有一个相同点，那就是：都是本国特定的教育铸造的结果。在此基础上，他指出，了解这些，可以为中国国民性格的养成提供借鉴——哪怕是并无采之，也比不了解要好，这正如知宗旨总比不知宗旨要好，人之行为和教育有宗旨总比无宗旨好是一样的道理。出于人若无宗旨与动物无别的认识，梁启超固执地认为，无论宗旨对错，有宗旨就比无宗旨好，对于教育也不例外。这将梁启超对教育"当知宗旨"的看法表达得淋漓尽致，也暴露出其思想的极端性和幼稚性。

其二，中国的教育"当择宗旨"。对于中国的教育如何"择宗旨"，梁启超解释说："今欲为我四万万同胞国民求一适当至善之教育宗旨，果何所适从乎？雅典、斯巴达，前劫之古董也，其精神可采，其形质万

---

① 《论教育当定宗旨》，《梁启超全集》第二册，北京出版社1999年版，第914—915页。

不可师。耶稣教于欧洲文明,甚有关系焉,然今亦已成退院之僧,于国家主义时代,颇不适用;且其经累次枝节,与吾民族几冰炭不相容,其不可行,无待言也。或曰:俄罗斯与中国政体相近,宜学之;然俄人于内治,方且不能抗大势而思变计,吾何为蹈其覆辙焉?或曰:法兰西久为欧洲文明之中心点,又为十九世纪全球之原动力,盍试效之?然法民好动,吾民好静,其性之相反太甚;且按之历史地理之位置,无一仿佛者,乌从而追之?近年以来,吾国民崇拜日本之心极盛,事无大细,动辄曰法日本。虽然,日本非吾之所宜学也:彼岛国,吾大陆,一也;彼数千年一姓相承,我数千年禅篡征夺,二也;彼久为封建,民习强悍,我久成一统,民溺懦柔,三也。无已则惟最雄伟之英吉利与德意志两民族乎?英人性喜保守,而改革以渐,此我所能学者也;德人昔本散涣,而今乃团结,此我所宜学者也。虽然,彼英民德族者,亦皆各有其固有之特性,积之千余岁,养之百十年,乃始有今日,又非我空言疾呼曰:学之学之,而遂能几者也。"[1] 这就是说,各国的教育宗旨是他们铸造国民之具,中国对此只可借鉴而不可照搬。要为中国的教育确立"适当最善"之宗旨,既要对各国的精华从善如流,又要保持中国的特色。基于这一认识,他呼吁对各国的教育宗旨进行拣择。

进而言之,梁启超对教育宗旨的拣择有两个标准:第一,时代性。他之所以断言中国对有些国家的教育模式"不宜学",是因为它们不具有现代性。例如,雅典、斯巴达的教育适合于古代却不适合于当今,由于已经成为"古董",纵然是精神可嘉,其形式对于中国"不可师"。耶稣教会不适于"国家主义时代",对于中国"不可行"。与中国地缘最近且政体相同的俄罗斯之所以"不宜学",是因为守旧,"不能抗大势而思变计"。第二,民族性。现代性对于中国教育宗旨的拣择不可或缺,却不是唯一的标准。除此之外,还有一个民族性的问题。因此,适合中国的国情是梁启超拣择各国教育宗旨的另一个标准。例如,如果说俄罗斯守旧"不宜学"的话,那么,法国尚新应该"宜学"。事实却恰恰相反,梁启超没有采纳法国的教育模式,并陈述了自己的两点理由:一是法国人好动,中国人好静,性格相反;二是中国与法国地理环境无一相同,中国不可对法国"从而追之"。法国不仅没有守旧之陋俗,而

---

[1] 《论教育当定宗旨》,《梁启超全集》第二册,北京出版社1999年版,第915页。

且由于尚新长久以来居于欧洲文明的中心，并且成为 19 世纪全球的原动力。这一切都令梁启超羡慕不已。尽管如此，他没有对法国亦步亦趋，主要原因是出于民族性和地域性的考虑。

其三，中国的教育"当定宗旨"。对于中国的教育当定何种宗旨，梁启超声称："然则我国国民教育之宗旨，究何在乎？曰：今日之世界，民族主义之世界也。凡一国之能立于天地，必有其固有之特性。感之于地理，受之于历史，胎之于思想，播之于风俗。此等特性，有良者焉，有否者焉。良者务保存之，不徒保存之而已，而必采他人之可以补助我者，吸为己有而增殖之；否者务刮去之，不徒刮去之而已，而必求他人之可以匡救我者，勇猛自克而代易之。以故今日各国之教育宗旨，无或有学人者，亦无或有不学人者。不学人然后国乃立，学人然后国乃强。要之，使其民备有人格（谓成为人之资格也。品行、知识、体力皆包于是），享有人权；能自动而非木偶，能自主而非傀儡，能自治而非土蛮，能自立而非附庸。为本国之民，而非他国之民；为现今之民，而非陈古之民；为世界之民，而非陬谷之民。此则普天下文明国教育宗旨之所同，而吾国亦无以易之者也。试问今日所谓教育家者，曾有见于此焉否也？试问彼辈所用之教育方法，其结果能致此焉否也？"① 由此可见，梁启超是秉持民族主义的价值旨趣厘定中国教育的宗旨的，试图通过对教育宗旨的厘定将中国人塑造成为具有中国"固有之特性"的国民。这主要包括三个方面：第一，中国的教育要立足本国的地理、历史、思想和风俗，这是确保民族性和将国民塑造成中国人的基本原则。第二，中国教育宗旨的厘定既要对中国固有之特性含英咀华，又要兼采他山之石。坚守中国之固有是国之存立的前提，兼采他国经验是国之富强的条件，两者对于中国的教育宗旨相辅相成，不可偏废。这是确立中国教育宗旨的具体办法。第三，中国教育宗旨的确立就是为了培养有人格、有人权的国民。总的说来，使国民既有自动、自主、自治和自立精神，具有国家观念和民族意识，"为本国之民"；又具有历史使命感和进取精神，"为现代之民"；同时具有世界眼光和全球情怀，"为世界之民"。梁启超强调，这是文明社会对教育的要求，也是世界教育的共识，中国教育概莫能外。有鉴于此，对于中国的教育宗旨来说，必须认

---

① 《论教育当定宗旨》，《梁启超全集》第二册，北京出版社 1999 年版，第 915 页。

识到教育当定宗旨的上述原则，并且采纳正确的途径达此目标。

显而易见，梁启超对中国教育宗旨的思考、论述从"知宗旨""择宗旨"和"定宗旨"三个不同的维度展开，三者之间是递进关系：无论是教育"知宗旨"还是"择宗旨"都是为了"定宗旨"。如果说中国近代的教育"当知宗旨"凸显宗旨对于教育的重要性，旨在强调对于教育来说宗旨不可或缺，以至于只要有宗旨就比无宗旨好的话，那么，"当择宗旨"则在教育宗旨必有的前提下兼顾其民族性与世界性。"知宗旨"是为了确保教育宗旨之有，"择宗旨"是为了确保教育宗旨之好，两者都是教育"定宗旨"的前提条件。反过来说，有了教育宗旨之"知"和"择"，也就有了教育宗旨之"定"的方向和原则。

顺便提及的是，对于中国教育的宗旨由谁"知""择"和"定"，梁启超的回答与"新民"一样，不专责政府而望诸人人。因此，对于《论教育当定宗旨》，他以下面这段话作为结束语："或曰：如子所云，不可不待诸政府当道之有大力者。曰：是不然。吾非不以望诸政府，然不能专逡诸政府。勿论远者，请言日本。日本之福泽谕吉，非穷乡一布衣乎？终身未尝受爵于朝，然语日本教育界之主动者，千口一舌，千手一指，曰福翁福翁。何以故？有宗旨故。耗哉哀哉，吾中国至今无一福泽谕吉其人也！"[①]

第三节　教育宗旨的改变

一方面，梁启超认为，中国近代是一个特殊的时代，也是一个急需教育和教育改革的时代。另一方面，他对当时的教育现状严重不满，在对古代教育的批判中，推动中国的教育改革，其中的立足点便是教育宗旨的改革。

教育的宗旨是教育理念的核心问题，直接关系到教育的内容和方法。梁启超对教育宗旨十分关注，不仅作《论教育当定宗旨》阐释宗旨对于教育的重要性，而且不止一次地对教育的宗旨问题予以阐发。可以看到，他对教育的宗旨问题高度关注，对教育宗旨改革的思考从不同

[①] 《论教育当定宗旨》，《梁启超全集》第二册，北京出版社1999年版，第915页。

维度展开。

一 "教人学做人——学做现代人"

梁启超将教育的宗旨归结为"教人学做人",认定包括体育、智育①在内的一切教育从目的上看都可以归结为"教人学做人"。正是在这个意义上,他说道:"教育是什么?教育是教人学做人——学做现代人。身子坏了,人便活不成或活得无趣,所以要给他种种体育,没有几件看家本事,就不能养活自己,所以要给他种种知育,其他一切教育事项虽然很复杂,目的总是归到学做人这一点。"②

梁启超之所以将教育的宗旨界定为"教人学做人",是为了把每个人的天赋良能发挥到十分圆满。《中庸》有言:"唯天下至诚,为能尽其性。能尽其性,则能尽人之性。能尽人之性,则能尽物之性。能尽物之性,则可以赞天地之化育。可以赞天地之化育,则可以与天地参矣。"梁启超对这段话予以诠释,并将之称为"尽性主义"。教育"教人学做人"与《中庸》的主旨别无二致,就是贯彻"尽性主义"。具体地说,人的天赋良能与生俱来,这就是人的先天本性;后天的教育就是使每个人的先天本性充分显现出来。所谓教育,就是对每个人的天赋良能因势利导,使之尽情发挥。这意味着教育的要义是尊重人的天赋良能,"学做人"从根本上说是一个彰显个性的过程。这用梁启超本人的话说便是:"要把各人的天赋良能,发挥到十分圆满"。中国人之所以才智不逮欧西,根源在于教育——旧式教育禁锢了人的才智发展对此难辞其咎。对此,他分析说:

国民树立的根本义,在发展个性。中庸里头有句话说得最好:"唯天下至诚为能尽其性"。我们就借来起一个名叫做"尽性主义"。这尽性主义,是要把各人的天赋良能,发挥到十分圆满。就私人而论,必须如此才不至成为天地间一赘疣,人人可以自立,不必累人,也不必仰人鼻息。就社会国家而论,必须如此,然后人人各用其所长,自动的创造进化,合起来便成强固的国家、进步的社

---

① 梁启超主张将智育改为知育,知育包括常识知识,也包括遇事判断的智慧。因此,知育包括智育,却不限于智育。
② 《教育与政治》,《梁启超全集》第七册,北京出版社1999年版,第3995页。

会。……在这种旧社会束缚驰骤之下,才智是断不能发生。因为旧社会也有一个模子,将中国人一式铸造,脱了模就要在社会上站不住。无论何人,总要带几分矫揉的态度来迁就他,天赋良能,绝不能自由扩充到极致。近来中国人才智不逮欧西,都是为此。今日第一要紧的,是人人抱定这尽性主义,如陆象山所谓:"总要还我堂堂地做个人"。将自己的天才(不论大小人人总有些)尽量发挥,不必存一毫瞻顾,更不可带一分矫揉。这便是个人自立的第一义,也是国家生存的第一义。①

据此可知,梁启超所讲的"尽性主义",用陆九渊的话说便是"若某则不识一个字,亦须还我堂堂地做个人"(《陆九渊集卷35·语录下》),简言之就是将"学做人"作为教育的宗旨。梁启超之所以将"教人学做人"而不是向古代那样将超凡入圣、考取功名或者像当时流行的做法那样将知识灌输作为教育宗旨,是因为他认为"学做人"是"今日第一要紧的","是个人自立的第一义,也是国家生存的第一义"。梁启超强调,树立"教人学做人——学做现代人"的教育宗旨是为了针砭古代教育的弊端,因为中国古代教育之所以禁锢人之才智,原因就在于用"一个模子,将中国人一式铸造",结果是抹杀个性,因循守旧。为了扭转这种局面,必须将"尽性主义"奉为教育的宗旨,借此教人自立,使受教育者在"不必累人,也不必仰人鼻息"的同时,"人人各用其所长,自动的创造进化"。他坚信,秉持"尽性主义"的教育宗旨培养出来的个人是"自立的个人",由经过"学做人"教育培养出来的个人组成的国家是强盛的国家,由经过"学做人"教育培养出来的个人组成的社会是进步的社会。至此,梁启超缘何将"教人学做人"、发挥"尽性主义"奉为教育的宗旨也就可以理解了。

二 "养成政治上良好习惯"

在梁启超的视界中,中国近代教育必须培养学生的个性,这是扭转中国古代教育弊端的需要。与此同时,中国近代教育必须培养群性,这是中国近代社会的特殊性使然。梁启超将中国近代界定为"过渡时代",以凸显这一时期的特殊性。于是,他写道:"可以说今日的中国

---

① 《游欧心影录》,《梁启超全集》第五册,北京出版社1999年版,第2980页。

人,正是毛虫变蝴蝶时代,用一番脱胎换骨工夫能够变得成,便是极美丽极自由的一只蝴蝶,如其不然,便把性命送掉了。"① 依据梁启超的说法,中国近代是一个特殊时代,正处于生死攸关的时期。这就是说,为了把握机遇与挑战并存的历史时机,使中国人化茧成蝶而不是丢掉性命,必须对中国人进行脱胎换骨的教育。这使教育显得格外重要,教育如何直接决定着中国人的命运和中国未来的走向。

在此基础上,梁启超强调,中国近代的特殊性不仅决定了这是一个急需教育的时代,而且预示着教育的特殊性。具体地说,在中国近代特殊的历史背景、现实需要和政治形势下,中国的教育带有不同于其他时期的特殊性。这一特殊性或者说近代中国所需要的是将政治习惯纳入教育之中,质而言之,也就是需要群性教育。分析至此,他得出结论:中国近代所需要的教育便是政治教育。沿着这一思路,呼吁中国的教育必须以"养成政治上良好习惯"为宗旨,并对当时的教育状况提出了如下批评:"我感觉近来教育界对于知识开发方面虽已渐渐革新进步,对于性格训练方面还未甚注意,就性格训练方面论,又是注重个性多注重群性少,而且都是理论未尝定出一种具体方法大家实行,我希望本社(指济南中华教育改进社——引者注)同人对于团体生活教育——即政治教育特别注意,商量一个训练方针急起直追去实行。"② 秉持教育侧重培养良好的政治习惯的宗旨审视中国的教育状况,梁启超发现当时的中国教育存在着重大问题。尽管进行了教育改革,然而,中国的教育改革只注意知识开发,尚没有注意到性格训练;就性格训练而言,当时的中国教育存在两个不容忽视的重大缺陷:一是注重个性多而注重群性少,二是囿于理论而无具体方法去实行。针对这两大缺陷,梁启超提出两点希望,作为改革中国教育的方向:第一,注意团体生活教育即政治教育。第二,注重训练方法即实行。鉴于中国近代社会的特殊性,他强调,政治教育和训练实行对于中国至关重要,决定中国的未来。

梁启超特别关注教育与政治的关系问题,对政治教育格外重视。他在济南中华教育改进社的演讲表明了对教育与政治关系的关注,也将对政治教育的热衷和期望推向了极致。现摘录如下:

---

① 《教育与政治》,《梁启超全集》第七册,北京出版社1999年版,第3997页。
② 同上书,第4002页。

从学校里养成德谟克拉西的团体生活习惯——尤其政治习惯，当以英国牛津、剑桥两大学为最好模范，这两校的根本精神，可以说是把智识教育放在第二位，把人格教育放在第一位，所谓人格，其实只是团体生活所必要的人格。据我所观察，这两校最长的特色有三：

第一，他们不重在书本教育而专注于现实生活，令学生多从事实上与人接触。……

第二，每学生总认定一种体育，凡体育——如赛球竞渡等类，非有对手两造不能成立，而且两造又必须各有其曹耦，因此养成团体竞争之良好习惯，自能移其竞争原则于政党及各种团体生活。

就这一点论，我忽然联想起中国古代学校中最通行的习射。孔子说："君子无所争，必也射乎……其争也君子。"孟子说："……发而不中，不怨胜己者。"凡射必有耦，两造各若干人对立严守规则为正当之竞争，争的时候一点不肯放松，失败过后却绝不抱怨对手，这种精神用在团体竞争真好极了。我们古代教育是否有这种意识，且不必深求，至于英国人之如此注意体育，我们确信他的目的不单在操练身体，实在从这里头教人学得团体生活中对抗和协同的原则。所以英国人对于政治活动感觉极浓厚的趣味，他们竞争选举乃至在国会议场里奋斗，简直和赛球无异。这是教人学团体生活的最妙法门，我们应该采用他。

第三，他们的大学，是由十几个College合成的，他们的教员学生组织无数Society，更有各校联合的Union Society，俨然和巴力门同一形式，他们常常把政治上实际问题为具体的讨论，分赞成反对为极庄重的表决。

就这一点论，他们是采半游戏半实习的方法，令学生随着趣味的发展，不知不觉便养成政治上良好习惯。[①]

梁启超在演讲中不仅阐明了教育与政治的密不可分，呼吁中国的教育改革和教育界要注重政治教育；而且借助英国的成功经验，提出了大学教育培养政治习惯的原则和方法。他之所以对英国的牛津和剑桥大学

[①]《教育与政治》，《梁启超全集》第七册，北京出版社1999年版，第3999页。

赞不绝口，秘密在于，认定两校以人格教育为教育宗旨（"根本精神"）；在这一教育宗旨的引领下，成为培养政治习惯的"最好模范"。由此不难看出，梁启超所赞美的是牛津、剑桥把"人格教育"放在第一位的教育宗旨，在宗旨（"根本教育"）上不是像古代教育那样把知识教育放在首位，而是把人格教育放在首位。在他那里，所谓人格，指团体生活所必要的人格；所谓人格教育，质而言之，也就是团体生活所必要的教育，用梁启超本人的话说就是培养政治习惯的教育。按照他的说法，由于秉持人格教育的宗旨，旨在使学生养成良好的政治习惯，牛津和剑桥大学注重政治教育，利用各种形式使学生养成良好的政治习惯，形成了颇具特色并卓有成效的教育方针和教育方法。大致说来，这套方法的要点有二：第一，由于不把智识教育放在第一位，因此，牛津和剑桥大学不是注重书本教育而是注重现实教育，把教学的重点放在让学生多与人接触，进而了解社会上。第二，注重体育教学。让学生选择自己喜欢的体育运动——如打球、划船之类，通过体育竞赛，培养学生的竞争意识和参与能力，借此使学生养成过团体生活的良好习惯。他强调，牛津、剑桥大学注重体育，目的不单是操练体魄，强身健体，更在于借助各种体育竞技教学生学会对抗和协作的能力，借此让学生养成对政治活动的浓厚兴趣。体育所选择的运动项目如打球、划船等由两组队员组成，队员之间既是协作关系，又是竞争对手。这使体育竞赛与政治上的选举无异。正因为如此，由于体育的熏陶，学生可以了解竞赛的规则，并养成民主精神。分析至此，他总结说，牛津、剑桥大学利用体育，借助比赛培养人格，不啻为教人学会团体生活的"最妙法门"。其妙在于，英国的大学由十几个学院（College）合成，每一学校中的教师、学生组成无数个社团（Society），不同学校组成联合会（Union Society），所有这些组成都和巴力门（Parliament 的音译，英国议院名）同一形式。由于学校中有了各种组织，便可以将政治问题分成赞同与反对两派进行讨论，并加以表决。这种教育方式使两校可以通过体育等竞技在不知不觉中激发学生的竞争意识和政治兴趣，从而使学生养成良好的政治习惯。由于这一切都是采取半游戏半实习的方法进行的，故而能够最大限度地激发学生的兴趣。

政治是残酷的、暴力的，游戏是娱乐的、休闲的——无论从哪个角度看，都很难将二者相提并论或等量齐观。梁启超却将政治习惯的养成和训练与游戏相提并论,并将学校中或者各学校间的各种民间组织与议院混为一谈,并且在这个前提下将不同意见的辩论混同于议会或选举表决,流露出政治上的幼稚和将政治简单化、表面化的倾向。同时,他对牛津、剑桥大学的政治教育具有美化和夸张之嫌。以牛顿为例,牛顿(1642—1727)1665年毕业于剑桥三一学院,曾经两度代表剑桥大学入选议会。众所周知,牛顿对政治毫无兴趣,在议会中从不发言,所说的最重要的一句话是"请把窗户关上"。尽管如此,梁启超的阐释将教育政治化的理念表达得淋漓尽致,对于扭转中国古代注重道德教育、知识教育而忽视政治教育的倾向具有振聋发聩的作用,并且有助于促使中国近代的教育直接服务于救亡图存的社会现实和政治需要。

从梁启超自身的教学实践来看,他的教学活动和内容始终与政治密切相关。对于这一点,梁启超本人在《清代学术概论》中对自己的回顾和评价提供了最好的注脚:"其后启超等之运动,益带政治的色彩。启超创一旬刊杂志于上海,曰《时务报》,自著《变法通议》,批评秕政,而救敝之法,归于废科举、兴学校,亦时时发'民权论',但微引其绪,未敢昌言。已而嗣同与黄遵宪、熊希龄等,设时务学堂于长沙,聘启超主讲席,唐才常等为助教。启超至,以《公羊》《孟子》教,课以札记,学生仅四十人,而李炳寰、林圭、蔡锷称高才生焉。启超每日在讲堂四小时,夜则批答诸生札记,每条或至千言,往往彻夜不寐。所言皆当时一派之民权论,有多言清代故实,胪举失政,盛倡革命。其论学术,则自荀卿以下汉、宋、明、清学者,剖击无完肤。时学生皆住舍,不与外通,堂内空气日日激变,外间莫或知之。及年假,诸生归省,出札记示亲友,全湘大哗。先是嗣同、才常……又窃印《明夷待访录》《扬州十日记》等书,加以按语,秘密分布,传播革命思想。"[①]由此可见,梁启超办报纸是为政治服务的,将宣传变法维新作为主要使命。他在《时务报》上刊载自己撰写的《变法通议》,教育问题是其中的主要内容。这表明,在梁启超那里,教育与政治是一而二、二而一的关系:一方面,变法维新需要民众的觉醒和参与,政治需要宣传,离不开教育。另一方面,教育离不开政治,要达到教育救亡的目的,教育必须围绕着救亡图存的宗旨展开。有鉴于此,梁启超将教育作为宣传变法

---

① 《清代学术概论》,《梁启超全集》第五册,北京出版社1999年版,第3100页。

维新的阵地，主讲长沙时务学堂时，讲《春秋公羊传》和《孟子》，借助公羊学善于发挥微言大义的优势宣传民权论，使教育围绕着政治斗争和社会需要展开。这样一来，在梁启超那里，无论是报纸宣传还是课堂教授都指向了民权论，对于宣传革命来说，只是与发布传单相比采取了不同的方式而已；从目的和宗旨上说，与"窃印《明夷待访录》《扬州十日记》等书，加以按语，秘密分布，传播革命思想"无异。难怪梁启超在时务学堂的教学引起了巨大轰动，以至于当学员将梁启超的授课札记拿出来给亲友看时，全湘大哗。这印证了梁启超对教育与政治密切关系的彰显，也从一个侧面证明了他的教育思想和教学内容具有启蒙意义，以至于成为启蒙思想的一部分。

三 "全在唤起趣味"

与趣味主义的人生观、价值观一脉相承，梁启超的教育思想秉持趣味主义的原则，甚至可以说，教育观将他对趣味的顶礼膜拜推向了极致。在梁启超的教育思想中，趣味既是教育的宗旨，又是教育的内容和方法。按照他的说法，明确了趣味这一教育宗旨，"教育的方法，自然也跟着解决了"。①

梁启超认为，教育的宗旨"全在唤起趣味"，培养、激发学生的兴趣是教育的根本问题，直接关系到教育的成败。对此，他解释说：

> 教育家无论多大能力，总不能把某种学问教通了学生，只能令受教的学生当着某种学问的趣味，或者学生对于某种学问原有趣味，教育家把他加深加厚。所以教育事业，从积极方面说，全在唤起趣味；从消极方面说，要十分注意不可以摧残趣味。摧残趣味有几条路：头一件是注射式的教育：教师把课本里头的东西叫学生强记；好像嚼饭给小孩子吃，那饭已经是一点儿滋味没有了；还要叫他照样的嚼几口，仍旧吐出来看；那么，假令我是个小孩子，当然会认吃饭是一件苦不可言的事了。这种教育法，从前教八股完全是如此，现在学校里形式虽变，精神却还是大同小异。这样教下去，只怕永远教不出人才来。第二件是课目太多：为培养常识起见，学

---

① 《趣味教育与教育趣味》，《梁启超全集》第七册，北京出版社 1999 年版，第 3964 页。

堂课目固然不能太少；为恢复疲劳起见，每日的课目固然不能不参错掉换。但这种理论，只能为程度的适用；若用得过分，毛病便会发生。趣味的性质，是越引越深。想引得越深，总要时间和精力比较的集中才可。若在一个时期内，同时做十来种的功课，走马看花，应接不暇。初时或者惹起多方面的趣味，结果任何方面的趣味都不能养成。那么，教育效率，可以等于零；为什么呢？因为受教育受了好些时，件件都是在大门口一望便了，完全和自己的生活不发生关系，这教育不是白费吗？①

由此可见，对于梁启超所讲的教育的宗旨"全在唤起趣味"可以从两个方面去理解：从积极方面说，全在激发、唤起趣味；从消极方面说，不可摧残、败坏趣味。值得注意的是，梁启超虽然肯定教育的趣味宗旨可以从积极与消极两个方面去理解，但是，他在此的论述则始终将重点放在消极方面，即不可摧残、败坏趣味上。这是因为，梁启超认为，中国的教育一直在摧残趣味，包括古代的科举教育和当时的教育改革均由于败坏了学生的趣味而无法培养出人才来，当然也不可能成功。

鉴于摧残趣味所导致的严重后果，梁启超进一步究其根源，着重从反面凸显教育的趣味宗旨。在这方面，他将趣味的败坏归结为两点：

第一，填鸭式教育（梁启超称之为"注射式的教育"）。这种教育的特点是要求学生强记，由于教学内容对于学生全无新鲜和灵活可言，结果只能是败坏学生的知识胃口。梁启超强调，过去的八股教育是典型的填鸭式教育，由于不注重培养学生的趣味，自然也就培养不出人才来。在此基础上，他强调指出，随着教育改革，私塾变成了学校，形式已变，教育的精神依然与从前大同小异，结果可想而知。如果不将趣味奉为教育宗旨，彻底改变填鸭式的教育模式和宗旨，无论如何进行教育改革，同样培养不出人才来。

第二，科目太多。梁启超认为，趣味越引越深，最忌浅尝辄止，当时的教育恰恰犯了这一大忌。他承认，当时的教育之所以如此，也有迫不得已的苦衷：为了培养常识，学校的科目不能太少；为了让学生恢复

---

① 《趣味教育与教育趣味》，《梁启超全集》第七册，北京出版社 1999 年版，第 3964 页。

疲劳，每天的课程不得不更换。在这个前提下，梁启超指出，教育的这种初衷和做法原本无可厚非，在具体操作中要把握好度；如果过分而不能适度，便会发生毛病。当时的学校教育毛病就出在没有适度，具体表现是过多地增加学习的科目。这种教育初期看来好像是引起了学生多方面的趣味，结果却是任何方面的趣味都养不成。所以，从教育的效率上看，可以说等于零。原因在于，学生在短时间内同时做十来门功课，不可能有时间集中精力对所学内容进行消化和思考。这种教育初期看来好像是引起了学生多方面的趣味，到头来却不能让学生养成任何兴趣。因此，从教育的后果上看，这种教育的效果等于零。原因在于，学生在短时间内同时做十来门功课，不可能有时间集中精力对所学内容进行消化和思考。在这种教育模式下，学生对于所学内容只能走马观花。由于学生所学的每一项内容充其量只能是在大门口望一望，完全与自己的生活不发生关系，自然不可能对之产生趣味，进而登堂入室。梁启超坚信习惯成自然，并且认定人之习惯是由后天的教育养成的。因此，人之性格如何、有何兴趣爱好，皆教育使然。这就是说，一个人在学校中受到的教育在他的一生中发挥着决定性的作用，在学校中养成的读书习惯和学术趣味可以使人受益终生；如果败坏了学生的学术胃口，则贻害终生。正是在这个意义上，梁启超断言："必须养成读书习惯，才能尝着读书趣味。人生一世的习惯，出了学校门限，已经铁铸成了。所以在学校中，不读课外书以养成自己自动的读书习惯，这个人简直是自己剥夺自己终身的幸福。"①

与大声疾呼教育旨在培养兴趣相一致，梁启超主张为学问而学问，坚决反对将学问作为"敲门砖"。作为启蒙思想家，梁启超主张变法维新，其中的一项重要内容就是变革教育，废除以科举为核心的旧式教育。这用他本人的话说便是："救敝之法，归于废科举、兴学校。"② 梁启超之所以将矛头直接指向科举制度，是因为他认为八股取士禁锢人才；特别是在宋代之后，科举取士异化为猎取功名的手段，成为阻碍学术发展、科学繁荣的罪魁祸首。对此，梁启超揭露说："学术界最大的障碍物，自然是八股。八股和一切学问都不相容，而科学为尤甚。清初

---

① 《治国学杂话》，《梁启超全集》第七册，北京出版社1999年版，第4242页。
② 《清代学术概论》，《梁启超全集》第五册，北京出版社1999年版，第3100页。

袭用明朝的八股取士，不管他是否有意借此愚民，抑或误认为一种良制度，总之，当时功名富贵皆出于此途，有谁肯抛弃这种捷径而去学艰辛迂远的科学呢？……所以科举制度，我认为是科学不兴的一个原因。"[1] 基于这种认识，他反对八股取士，一个重要的理由就是八股取士以学问为手段，由于没有将学问作为目的而败坏了学生的趣味。对此，梁启超分析说："从前我们学八股，大家有句通行话说他是敲门砖，门敲开了自然把砖也抛却，再不会有人和那块砖头发生起恋爱来。我们若是拿学问当作敲门砖看待，断乎不能有深入而且持久的趣味。我们为什么学数学，因为数学有趣所以学数学；为什么学历史，因为历史有趣所以学历史；为什么学画画，学打球，因为画画有趣打球有趣所以学画画学打球。人生的状态，本来是如此。教育的最大效能，也只是如此。各人选择他趣味最浓的事项做职业，自然一切劳作，都是目的，不是手段，越劳作越发有趣。反过来，若是学法政用来作做官的手段，官做不成怎么样呢？学经济用来做发财的手段，财发不成怎么样呢？结果必至于把趣味完全送掉。所以教育家最要紧教学生知道是为学问而学问，为活动而活动；所有学问，所有活动，都是目的，不是手段，学生能领会得这个见解，他的趣味，自然终身不衰了。"[2] 由此可见，梁启超反对八股取士是因为他认定这种教育模式将学问作为考取功名的手段而败坏了学问的胃口，既与教育的宗旨背道而驰，又不可能培养出人才来。他强调，教育的宗旨是培养趣味，目的在于让学生养成趣味，进而选择最感兴趣的事项作为职业。只有这样，才能保证作为职业的劳作是由于兴趣而来，故而是目的而不是谋生的手段。由此，形成良性循环——出于趣味而劳作，在劳作中增长趣味。

沿着这一思路，梁启超进而指出，教育"最要紧"的是引导学生树立正确的态度，超越功利，真正做到"为学问而学问，为活动而活动"。换言之，也就是将所有学问和活动都看作目的本身，而非视为达到某种目的的手段。在这个前提下，他指出，新学失败，是由于远离了趣味宗旨而急功近利。对此，梁启超揭露说："一切所谓'新学家'

---

[1]《中国近三百年学术史》，《梁启超全集》第八册，北京出版社 1999 年版，第 4436 页。

[2]《趣味教育与教育趣味》，《梁启超全集》第七册，北京出版社 1999 年版，第 3964 页。

者，其所以失败，更有一种根原，曰不以学问为目的而以为手段。时主方以利禄诱饵天下，学校一变名之科举，而新学亦一变质之八股。学子之求学者，其什中八九，动机已不纯洁，用为'敲门砖'，过时则抛之而已。此其劣下者，可勿论。其高秀者，则亦以'致用'为信条，谓必出所学举而措之，乃为无负。"① 在这里，他触及了近代教育的弊端——将学问作为手段，急功近利、追求速成；并且特意强调，这是近代教育的通病，下劣者如此，即使是高秀者也以"致用"为信条。这使学与术相混，以至于使学从属于术。

应该说，梁启超对中国近代教育急功近利的批评是击中要害的。如何使学与术兼顾，特别是重视学——使学摆脱政治的羁绊成为近代乃至现代哲学家、教育家关注的共同话题。对于这个问题，除了梁启超，严复和蔡元培等人同样十分关注。问题的关键是，中国近代教育的功利性和致用性是特殊的历史背景、政治需要和社会现实使然，近代哲学家对教育地位的提升与对中国日益深重的民族危机的忧心如焚息息相关，在某种程度上可以说，他们重视教育以及将教育提到前所未有的高度就是迫于救亡图存的刻不容缓。这决定了凸显教育的致用功能是近代教育与生俱来的特征，即使是梁启超本人也未能免俗。例如，梁启超早年在康有为开办的万木草堂学习，万木草堂重视读书。对于如何读书和读书的目的等问题，他曾经如是说："今之方领矩步者，无不以读书自命，然下焉者溺帖括，中焉者骛辞章，上焉者困考据，劳而无功，博而寡要，徒断人才，无补道术。今之读书，当扫除莽榛，标举大义，专求致用，靡取骈枝，正经正史，先秦诸子，西来群学，凡此诸端，分日讲习，定其旨趣，撷其精华，自余群书，皆供涉猎，凡有心得，以及疑难，皆为札记。"② 据此可知，梁启超标举的读书的宗旨是"专求致用"，并且申明此为读书的"大义"。这与他猛烈抨击的"以'致用'为信条"之间并无原则区别。至于梁启超提倡的教育宗旨全在"养成政治上良好习惯"，谁说不是"以'致用'为信条"，直接服务于中国近代的政治需要，带有不可否认的急功近利性呢！

对于近代教育的功利性应该一分为二：如果借助梁启超的思路分为

---

① 《清代学术概论》，《梁启超全集》第五册，北京出版社1999年版，第3105页。
② 《万木草堂小学学记》，《梁启超全集》第一册，北京出版社1999年版，第114页。

个人谋取功利与国家经世致用的话,那么,前者是不可取的,对此应该摒弃;后者则颇为复杂,不可一概而论。这就是说,对于这种情况应该再进一步具体情况具体分析,辩证对待。与将拯救中国的希望寄托于教育一样,近代哲学家大多有教育救国的理念。这一理念意味着在他们看来教育的兴衰成败与中国迫在眉睫的救亡图存是合一的,也使教育直接服务于救亡图存成为题中应有之义:一方面,中国的救亡图存离不开教育。为了救亡图存,中国必须进行教育改革,在废除科举制度代表的旧式教育的同时,大力引进新式教育和人才培养模式。另一方面,教育的成败决定着中国的兴亡,教育的发展是振兴中国的不二法门。特殊的社会需要和历史使命决定了近代教育崇尚实学、实用,注重专门之学和实用技术,旨在培养专门、专业人才。这在中国近代的特殊背景下是必需的,不可一概加以否定。

第四节 教育的内容和方法

梁启超认为,由达尔文进化论引申出来的"生存竞争,适者生存"法则不仅适用于生物界、自然界,而且适用于人类社会。因此,这一进化法则颠覆了以往的教育理念,对于世界各国的教育影响巨大。于是,他写道:"自达尔文此说(指达尔文进化论——引者注)昌明,各国教育事业大有影响。盖今日文明世界,虽断无用斯巴达野蛮残酷手段之理,然知人之精神与体魄,皆能因所习而有非常之变化。以故近日学校,益注意于德育体育两途。昔惟重教授者,今则尤重训练。可以悬一至善之目的,而使一国人、使世界人共向之以进。积日渐久,而必可以致之,此亦达尔文之学说与有力焉者也。"[①] 在梁启超的视界中,达尔文进化论对于教育的影响可以概括为一句话,那就是:一改从前重视教授的传统而转向重视训练。这使教育注重技能训练或智力开发,而不再像从前那样专注于知识的传授或积累。由达尔文进化论引发的教育变革直接冲击了中国古代的教育理念,表明中国的教育亟待变革。这具体到

[①] 《天演学初祖达尔文之学说及其略传》,《梁启超全集》第二册,北京出版社1999年版,第1037页。

教育方法上便是以趣味为引领，注重智力开发和技能训练。

一 国民教育

为了更好地服务于救亡图存的历史使命，梁启超于 1902 年发表《论教育当定宗旨》，文中指出古代教育之所以失败，洋务教育之所以收效甚微，原因都可以归结为教育宗旨的失误：古代的科举教育以升官发财为宗旨，洋务教育以培养少数洋务人才为旨归，表面上看迥然不同，实质却别无二致，都缺乏国民教育。针对这种分析，梁启超呼吁中国的教育亟待确立正确的宗旨，一言以蔽之，正确的教育宗旨"在养成一种特色之国民，使结团体，以自立竞存于列国之间"。他强调，国家的强弱、存亡取决于全体国民的素质，国民素质的状况直接决定着国家的兴亡。因此，一个国家的存立，必先养成特色之国民，务使全体国民"备有资格，享有人权"，具有自动、自主、自治和自立的品质，而且融民族性、现代性和开放性于一体。总之，旨在使国民"为本国之民""为现今之民""为世界之民"。

随着对教育的社会功能认识的深化，梁启超在提升教育地位的同时，逐渐把教育的着眼点从培育人才转向提高全体国民的素质上，国民教育遂成为他关注的热点。于是，在 1902 年 2 月至 1903 年 11 月间，梁启超撰写了一组系列论文，洋洋洒洒十余万言。这就是集腋成裘的《新民说》。《新民说》通过论证"新民"的必要性、紧迫性和可行性，全面探讨了中国的国民性改造问题，形成了系统的新民说。

在《新民说》中，梁启超从世界各民族竞争的大趋势入手来论证中国国民性改造的势在必行，进而把培养"新民"说成是中国的当务之急。这用他本人的话说便是："新民为今日中国第一急务。"[①] 新民说的理论基石是社会有机体论，秉持国民素质决定民族与国家前途、命运的致思方向和价值旨趣。沿着这一思路，梁启超坚信："然则苟有新民，何患无新制度？无新政府？无新国家？非尔者，则虽今日变一法，明日易一人，东涂西抹，学步效颦，吾未见其能济也。"[②] 他撰写《新民说》的根本目的是塑造"新民"，也就是培养具有权利思想、公德观念、自治能力和冒险进取精神的新国民。"新民"的主旨决定了梁启超

[①]《新民说》，《梁启超全集》第二册，北京出版社 1999 年版，第 655 页。
[②]《新民说》，《梁启超全集》第二册，北京出版社 1999 年版，第 655 页。

关注国民素质的教育，也使他成为国民教育的导师。事实上，梁启超的思想在青年知识分子中的确产生了极其重要的影响。

梁启超对"新民"有许多解释，其中，最基本的含义是全面改造中国人在几千年的专制社会里形成的国民性缺陷，注重从道德上打造"新民"。在他看来，中国的国民缺陷具体表现为爱国心之薄弱、独立性之柔脆、公共心之缺乏、自治力之欠缺和团结力之相差等。所谓"新民"，就是针对这些缺陷将中国人塑造成为具有新道德、新思想和新精神的新型国民。梁启超新民说的提出是为了适应中国近代的现实需要，服务于救亡图存的历史使命和教育宗旨。在"新民"的主旨下，梁启超触及了国民性改造的诸多理论和实践问题，把振兴中国的根本出路寄托于将原有的"部民"改造成国民的"新民"运动。在此过程中，他把教育看作是振兴民族精神、铸造新国民的最重要的途径，从而推动了近代中国教育救国思潮的进一步深化。

二　专业教育

对于梁启超来说，如果说新民教育作为国民教育是一种公教育，旨在培养新国民，以应对刻不容缓的救亡图存的话，那么，专业教育则与社会分工密切相关，是一种社会教育。

梁启超对于专业教育的重视，是从个人和群体两个维度展开的：第一，从个人来说，百善勤为先。他认为，勤奋是最大的美德。人不是来到世上吃面包的，活着就要做事；要做事就要选择职业，专业教育势在必行。专业教育注重专门之学，就是为了适应职业选择和社会分工的需要。第二，从群体来说，国家、社会是由个人构成的，只有全社会之人都做工尽职尽责，共同劳作，一起为社会做事，国家才能强盛。对此，梁启超在介绍费希特（菲斯）的思想时进一步引申说："菲斯的又曰：人之择术，不可以不自由，不可以不明慎。盖人苟自好用其所短，而不用其所长，则其固有之所长，必渐萎缩磨灭，而其本来所短者，虽欲竭蹶以赴，而成就终不能如人，又可断言矣。如是则必且自举其有用之身，埋没于社会之暗陬，而侘傺抑郁以死，若此者谓之自弃。其为人长上者，或直接间接以干涉他人，使之不复能有选择职业之自由，则其所生恶果亦必同一，若此者谓之暴殄。二者有一于此，其对于社会之罪，盖不可逭也。菲氏之意，以为各人之能力，譬之则社会之公共资本也。（分之为各人私有之资本，合之为社会公共之资本。）资本能善用之于适当之地，则孳乳增殖无已时，而不然者，则一耗而不可复。以社会生计学之原理谕之，个人资本之损失，即社会资本之损失也。故游惰与奢侈，固为厉戒，即投资误其所向，治计学者亦引为大病。人之才力亦然。大木为柱，小木为桷，各得其宜，是以成室，其有错迕，则大小两成弃材。呜呼！使菲氏之说如信者，则吾国今日人才之消乏，抑何足怪！岂必其真无材？奈其所以自位置或被位置者皆不适也。"① 依据梁启超的分析，人的能力从分工的角度看属于个人的私有资本，从社会的角度看则属于社会的公共资本。资本只有投入到适合之地才能升值，从而发挥出最大价值，个人之作用的发挥也是如此。大木为柱，小木为桷，对于房屋各有所用；如果不能置于适合之地，二材俱废。这正如每个人的兴趣、才智相差悬殊，只要选择正确的职业，各司其职，便会在社会中发挥不可替代的作用。在此基础上，他指出，专业教育就是让每个人选择自己感兴趣的事项作为终身的职业，既为个人的兴趣和才智的发挥创造条件，又为社会培养各尽其能的专业人才。

三　美术教育

在梁启超的教育思想中，如果说新民教育是国民教育，专业教育是社会教育的话，那么，美术教育更多的则是个人教育。正因为如此，他提倡美术教育，并对美术教育的目标如是说："今日的中国，一方面要多出些供给美术的美术家，一方面要普及养成享用美术的美术人。这两件事都是美术专门学校的责任；然而该怎样的督促赞助美术专门学校叫他完成这责任，又是教育界乃至一般市民的责任。我希望海内美术大家和我们不懂美术的门外汉各尽责任去做。"② 在梁启超看来，对于当时的中国来说，美术专科学校的责任有二：一是培养专门从事美术的美术教育工作者或美术家，二是培养享有美术的美术人；前者是面向专门美术家的专业教育，后者是面向普通人或者说全体国民的普及教育。这表明，美术教育不仅是专门从事美术教育或者美术家的责任，而且是教育界的事。因此，美术教育不能单靠美术家，而必须美术教育家和美术家（"美术大家"）与门外汉一起去做。在这个意义上，与其说美术教育归

---

① 《菲斯的人生天职论述评》，《梁启超全集》第五册，北京出版社1999年版，第2758—2759页。

② 《美术与生活》，《梁启超全集》第七册，北京出版社1999年版，第4018页。

为专业教育，不如说归为国民教育更为恰当。一方面，在梁启超的视界中，爱国主义是全民教育，美术教育也是全民教育，二者的对象都是全体国民。另一方面，国民教育、爱国教育和道德教育服务于救亡图存、教育救国的教育宗旨，美术教育受制于趣味的教育宗旨；前者从国家的角度立论，后者从个人的角度立论。梁启超关注、提倡美术教育，就是为了贯彻趣味主义的教育宗旨。因此，美术教育践行的是趣味主义的教育宗旨，旨在陶冶人的情操和情趣，养成趣味。每个人都有享受人生的权利，若使人生趣味盎然，美术教育必不可少。因此，美术教育决定着一个人的生活是枯燥乏味还是兴趣盎然，是无边烦恼还是快乐无限。

四 国学教育

在梁启超那里，与美术一样作为普及教育的还有国学教育。他强调，对于中国人来说，至少应该读一些中国书。为此，梁启超不仅通过演讲、著述等形式普及国学知识，如《治国学要走两条大路》；而且为读者提供了学习国学的书籍，如《要籍解题及其读法》。此外，《治国学杂话》等都是国学普及、国民教育的教科书。

不仅如此，与美术教育一样，梁启超的国学教育与趣味相伴。对此，他写道："读书自然不限于读中国书，但中国人对于中国书，最少也该和外国书作平等待遇，你这样待遇他，他给回你的愉快报酬，最少也和读外国书所得的有同等分量。"[1]

五 道德教育

梁启超是"道德革命"的倡导者，他所追求的"道德革命"主旨在于革旧道德的命，反对的是几千年来以独善其身、束身寡过和洁身自好为首的私德即旧道德，提倡以爱国主义、权利思想、群体意识和公德观念为核心的公德即新道德。这使梁启超所提倡的新道德与他宣扬的爱国主义、民族主义一脉相承，也使新道德与每一位国民息息相关。由此，道德教育成为国民教育的一部分。这方面的代表作除了《新民说》《自由书》之外，还有《德育鉴》。不仅如此，与前者相比，《德育鉴》一开始就是为道德教育编写的教科书。正是由于这个原因，《德育鉴》在梁启超提倡的道德教育中具有特殊的地位和意义，以至于说到梁启超的道德教育和教科书编写，人们最先想到的往往是《德育鉴》。《德育

---

[1]《治国学杂话》，《梁启超全集》第七册，北京出版社1999年版，第4242页。

鉴》是梁启超于 1905 年为青年编撰的德育读本,将历史上先贤大儒有关道德修养的语录按照"辩术""立志""知本""存养""省克""应用"进行分类,分成六大部分;在每个部分之前进行简单概括,语录之间通过按语予以解读和发挥。[①]

梁启超对教育宗旨的阐发围绕着中国近代救亡图存的历史使命和社会需要展开,既与他一贯的价值诉求和思想主张一脉相承,又成为其启蒙思想的一部分。梁启超强调教育当定宗旨的初衷就是针对中国古代教育的弊端有感而发的,旨在推进中国近代的教育改革。这使他的教育改革从厘定中国教育的宗旨入手,也使教育改革成为变法维新的突破口。

与此同时,在维新派思想家中,梁启超对教育宗旨的大声疾呼和热切关注引人注目,他提出的"教人学做人——学做现代人""养成政治上良好习惯"和"全在唤起趣味"等主张不仅体现了对教育宗旨持久而深入的多维思考,而且呈现出迥异于同时代人的独特理念。梁启超将自己的民族主义立场和爱国主义情怀注入教育领域,试图通过教育宗旨的厘定更好地培养有中国特色的国民。在这方面,梁启超提出的借助教育宗旨的厘定将中国人塑造成为"本国之民"的呼吁与他的老师——康有为提出的取消国家、同一种族的世界主义、大同主义南辕北辙。教育宗旨"全在唤起趣味"的说法使梁启超的教育理念在维新派思想家中独树一帜,其中的趣味主义的价值诉求与严复的理性主义相去甚远。

此外,教育的宗旨是教育理念的核心问题,梁启超对教育宗旨的理解对于他的教育思想具有提纲挈领的作用,直接决定他本人的教育内容和方法。可以看到,正是围绕上述教育宗旨,梁启超展开了自己的教育规划和教育实践。从国学教育、道德教育、新民教育、历史教育到国学教育,他终生对教育乐此不疲,而贯彻始终的主线则是公德观念、群体意识、民族主义和国家思想。

梁启超对中国教育宗旨的阐释和厘定集中反映了他的教育理念,凸显了近代教育有别于古代的教育宗旨和价值旨趣。其中,"教人学做人"体现了对个性的尊重,"学做现代人"则彰显了近代教育的时代特征和致思方向。"养成政治上良好习惯"紧扣中国近代的政治斗争和时代主题,不仅使教育围绕着保国保种的历史使命展开,而且推动了教育

[①] 《德育鉴》,《梁启超全集》第三册,北京出版社 1999 年版,第 1487—1536 页。

救国理念的深化。"全在唤起趣味"既与中国古代的教育宗旨背道而驰,又与其他维新派思想家的教育宗旨迥异其趣。

与此同时,梁启超对中国教育宗旨的阐释与他的启蒙思想一脉相承,既是对古代教育宗旨的颠覆,又成为其启蒙思想的一部分。在这方面,"教人学做人——学做现代人"和"养成政治上良好习惯"自不待言,即使是"全在唤起趣味"也不例外。具体地说,梁启超对教育宗旨的大声疾呼是针对古代教育的弊端有感而发的,强调教育旨在培养兴趣,主张为学问而学问,而为了反对古代教育将学问作为"敲门砖"。这些主张在救亡图存迫在眉睫而重功利的近代可谓振聋发聩,即使在今天仍然具有启迪意义。

第六章　孙中山的教育思想

孙中山（1866—1925），原名孙文，字逸仙，中国民主主义革命的先行者和革命家。中山是他在日本从事革命活动时的化名，世人遂由此尊称孙中山为"中山先生"。

1866年11月12日（同治五年十月初六），孙中山出生在广东省中山市翠亨村的一个贫困家庭。长兄孙眉赴茂宜岛垦荒、经营牧场和商店后，家境有所好转。1875年（光绪元年），孙中山得以入村塾读书，接受传统教育。翠亨村有一个太平天国遗兵冯爽观，时常向孩子们讲述太平军反清的故事。这引发了孙中山对太平军的兴趣和对洪秀全等反清人士的崇拜。1878年，12岁的孙中山随同母亲去檀香山就学，中法战争前夕返国，先后入香港中央书院、广州博济医院附设南华学堂和香港西医书院学习。1892年7月23日，孙中山毕业，以第一名的优异成绩毕业于香港西医书院。随后，孙中山在澳门、广州等地一面行医，一面准备创立革命团体。1894年，孙中山上书直隶总督、北洋大臣李鸿章，提出"人能尽其才，地能尽其利，物能尽其用，货能畅其流"①的改革主张。1883—1885年中法战争期间，孙中山目睹满清政府的卖国、专制和腐败，开始产生反清和以资产阶级政治方案改造中国的思想，同时与早期维新派何启、郑观应等人有所交往。

1894年11月，孙中山从上海去檀香山，组织中国历史上第一个革命团体——兴中会。由此，孙中山开始了职业革命家的生涯。兴中会高举"振兴中华"的旗帜，以"驱除鞑虏，恢复中国，创立合众政府。倘有贰心，神明鉴察"②为誓词。1895年10月，兴中会密谋在广州起义，事泄失败。孙中山被迫亡命海外。1896年10月，孙中山在英国伦

---

① 《上李鸿章书》，《孙中山全集》第一卷，中华书局2006年版，第8页。
② 《檀香山兴中会同盟书》，《孙中山全集》第一卷，中华书局2006年版，第20页。

敦被清公使馆诱捕,经英国友人康德黎等营救得以脱险。脱险后的孙中山详细考察欧美各国的经济、政治状况,研究多种流派的政治学说,并与欧美各国的进步人士广泛接触,逐渐形成了具有中国特色的民生主义理论,三民主义思想由此初步形成。1897年,孙中山赴日本,结交日本各界人士。戊戌变法失败后,因日本友好人士的活动,孙中山与康有为、梁启超代表的维新派曾商谈过合作问题,终因维新派坚持保皇、反对革命,合作未能实现。1900年10月,孙中山派郑士良到广东惠州(惠阳)三洲田发动起义。义军奋战半月,后因饷械不继而失败。1904年,孙中山在日本、檀香山、越南、暹罗(泰国)和美国等地对华侨及留学生宣传革命。1905年,孙中山在比利时、德国和法国的留学生中建立了革命团体,并与国内的革命团体和革命志士建立了联系。同年8月,孙中山与黄兴等人以兴中会、华兴会等革命团体为基础,在东京创建全国性的资产阶级革命党——同盟会,被推举为总理。孙中山提出的"驱除鞑虏,恢复中华,创立民国,平均地权"[①]的革命宗旨被采纳为同盟会纲领。在同盟会机关报——《民报》的发刊词中,他首次提出民族、民权、民生三大主义,三民主义最终确立。在1905—1906年间,孙中山赴东南亚,向各地华侨宣传革命思想,募集革命经费,在一些地方创立同盟会的支部。

1907年12月镇南关起义,孙中山亲临前线参加战斗。起义数次,均以失败告终。尽管如此,革命党人前仆后继,英勇战斗,给清政府以沉重打击,给全国人民以极大鼓舞。特别是1911年4月27日的广州黄花岗之役,在全国引起巨大震动。1911年10月10日,武昌起义爆发。孙中山在美国得知消息后,于12月下旬回国,被选举为中华民国临时大总统。1912年1月1日,孙中山在南京宣布就职,组成中华民国临时政府。1912年2月12日,清政府颁布退位诏书。统治中国长达276年的清王朝结束。1912年2月13日,孙中山辞去临时大总统职务,让位于袁世凯,4月1日正式解职。此后一年多,孙中山积极宣传民生主义,呼吁平均地权,提倡兴办实业;并亲自担任全国铁路督办,力图筹借外资修筑铁路干线。因为政权落在袁世凯手中,加之10万英里的铁路规划远非当时中国的国力所能负荷,孙中山的设想未能实现。1912

[①] 《中国同盟会总纲》,《孙中山全集》第一卷,中华书局2006年版,第284页。

年8月，同盟会改组成国民党，孙中山被推举为理事长。1917年7月，段祺瑞为首的北洋军阀解散国会，废弃《中华民国临时约法》。孙中山联合西南军阀，在广州建立军政府，进行护法战争，被推举为大元帅。由于在军政府内备受军阀、政客排挤，孙中山不得不于1918年5月辞去大元帅职务。第一次护法战争的失败使他认识到南北军阀是一丘之貉，于1918—1920年完成过去已着手撰写的《建国方略》，对以往的革命经验进行总结，提出了改造和建设中国的宏伟计划。

1917年，俄国十月革命胜利。孙中山于1918年夏致电列宁和苏维埃政府，祝贺俄国革命的伟大胜利。1919年的五四运动给孙中山以很大鼓舞，他高度评价和支持学生运动。1919年8月，孙中山委派胡汉民、朱执信和廖仲恺等人在上海创办《建设》杂志，大力宣传民主革命理论。同年10月，宣布中华革命党改组为中国国民党。1920年8—11月，孙中山回到广州，重举护法旗帜。1921年5月，孙中山在广州就任非常国会推举的非常大总统，接着出师广西，消灭了桂系军阀陆荣廷的势力，准备以两广为根据地北伐。

1922年6月，孙中山因政见不合与陈炯明决裂，被迫离开广州再赴上海。陈炯明的叛变使孙中山陷入极为困难的境地，他决心接受中国共产党和苏俄的帮助，提出"联俄、联共、扶助农工"的三大政策。孙中山从1920年开始与苏俄人士接触，1921年12月在桂林会见共产国际代表——马林，讨论建立革命党和革命武装问题。1922年4月，孙中山再次在广州与苏俄的全权代表会见，从幻想向帝国主义寻求援助转而寄希望于联俄。1923年1月，孙中山与苏联代表越飞发表《孙文越飞宣言》，奠定了联俄政策的基础，随即派廖仲恺赴日与越飞谈判。同年8月，孙中山派以蒋介石为首的"孙逸仙博士代表团"到苏联考察政治、党务和军事，邀请苏联政治和军事顾问到广州帮助中国革命。10月，他聘请苏联派来的鲍罗廷为顾问，接着，委任廖仲恺、谭平山等组成新的中国国民党临时中央执行委员会，负责筹备国民党的改组工作。

1924年1月，中国国民党第一次全国代表大会在广州召开，孙中山主持大会。大会通过了新的党纲、党章，在实际上确立了"联俄、联共、扶助农工"三大政策，选出有中国共产党人参加的中央领导机构。在大会通过的《中国国民党第一次全国代表大会宣言》中，孙中山对三民主义作了新的解释，充实了反帝、反封建的内容。1924年5

月，孙中山在广州黄埔长州岛创立陆军军官学校，为建立革命军队打下基础。1924年10月，奉系军阀张作霖和直系将领冯玉祥联合推翻曹锟为总统的直系军阀政权。冯玉祥、段祺瑞和张作霖先后电邀孙中山北上共商国是。孙中山接受邀请，并提出废除不平等条约、召开国民会议作为解决时局的办法。1924年11月，孙中山从广州北上，先抵上海，再绕道日本赴天津，于12月底扶病到达北京。

1925年3月12日，孙中山因肝癌在北京逝世。1929年，孙中山的遗体由北京移葬南京紫金山南麓的中山陵。孙中山逝世前夕签署了三个遗嘱，即《国事遗嘱》《家事遗嘱》和《致苏联遗书》。在《国事遗嘱》中，他总结了40年的革命经验，并且发出了如下号召："必须唤起民众及联合世界上以平等待我之民族，共同奋斗。……现在革命尚未成功，凡我同志，务须依照余所著《建国方略》《建国大纲》《三民主义》及《第一次全国代表大会宣言》，继续努力，以求贯彻。"[①] 在《家事遗嘱》中，孙中山将遗下的书籍、衣物和住宅等留给宋庆龄作为纪念，要求子女们继承他的革命遗志。在《致苏联遗书》中，孙中山表明了实行三大革命政策，坚持反帝爱国事业的坚定信念："我愿表示我热烈的希望，希望不久即将破晓，斯时苏联以良友及盟国而欣迎强盛独立之中国，两国在世界被压迫民族自由之大战中，携手并进，以取得胜利。"[②]

特殊的教育环境和人生经历造就了孙中山独特的哲学理念和政治诉求，这些与他的特殊身份和革命情结一起贯彻到教育领域便形成了别具一格的教育理念和主张。正如不了解孙中山的成长经历便不能深刻把握他的哲学思想和政治诉求一样，不了解他的哲学理念和人生经历，也就不能全面理解他的教育哲学。

第一节　对教育寄予厚望

特殊的历史背景和文化语境决定了教育在中国近代的至关重要性，

[①] 《国事遗嘱》，《孙中山全集》第十一卷，中华书局2006年版，第639—640页。
[②] 《致苏联遗书》，《孙中山全集》第十一卷，中华书局2006年版，第641页。

也使近代哲学家对教育格外重视和关注。一方面，救亡图存与思想启蒙为近代教育思想打上了鲜明的时代烙印，决定了孙中山重视教育，他的教育理念与同时代人具有一致性。另一方面，特殊身份、哲学理念和政治诉求决定了孙中山关注教育的独特视角和目的，使他的思想带有迥异于其他近代哲学家的鲜明个性。

一　对教育殚精竭虑

孙中山对教育格外重视，将国家富强、人民安康和三民主义的实现皆寄托于教育。他号召作为先知先觉者的教师和学生研究三民主义，并且积极宣传、设法推行三民主义。在《在广东省第五次教育大会上的演说》中，孙中山对教师表达了自己的殷切希望。他说：

> 俄国社会革命成功，已成为农工兵国。其革命次序由民族而政治、由政治而社会，每经一次之改革，必受一次之痛苦，此人所共知。中国宜以俄为鉴，早日于土地、资本二者加意经营，使革命频仍之痛苦消灭于无形。且俄国革命逐渐而来，中国不然，三民主义一齐积压而来。故与其放任隐忍而滋将来之纷扰，曷若大行改革彻底解决，以为一劳永逸之计。顾一次彻底解决三问题，其责任固在政府，亦在人民，更在众"伙计"肩上！因国之主权在民，而士又为庶民之首，是以众"伙计"宜急起研究，设法推行。……因民生主义昌明，人民衣食得所，成为庄严璀璨世界第一之国家，其责任仍在众"伙计"也。[①]

在这里，孙中山分析了中国与俄国的不同情况，认为俄国由民族革命到政治革命再到社会革命，三次革命依次进行，给人民造成三次痛苦。中国应该以俄国为鉴，把革命频仍之痛苦消灭于无形。更为重要的是，中国的民族革命、政治革命和社会革命一起压来，与其放任隐忍而徒增纷扰，不如抓住这个机遇进行大改革而彻底解决。三民主义就是为了毕数功于一役，同时从根本上彻底解决民族革命、政治革命和社会革命三大问题。

[①] 《在广东省第五次教育大会上的演说》，《孙中山全集》第五卷，中华书局2006年版，第561—562页。

对于孙中山来说，三民主义是拯救中国的纲领，也是教育的重中之重。如果说为国家培养人才是师范教育的根本任务的话，那么，中国的特殊国情和现实需要则决定了三民主义对于国家的至关重要性，也意味着明白、宣讲和推行三民主义是中国的教育者必须肩负的责任。对此，孙中山强调：

> 诸君毕业之后，是去教人的，是为国家培养人才的。培养人才，就是学师范者的任务。诸君要能够达到这种任务，便先要知道自己是生在什么时候，在这个时候是应该做些什么事业。诸君都是生在光复以后的时候，不必做外国人的奴隶，大家从此以后都有希望做主人，自己可以管国事。学师范的人，本来是教少年男女的，是教少年男女去做人的。做人的最大事情是什么呢？就是要知道怎么样爱国，怎么样可以管国事。……学生受先生的教育，知道对于学校，有尊敬师长、爱护学校的责任；对于家庭，有孝顺父母、亲爱家庭的责任。对于国家也有一种责任，这种责任是更重大的，是四万万人应该有的责任。诸君在学校内求学，便应该学得对于国家的责任。……所以大家要问国事，便要明白三民主义。明白三民主义和实行三民主义，便是诸君对于国家应该负的责任。①

鉴于三民主义教育的重要性，孙中山不仅要求教师熟悉三民主义，宣传三民主义；而且自己率先垂范，投身到三民主义的演讲和宣传之中，著名的《三民主义》就是孙中山宣传三民的演讲稿。

进而言之，孙中山之所以对教育异常重视、殚精竭虑，既与他的特殊身份密切相关，又与他的哲学思想息息相通。孙中山的教育理念与他的哲学思想密不可分，也从一个侧面反映了教育的不可或缺和至关重要。具体地说，孙中山秉持进化哲学的理念，认为自然界和人类社会都是不断进化的。在这个前提下，他将进化划分为"天然的进化"与"人为的进化"两种形式，进而宣称"天然的进化"慢而"人为的进化"快，人类的责任就是以进化快的"人为的进化"补救进化慢的

---

① 《在广东第一女子师范学校校庆纪念会的演说》，《孙中山全集》第十卷，中华书局2006年版，第18—19页。

"天然的进化"。孙中山断言:"世界上的学问,是少数人发明的,古今中外,多数人总是不知不觉的。但是世界进化,都是不知不觉做成的。近二百年来科学发达,才逐渐的将几千年来的不知不觉,加上新的有知有觉。不知不觉是天然的进化,是自然的;有知有觉是人为的进化,是非自然的。前者进化慢,而后者进化快。以进化快者补进化慢者,这是我们的责任。"① 在他看来,世界上的学问是少数人发明的,这些少数人是先知先觉者。多数人是不知不觉者,从前的世界进化是在不知不觉中做成的。不知不觉做成的进化是"天然的进化",属于"自然"进化并且进化的速度慢;有知有觉促成的进化则是"人为的进化",属于"非自然"进化并且进化的速度快。随着近二百年来科学的发展,人类的进化呈现出"人为的进化"补"天然的进化"的发挥趋势,这一趋势使人类的进化演变成一个先知觉后知、先觉觉后觉的过程。这一过程表明世界的进化从根本上说就是先知先觉对后知后觉的教育、引导过程,也使教育对于引导、促进进化发挥了决定作用。在"人为的进化"补"天然的进化"的过程中,受教育者是全体国民,教育者则是教师和先受教育者,他们在教育中充当先知先觉的角色。

为了更好地促进进化,孙中山除对师范教育极为重视并对教育家提出要求之外,还特别强调接受教育的学生率先垂范。在他看来,学生接受了教育,便是先知先觉者,因而要履行对于社会的教育责任,其中的重要一条便是不随波逐流。于是,孙中山不止一次地对学生发出了如下要求:

> 你们(参加学生联合会的学生——引者注)要实行自己的宗旨,不要处处迁就民意,甚至于[与]民意相反,也是势所不恤的。学生是读书明理的人,是指导社会的,若不能以先知觉后知,以先觉觉后觉,而苟且从俗,随波逐流,那就无贵乎有学生了。②

> 学生做先知先觉,要发明真理,以引导人群、引导社会,决不

---

① 《在广州全国学生评议会的演说》,《孙中山全集》第八卷,中华书局2006年版,第114—115页。

② 同上书,第114页。

可随波逐流，毫无振作。①

沿着这个思路，孙中山指出，为了更好地促进进化，教育家必须以引导国民、促进进化为己任。他说道："在今日，教育家所宜用为引导国民者，果以何为最要乎？以何者为标准乎？以世界何事为最有力量之标准乎？吾以为凡足以助世界进化、改变人生观者为最要；所当用力以赴之者，亦以此为最多。"② 基于上述认识，孙中山强调，对于教育而言，凡是可以促进进化的，便要全力以赴，中国的教育概莫能外。中国的建设能否成功以及进化的速度怎样，全拜教育所赐。由此，孙中山得出结论："吾人试想教育家对于今日中国建设的问题，实负有重大的力量，用力得其当，则中国进步加速甚多。"③ 如此说来，教育家对于中国的进步发挥着举足轻重的作用。有鉴于此，孙中山在对教育寄予厚望的同时，对教育家谆谆教导，反复叮咛。

二 大力呼吁教育普及

与对教育的重视一脉相承，孙中山呼吁教育普及。而他之所以重视教育的普及问题，与提倡人格教育密不可分。孙中山强调："凡为中华民国之人民，均有平等自由之权。今民国既已完成，国民之希望甚大，然最要者为人格。我中国人民受专制者已数千年。近二百六十余年，又受异族专制，丧失人格久矣。今日欲回复其人格，第一件须从教育始。"④ 这就是说，为了将受专制统治的奴隶变成国家的主人，必须经过人格教育。孙中山指出，人格教育是针对全体中国人的教育，最大限度地普及了受教育者。

与此同时，依据孙中山的规划和设想，中国的教育必须普及，以使四万万中国人都有受教育的机会。他设想，在国家富裕之后，拿出大量经费普及教育。"我们实行民生主义，国家发了大财"，"到了那个时候，国家究竟是做一些什么事呢？就是要办教育。国家有了多钱，便移

---

① 《在广州全国学生评议会的演说》，《孙中山全集》第八卷，中华书局 2006 年版，第 115 页。

② 《在广东省第五次教育大会闭幕式的演说》，《孙中山全集》第五卷，中华书局 2006 年版，第 562 页。

③ 同上。

④ 《在广东女子师范第二校的演说》，《孙中山全集》第二卷，中华书局 2006 年版，第 358 页。

作教育经费。……要由国家拨十几万万,专作教育经费。有了这样多的教育经费,中国人便不怕没有书读,做小孩子的都可以读书"①。师范教育及其普及是教育普及和提高的前提。为了真正推动教育的普及,孙中山尤其重视师范教育问题。

如果说特殊的身份决定了孙中山关注教育的特殊视角和初衷的话,那么,特殊的视角和目的则进一步影响了他对教育对象的特殊关注。例如,孙中山对大学教育进行规划和思考,这从他签署的《公布〈大学条例〉令》中集中体现出来。现摘录如下:

第一条 大学之旨趣,以灌输及讨究世界日新之学理、技术为主,而因应国情,力图推广其应用,以促社会道义之长进,物力之发展副之。

第二条 大学之规模、实质须相称。其只适于设一单科者,得以一单科为大学;其适于并设数分科者,得合数分科为一大学。②

值得注意的是,如果说近代哲学家都提倡教育普及,普及教育是近代哲学家的共识的话,那么,孙中山所讲的普及教育则加入了其他人未曾关注的内容。一方面,孙中山反复重申,所有儿童都入学,人人都有受教育的权利。这与其他近代哲学家的观点是一致的。另一方面,孙中山所讲的教育对象不仅包括其他近代哲学家提及的儿童和妇女,而且包括同时代人未曾关注的农民。他将农民纳入受教育者的行列,普及教育中包括对农民的教育。

在革命实践中,孙中山认识到农民占中国人口的最大多数,对于中国的命运发挥着重要作用;没有农民参加的革命由于缺乏基础,必然失败。因此,革命一定要吸引农民参加进来,为此必须对农民进行教育。他在各地创办农民运动讲习所,旨在培养教育农民的中坚力量,以此加大、普及农民教育。对于农民教育的必要性和重要性,孙中山揭示说:"我们从前做革命事业,农民参加进来的很少,就是因谓(为——引者

---

① 《在广东第一女子师范学校校庆纪念会的演说》,《孙中山全集》第十卷,中华书局2006年版,第24页。
② 《公布〈大学条例〉令》,《孙中山全集》第十卷,中华书局2006年版,第530页。

注）他们知识程度太低，不知道有国家大事，所以对于国家很冷淡，不来管国事。你们毕业之后，到各乡村去联络农民，首先便要一般农民知道对于国家有什么责任，农民所仰望于国家的有什么利益。这个革命政府，是想要做成一个人民为主体的国家。农民是我们中国人民之中的最大多数，如果农民不参加革命，就是我们革命没有基础。国民党这次改组，要加入农民运动，就是要用农民来做基础。要农民来做本党革命的基础，就是大家的责任。大家能够担负这个责任，联络一般农民都是同政府一致行动，不顾成败利钝来做国家的大事业，这便是我们的基础可以巩固，我们的革命便可以成功。如果这种基础不能巩固，我们的革命便要失败。"① 在孙中山看来，从前的革命事业很少有农民参加，因为农民的知识程度低，不知道国家大事，自然对国家大事漠不关心。农民没有参加到革命中来，导致革命没有基础，失败也就成了唯一的必然结局。为了扭转这种状况，必须对农民进行宣传、教育，通过让农民知道自己对于国家负有责任，并且对于国家拥有权利，让他们关心国家大事，进而加入到革命队伍中来。创办农民运动讲习所，就是为了对农民进行教育，目的是在革命中"用农民来做基础"。孙中山将农民作为教育对象既扩大了教育对象的范围，又从受教育的主体上普及了教育。关注农民教育与孙中山的特殊身份有关，也成为他的教育思想有别于其他近代哲学家的独特之处。

不仅如此，鉴于农民以及农民教育的特殊性，孙中山对于农民讲习所的学员提出了更高的要求："诸君去实行宣传的人，居心要诚恳，服务要勤劳，要真是为农民谋幸福。要在最快的时间之内，用极好的联络方法，先把广东全省的农民都联络起来，同政府合作，才有办法。此时农民没有联络之先，便要暂时忍耐，将来才可以享幸福。要农民将来可以享幸福，便要诸君赶快去宣传联络。农民都联络了之后，我们的革命才可以成功。"② 按照他的说法，农民是特殊的群体，这决定了农民教育的特殊性。作为对农民进行宣传、教育的人，不仅要有至诚之心，而且要勤劳，真心实意地为农民的利益着想。想农民之所想，急农民之所

---

① 《在广州农民运动讲习所第一届毕业礼的演说》，《孙中山全集》第十卷，中华书局2006年版，第554—555页。

② 同上书，第558页。

急,想方设法在最短的时间内将广东全省的农民都联络起来。农民联络起来之后,与政府合作,中国的革命才有希望获得成功。

三 重视并呼吁师范教育

孙中山一面呼吁教育普及,一面呼吁重视并且普及师范教育。这是因为,为了做到人人都有书读,不仅需要巨额的教育经费,而且需要大量的专职教师。孙中山对师范教育格外重视,从师范教育的重要性、必要性到教师的责任和素质皆在考虑之中。他强调:"惟必有学识,方可担任教育。盖学生之学识,恒视教师以为进退,故教师之责任甚大。兄弟今日惟望诸君谨慎小心,养成国民之模范,即教育乃可振兴。教育即兴,然后男女可望平权。女界平权,然后可成此共和民国。但今乃军政时代,正宜上下一心,补救政府,巩固教育。"① 孙中山认为,教师自身的素质直接决定学生的学识,教师是"国民之模范",教师素质的提高是教育振兴的关键。因此,教师自身必须要有学识,才能肩负起教师的重担。

在师范教育中,孙中山特意提到了女子师范教育。他认为,女子占中国人口的一半,普及女子教育是中国教育普及的题中应有之义。不仅如此,中国向来不注重女子教育,这使女子的受教育程度极低,女子中有学问者甚少。因而,无论从普及教育计还是从男女平权计,都应该提倡、普及女子教育。正是在这个意义上,孙中山宣称:"中国人数四万万人,此四万万之人皆应受教育。然欲四万万人皆得受教育,必倚重师范,此师范学校所宜急办也。而女子师范尤为重要。今诸君发起此校,诚得要务。因中国女子虽有二万万,惟于教育一道,向来多不注意,故有学问者甚少。处于令[今]日,自应以提倡女子教育为最要之事。"②

事实上,孙中山不仅关注师范教育和教师自身的素质,而且注重教师的教育手段和示范作用。例如,对于教师的教育工作,他提出两个基本原则,并且期望教师在教育工作中加以贯彻。对此,孙中山说道:

头一件、以后学生交谊宜定一个普通称谓,造成一种风气,使

---

① 《在广东女子师范第二校的演说》,《孙中山全集》第二卷,中华书局2006年版,第358页。
② 同上。

人人仿效。查各国社会上的普通称呼，有一专用语，此语在英文为 Comrade。我国文言上无相当之翻译，有谓可以用"各位"、"诸君"等语译之。兄弟以为仍均未妥，再四思之，只有"伙计"一俗语可以译之；但"伙计"二字为广东下流人所最通用，学生用之似太不雅驯。不知今日为民国时代，无分上下，一切平等，此俗语既然译得妥适，则学生亦不妨取用，愿以后彼此相称皆用"伙计"。并 Comrade 一语不惟有平等之意义，兼有亲切意义。用此称谓，不特可以表示平等，且足以表示同胞真意。……

第二件、今日学生求学问即是求知识。……求学有二种人：（一）无意识之人，（二）有意识之人。试问座中众"伙计"几多为有意识？几多为无意识？兄弟以为仍多是未定志向人。对于人生前途、国家观念、世界责任，多未打算清楚。但兄弟以为众"伙计"入学堂研究学问，有师长为之指导，乃一最好机会。因社会上与众"伙计"同年龄之人不得入学者，尚百数十倍也。所处地位既犹（"犹"疑为"优"——引者注）于众人，当然对于国家比众人多负几倍义务，所以在今日求学时期，众"伙计"宜先立志。否则十年窗下任你读书几许卷，终亦无补于国家，只一书锥而已。或谓立志为何？兄弟对于此反问，以为第一，学生须要明白中国地位，第二，学生须要认定自己责任。能了解于斯二者，然后可与言立志。①

在这里，孙中山对教师提出具体要求，强调教师在教育工作中应该坚持两个原则：第一，在称谓上以"伙计"（英文写作 Comrade，现通译为同志，孙中山在演讲中也经常使用"同志"称谓）相称。他直言不讳地说，"伙计"这一称呼在广东"下流人"中最通用，似乎"太不雅驯"。尽管如此，孙中山仍然坚持教师使用"伙计"称谓，学生之间以"伙计"相称。这样做的目的是传递"无分上下，一切平等"的信息，以此造成平等风气。第二，在教育中引导学生先"定志向"，成为有补于国家的人。这要求教师在教学工作中将重心放在引导学生做

---

① 《在广东省第五次教育大会上的演说》，《孙中山全集》第五卷，中华书局 2006 年版，第 556—557 页。

"有意识之人"上,因而将求知与"人生前途、国家观念、世界责任"联系起来。为了达此目的,教师要引导学生明白两个道理:一是中国的地位,二是学生的责任。这两点意味着今日的学生求知识以立志为要,立志是为了更好地肩负起自己对于国家和世界的责任。

四　注重教育的方式方法

孙中山不仅注重教育,而且注重教育的方法,尤其擅长根据不同的教育对象调整宣传、教育的方式方法。在对师范学校的学生进行演讲时,他特意提醒这些未来的教师们注意宣传、教育的方法。对此,孙中山提出了两点设想:"诸君所用的宣传方法,就对人而论,应该由近及远,先对父母兄弟姊妹和一切家人说明,再对亲戚朋友和一般普通人说明。就措辞而论,所说的话应该亲切有味,要选择人人所知道的材料。"① 他认为,宣传、教育的方法,要领有二:第一,就宣传对象而言,由近及远,先家人而后亲戚朋友再后是普通人。第二,就措辞用语而言,说话要亲切有味,所讲内容要通俗易懂。只有这样,才能拉近教育者与受教育者之间的距离,从而收到良好的教育效果。

孙中山认为宣传与打仗一样重要,故而注重宣传教育。有鉴于此,只有陆军军官学校还不够,还要开办宣传讲习所。对于宣传讲习所的创办宗旨,他如是说:"本党自改组后,我们便着手开办一个陆军军官学校。今晚上在此地又开办一个宣传讲习所。这两件事,都是为本党主义来奋斗的事业。军官学校是教学生用枪炮去奋斗,这个讲习所是教学生用语言文字去奋斗。"② 如果说陆军军官学校是武学校的话,那么,宣传讲习所则是文学校;如果说武学校培养出来的学生是用枪炮去奋斗的话,那么,文学校培养出来的学生则是用语言文字去奋斗。尽管用枪炮与用语言文字去奋斗的方式不同,然而,两者的目的却是一样的,都是为三民主义去奋斗,为国家去奋斗。在这个前提下,孙中山指出,古人曰:"攻心为上,攻城为下。"所谓攻心,就是宣传。从这个意义上说,攻心比攻城更重要。孙中山特意强调,以往忽视了攻心而只注重攻城,以后便注重攻心,也就是注重、加大宣传、教育工作。宣传讲习所的初

---

① 《在广东第一女子师范学校校庆纪念会的演说》,《孙中山全集》第十卷,中华书局2006年版,第30页。

② 《在广州国民党讲习所开学典礼的演说》,《孙中山全集》第十卷,中华书局2006年版,第349页。

衷在于探索有效的宣传手段，总结宣传的方式方法，以便有效地宣传三民主义，向民众进行三民主义教育。于是，孙中山说道："今晚便开设这个宣传讲习所，想各位同志在这个讲习所学得多少智识，然后更将所学的心得，向民众去宣传。讲起效力来，宣传事业同军人事业，实在是一样的大，和一样的重要。向民众宣传，就是同向敌人猛烈的进攻一样。古人说：'攻心为上，攻城为下'。攻心，就要用宣传的方法。从前专注意攻城，忽略了攻心，所以我们以后便应该注意攻心，把本党的主义宣传到民众。诸位同志到这个讲习所来学习，讲习所自然要把本党的三民主义教授到各位同志，俾同志知道了以后，用这种道理去宣传。"①

　　孙中山之所以格外重视教育的方式方法，是因为他认识到宣传、教育并不是根本目的，根本目的是要达到预想的效果。因此，在讲明宣传教育的重要性和教育的方式方法的基础上，孙中山进一步对宣传的效果提出了具体要求。他强调，宣传的效果不是让民众知晓三民主义，而是让民众被三民主义打动、感化，从而对三民主义心悦诚服。为了达到这种效果，宣传者、教育者必须具备一定的学问和口才。尽管如此，学问和口才不过是宣传的方法而已，所以都不是最重要的；最要紧的是诚，教育者要想收到圆满的教育效果，最重要的是要有至诚之心。孙中山甚至认为，只要满怀至诚之心，即便是学问少、口才拙，也能感染人。沿着这个思路，他以至诚之心相号召，鼓励宣传讲习所的成员以满腔热情投入到宣传、教育中去。于是，孙中山说道：

　　　　我们宣传的目的，是在什么地方呢？你们将来出去宣传，只要给民众知道三民主义的意思，这就算是宣传有了结果吗？这可算是宣传的目的吗？专就平常的宣传而论，自然是要令人知、令人晓。但是这不能算是我们的目的，不能算是我们的结果。我们的目的和结果，究竟是在那（哪——引者注）里呢？各位同志在这讲习所内来学习，本是先要求知，我们求知，实在不是我们的目的，这不过是一种方法。至于我们宣传主义，不特是要人知，并且要感化民

---

① 《在广州国民党讲习所开学典礼的演说》，《孙中山全集》第十卷，中华书局2006年版，第350页。

众，要他们心悦诚服。我们若果能感化民众，民众能够心悦诚服，那才算是我们宣传的结果，那才算是达到了我们宣传的目的。若是徒然知，而毫不被感化，便是毫无结果。没有结果，便不是我们的目的。要感化人，那才算是宣传的目的。诸位同志要知道学到了种种方法之后，还要以感化人做结果和目的。我们既是知道了感化人，就是最大的目的，想达到这个最大目的，必要有资料。我们究竟要有什么资料呢？我们如果能够学得许多学问，又能够用口才去做宣传的工夫，就能感化人吗！学问和口才，本来是宣传的方法。如果要能够感动人，究竟以什么为最重要呢？……我们要感化人，最要紧的，就是诚。古人说："至诚感神"。有"至诚"，就是学问少，才[口]口[才]拙，也能感动的人。所以"至诚"有最大的力量。若是我们在宣传的时候，没有"至诚"的心思，便不能感化民众。有"至诚"的心思，无论什么人，都能够感动。所以各位同志在讲习所要学宣传的方法，第一个条件，便要有诚心。要诚心为革命来奋斗，诚心为主义来宣传。要以宣传为终身极大的事业，存"至诚"的心思。要能够牺牲世界一切权利荣华，专心为党来奋斗。如果各位同志，能够这样存心，能够这样为党来奋斗，我们的事业便能大告成功。①

孙中山坚信，只要宣传讲习所的学员竭尽全力，至诚宣传，一定会打动人、感染人。当民众不仅知晓三民主义，而且被三民主义所打动、所感化，齐心协力为三民主义而奋斗时，革命便能取得成功。基于这一认识，他反复号召讲习的宣传员加大宣传力度，并且在宣传过程中以至诚做"基本"。他相信，只要有了至诚这个"基本"，自然会有宣传的材料和宣传的能力。于是，孙中山说道："知道要想革命彻底成功，便要注重宣传。……便望诸位同志把这个责任担负起来。要担负这个责任，须拿'至诚'做基本，有了'至诚'做基本，便是有了宣传材料，便是得到宣传的能力；假若没有'至诚'，就是有高深的学问，雄辩的口才，永久还是没有成功的希望。……本总理希望于诸君的，就是要以

---

① 《在广州国民党讲习所开学典礼的演说》，《孙中山全集》第十卷，中华书局2006年版，第350—351页。

'至诚'为重。能有诚心，便容易感人；能感化人，才可以把我们的主义宣传到民众，令民众心悦诚服。民众受了我们的感化，才能够同我们合作；到了民众都同我们合作，革命自然可以成功。"① 对此，孙中山总结说，对农民的宣传、教育要以至诚为重。以至诚之心进行宣传便有成功的希望，没有至诚之心也就无法打动农民，革命事业也就不能成功。这将革命宣传提到了至高无上的位置，也使作为宣传"基础"的至诚变得异常重要起来。

值得提及的是，孙中山不仅将农民作为受教育者，加大了受教育者的阵营而普及了教育对象；而且指出对农民进行教育，就是向农民宣传三民主义。这用他本人的话说便是："诸君在这地学了几个月，知道我们革命党是要根据三民主义，大家到各乡村去宣传，便要把三民主义传到一般农民都觉悟。农民在中国是占人民的最大多数，所以农民就是中国的一个极大阶级。要这个极大阶级都能够觉悟，都能明白三民主义，实行三民主义，我们的革命才是彻底。如果这个极大阶级不能觉悟，未实行三民主义，就是我们的革命在一时成了功，还不能说是彻底。"②孙中山一贯注重教育的方式方法问题，对于农民的教育也不例外。鉴于农民群体的特殊性，孙中山对农民教育的方式方法格外重视。他断言："大家到乡村去宣传，有什么方法可以讲明白三民主义，令一般农民都觉悟呢？要一般农民都容易觉悟，便先要讲农民本体的利益。讲农民本体的利益，农民才注意。如果开口就讲国家大事，无知识的农民怎么能够起感觉呢？先要讲农民本体有什么利益，国家有什么利益，农民负起责任来把国家整顿好了，国家对于农民又有什么利益，然后农民才容易感觉，才有兴味来管国事。"③ 孙中山认为，农民的知识程度低，不可能一下子领悟大道理；农民的政治觉悟低，很难一下子就被三民主义所吸引。因此，如果向农民进行宣传、教育，必须先引起他们的兴趣。为此，要特别注重方式方法，其中的一条便是绝不可一开口就讲三民主义。孙中山建议，在对农民进行宣传、教育时，要从农民关心的切身利

---

① 《在广州国民党讲习所开学典礼的演说》，《孙中山全集》第十卷，中华书局 2006 年版，第 351—352 页。

② 《在广州农民运动讲习所第一届毕业礼的演说》，《孙中山全集》第十卷，中华书局 2006 年版，第 555 页。

③ 同上。

益讲起。只有先讲农民自身的利益，才能引起农民群体的关注和兴趣。在此基础上，接下来再讲国家利益，讲明农民先对国家负起责任，国家便会保障农民的利益。只有这样将农民自身的利益与国家的利益直接联系起来，农民才会关注国家大事，进而心悦诚服地为三民主义而奋斗。

孙中山对教育的重视与中国近代社会的历史背景和文化语境密不可分，也与他本人的特殊身份和政治诉求息息相关。前者表现为孙中山与近代哲学家一样将教育与救亡图存、思想启蒙直接联系起来。无论救亡图存还是思想启蒙都是一项全民运动，这使作为国民精神导师的孙中山注重教育的普及；后者表现为身为民主主义革命的先行者，孙中山所讲的教育直接服务于资产阶级民主革命，不仅使革命教育成为教育的重中之重，而且使三民主义成为教育的主要内容。

上述内容显示，特殊的身份决定了孙中山教育思想的特殊性，除了重视教育的普及性，还包括对中国教育的全盘规划。大致说来，孙中山的教育思想具有三个鲜明特征：第一，教育理念和主张大多通过演讲的形式表达出来。这方面的例子可以列出一长串的名单，如《在广东女子师范第二校的演说》《在广州岭南学堂的演说》《在广东省第五次教育大会上的演说》《在广东省第五次教育大会闭幕式的演说》《军人精神教育》（《在桂林对滇赣粤军的演说》）《在香港大学的演说》《在广州全国学生评议会的演说》《在广东第一女子师范学校校庆纪念会的演说》《在岭南大学黄花岗纪念会的演说》《广东大学学生毕业典礼训词》《在广州国民党讲习所开学典礼的演说》《公布〈大学条例〉令》《在广州农民运动讲习所第一届毕业礼的演说》《在黄埔军官学校的告别演说》《在长崎对中国留日学生代表的演说》《关于民主政治与人民知识程度关系的谈话》等。第二，孙中山对中国教育的思考与国家建设紧密联系在一起，尤其是突出革命的主题。第三，孙中山所讲的教育在很大程度上是指三民主义教育，目的是让全体中国人在知晓三民主义、懂得革命的方法之后，为三民主义而奋斗。

第二节 政治教育

中国近代特殊的形势决定了教育与政治密不可分，梁启超就曾经将教育与政治联系在一起。与梁启超的做法相比有过之而无不及,孙中山不仅突出教育与政治的密切关系,而且将政治纳入教育的内容之中,以教育为手段推广、普及他的政治理念和主张。这使政治教育成为孙中山教育思想的重要组成部分,也使他的教育思想与其他近代哲学家包括同为革命派阵营的章炳麟等人的思想拉开了距离。

首先,孙中山强调,人离不开政治,并由此将政治写进教育宗旨。他宣称:

> 希腊先哲之言曰:"人者,政治动物也。"有政治思想、政治行为、政治能力,乃为人类。人之所以异于他动物者以此,故不谈政治非人也。盖人不能离国家,即不能离政治。①

古希腊哲学家亚里士多德在《政治学》中提出了一个影响深远的观点,即"人在本性上是政治动物"。孙中山在这里援引亚里士多德的观点并进一步引申说,人必须谈论政治,"不谈政治非人也"。孙中山强调,政治性是人的根本属性,也是人与动物的区别。作为一种政治动物,人不能离开政治而存在,而人不能离开政治也就是不能离开国家而存在。至此可见,与康有为、章炳麟等人的无政府主义诉求迥异其趣,孙中山将人的存在与国家联系在一起,并在这个前提下将国家与政治合为一体。这决定了孙中山凸显人之存在的政治维度,也就是彰显人与国家的密不可分。在此基础上,他将政治教育纳入教育的视野,甚至将政治教育说成是教育的第一要务。对于孙中山来说,政治教育就是国家教育,旨在培养、提高人的国家思想。质而言之,政治包括政治思想、政治行为和政治能力,政治教育就是要培养人的政治思想、政治行为和政治能力。

问题到此并没有结束,为了凸显政治教育,更好地培养人的政治思想、政治行为和政治能力,孙中山将政治写进教育宗旨。可以看到,他对于教育的目的和宗旨十分重视,并对教育家提出了如下要求:

---

① 《在广东省第五次教育大会闭幕式的演说》,《孙中山全集》第五卷,中华书局2006年版,第567页。

在今日，教育家所宜用为引导国民者，果以何为最要乎？以何者为标准乎？以世界何事为最有力量之标准乎？吾以为凡足以助世界进化、改变人生观者为最要；所当用力以赴之者，亦以此为最多。诸君乃教育家，须知教育者，乃引导人群进化者也。然能令人群进化最速者果何力乎？则政治的力量是也。政治是促人群进化之唯一工具，故教育家当为政治的教育家。[1]

教育家须记提倡政治，实行改良政治。使四万万国民同心协力改良政治，诸君当负责任！又须知国强不能预知，只实行做去便得；若必想知清楚然后做，天下断无此理者。比如电灯照耀光明，人人享其利，然电学精微，人之知之者甚少，若必待人人均知电学而后用电灯，可乎？政治也犹是也！可信赖政治家做去，十年定有功效可睹。如欲知之，可读《建国方略》，但无须此一级工夫。[2]

依据孙中山的分析，若要达到教育目标，必须先明确教育宗旨，教育家更是如此。为了更好地明确、树立宗旨，教育家必须要成为"政治的教育家"，并且时刻记住提倡政治。这是因为，政治是促使人群进化的唯一工具，而教育的根本目的就是"引导人群进化"。沿着这个思路，孙中山呼吁政治家提倡政治，目的在于政治改良。换言之，政治教育的目标就是引导四万万中国人协力改造中国的政治和社会，从而更好地履行自己的国民责任。为了达成此一目标，孙中山反复叮咛，"教育家当为政治的教育家"。

"教育家当为政治的教育家"意思是说，教育家不仅懂政治，而且还要谈政治，以此引领整个社会谈政治，共同营造全社会一起关心国家大事的良好风气。"教育家当为政治的教育家"既对教育家提出了具体要求，又蕴含着孙中山对教育家的希望以及对教育宗旨和目标的界定。具体地说，他认为，政治的力量所向披靡，能"令人群进化最速"，而教育的目的和宗旨在于"引导人群进化"。正是基于这一认识，孙中山

---

[1] 《在广东省第五次教育大会闭幕式的演说》，《孙中山全集》第五卷，中华书局2006年版，第567页。

[2] 同上书，第568页。

确信，人群的进化离不开政治力量，并将政治视为促进人群进化的唯一工具。他所讲的教育与政治密不可分，也预示了政治教育的不可或缺乃至举足轻重。

其次，孙中山对政治教育的大声疾呼与对教育宗旨的重视一脉相承，同时也与对政治的界定和理解密不可分。对于政治，孙中山具有自己的独特界定和理解。政治是什么？他的回答是：

> 大家知道革命本是政治的变动，说到政治究竟是做些什么事呢？就"政治"两个字讲，"政"者众人之事也。"治"者管理众人之事也。管理众人的事，就是"政治"；换而言之，管理众人的事，就是管理国家的事。①

依据孙中山的理解，政治有两个基本含义：第一，政治与革命密切相关。这是因为，革命是"政治的变动"，从根本上说属于政治运动——或者说，革命离不开政治运动。这用他本人的话说便是："革命本来是政治事业。"② 从这个意义上说，政治教育就是革命教育。第二，政治与国家密不可分。这是因为，政是众人之事，治是管理众人之事，政与治合而言之即政治，也就是众人一起管理国家之事。从这个意义上说，政治教育就是国家教育。这表明，国家与政治是体用关系。政治靠国家运行，离开了国家，政治便无法实行，国家就是实行政治的；反过来，国家靠政治运行，没有政治，国家便无法运行。他断言："有了国家，没有政治，国家便不能运用；有了政治，没有国家，政治便无从实行。政治是运用国家的，国家是实行政治的。可以说国家是体，政治是用。"③ 革命教育和国家教育是孙中山对政治教育的基本界定，既框定了政治教育的目标，也在一定程度上框定了政治教育的内容。

孙中山不仅重视教育，而且将教育与政治紧密联系在一起，并且强烈呼吁教育家懂政治、讲政治。按照他的一贯主张，人与人的智力具有

---

① 《在黄埔军官学校的告别演说》，《孙中山全集》第十一卷，中华书局2006年版，第267页。
② 同上书，第268页。
③ 同上。

先知先觉、后知后觉与不知不觉之分，教育家属于先知先觉者，他们的责任就是去引导被教育者，使他们从不知不觉者成为后知后觉者，从而引领整个社会风气和人类进化。有鉴于此，教育家怀有何种理念决定受教育者接受何种教育，也决定了中国教育的现状和未来。只有教育家"谈政治"，才能够带动农、工、商各界"谈政治"，从而形成全社会一起关注政治的大好局面。孙中山反问道："设使诸君不谈政治，学生不谈政治，为农者亦不谈政治，为工为商者亦不谈政治，试问中华民国是谁之国？而人人不负责任，尚可以为国乎？教育家应指导人民谈政治，若仍以不谈为高，为害匪浅。民国十年一事不成，人人归咎于革命党，不知披荆斩棘，革命党已为此至难之事，从容布置，国民应共为之。乃国民程度低浅，稍有变革，手足无措。国民程度不足之咎，谁实尸之？教育家对此，乃不能辞其责。"① 孙中山认为，中华民国已经成立十年却一事无成，人们往往将之归咎于革命党。事实上，披荆斩棘，革命党已经做了最难之事，现在需要的是全体国民共赴国事。问题的关键是，由于国民素质太低，稍有变革，民众便会手足无措，无法响应国家的号召。如果说一事无成的根本原因在于国民程度不足的话，那么，教育家则对此难辞其咎。中华民国是所有国民的国家，每一位国民对于国家都有不可推卸的责任。使国民懂得肩负起自己对于国家的责任，则是教育家的重责大任。

分析至此，孙中山向教育家发出了"谈政治"的号召："诸君乃教育家，处先知先觉的地位，以不谈政治相号召，人民更不敢谈。人人都不理政治，将来更有何人负此责任？岂总统一人能负之乎？从今后，本大总统要诸君谈政治。"② 按照他的说法，教育家必须谈政治，出于两个根本原因：第一，教育家处于先知先觉的地位，如果连他们都"以不谈政治相号召"，人民便不敢谈政治。如果人人都不谈政治，也就无人对国家肩负责任。第二，政治权力最大，不仅社会改造要依赖政治力量去解决，教育进步也依赖政治力量。这用孙中山本人的话说便是："教育进步，以政治为基础。"③ 这对教育家提出了必须谈政治的

---

① 《在广东省第五次教育大会闭幕式的演说》，《孙中山全集》第五卷，中华书局2006年版，第564页。
② 同上书，第563页。
③ 同上书，第565页。

要求。

再次，在阐明政治含义的基础上，孙中山围绕着政治教育与革命教育、国家教育的密不可分，进而指明了政治教育的基本内容和要求。在他看来，政治教育的首要任务是让人懂政治。人是政治动物，政治性是人的本质属性。因此，政治是"做人的常事"，不仅是"人人应有的事"，而且是人人都应该知道做的常事。对此，孙中山解释说：

> 如果当军人的说不懂政治，又好比是常人说不懂食饭、穿衣、睡觉一样。食饭、穿衣、睡觉，都是做人的常事，是人人应该有的事，试问一个人可不可以不知道做人的常事呢？无论那（哪——引者注）一个人，都是应该要知道做人的常事的。大家都能够知道做人的常事，就是政治。大家能够公共（共同——引者注）团结起来做人，便是在政治上有本领的人民；有本领的人民，组织成强有力的国家，便是列强；没有本领的人民所组织成的国家，便是弱小。弱小都是被列强压迫的。无论那（哪——引者注）一个国家，不管他是不是强有力，只要号称国家，都是政治团体。……根据这个解释，便知道政治的道理，见而易明，并非是很奥妙的东西。大家结合起来，改革公共的事业，便是革命。所以说革命，就是政治事业。中国近来何以要革命呢？就是因为从前的政治团体不好，国家处在贫弱的地位，爱国之士，总想要改良不好的旧团体，变成富强的地位。这种改良，要在短时间或者是一朝一夕之内成功，便是革命。①

孙中山以吃饭、穿衣和睡觉等日常之事比喻政治，旨在说明政治对于人民是常事，不仅人人能做，而且与人不可分离。在此基础上，他特意指出，政治是"常事"，并不意味着政治不重要，而是证明了人与政治密不可分。政治的作用通过国家得以发挥，这用孙中山本人的话说便是，"国家是实行政治的"。借此，孙中山旨在强调，正如吃饭、穿衣和睡觉一样，政治是做人的常事，政治教育就是让人在明白了这一点之

---

① 《在黄埔军官学校的告别演说》，《孙中山全集》第十一卷，中华书局2006年版，第268页。

后，改不懂政治为关注政治，从根本上扭转中国人对政治漠不关心的局面。

由此可见，孙中山的政治教育就是让人明白国家与政治的密不可分，懂得国家是政治团体：第一，国家由人民组成，由懂政治的人组成的国家是强有力的国家，由不懂政治的人组成的国家则是弱小的国家。第二，国家都是政治团体，而政治团体内部的坚固与否直接决定着国家的强弱，而最终决定政治团体是否强有力的是组成这一团体的人民是否有本领。基于这个分析，中国之贫弱，受西方列强蹂躏，是因为从前的政治团体不好。只有改良不好的政治团体，才能使中国变成富强的国家。改良旧的政治团体有不同的方式，如果想"要在短时间或者是一朝一夕之内成功，便是革命"。这样一来，孙中山便将政治与国家、革命直接联系起来，也使他所讲的政治教育与国家教育、革命教育联系起来。

进而言之，孙中山之所以大声疾呼政治教育，引导人关注政治，培养中国人的政治能力，从根本上说是为了让中国人都投入到改造中国的革命洪流中去。在他看来，人人都团结起来，从事政治事业，这就是革命。近代中国亟待革命，因为从前的政治团体不好，致使国家处于贫弱地位；革命就是要改良不好的政治团体，使中国变成富强的国家。至此，孙中山得出结论，革命是中国的必由之路，使中国从贫困变得强大，舍革命之外别无他途。

如果说振兴中国的希望在于革命的话，那么，革命则离不开政治。只有在明白了革命的道理之后，借助政治的力量才能取得成功。正因为如此，在讲明了政治教育旨在让人明白人离不开政治并且必须懂得政治之后，孙中山断言："若夫最大权力者，无如政治。政治之势力，可为大善，亦能为大恶，吾国人民之艰苦，皆不良之政治为之。若欲救国救人，非锄去此恶劣政府必不可，而革命思潮遂时时涌现于心中。"[1] 这就是说，政治的权力最大，政治作用的性质却有好有坏——可以为善，亦可以作恶。无论政治权力的巨大以及作用的微妙还是政治与国家的体用关系都使教育避不开政治，并且决定了教育家必须懂得政治。基于这种认识，孙中山特意反驳了当时流行的教育家"以不谈政治为高"的

---

[1] 《在广州岭南学堂的演说》，《孙中山全集》第二卷，中华书局2006年版，第359页。

论调。他针锋相对地指出：

> 政治的力量，足以改造人心、改造社会，为用至弘，成效至著。然每闻教育家之言曰"以不谈政治为高"。此种谬说，不知其何所据而云然？……揆之吾国旧道统、旧国粹，观诸孔子所言，则不谈政治固已不是；况当今民权发达时代，人人负国民责任，人人负政治责任，而曰不谈政治，尤为大谬。民国与帝国不同，帝国政治，君主一人负责任；民国政治，国民均负责任。既曰国民负责矣，而教育家乃曰不谈政治，何太失自己本来之责任与人民希望之甚也。①

在孙中山看来，大凡教育家都谈政治，作为中国最伟大的教育家，孔子即是如此。古代教育尚且必谈政治，更何况在民权发达之时代！按照他的说法，当今时代之所以谈政治，除政治权力最大、借助政治教育对国民进行革命教育之外，还有一个重要原因，那就是：在民权发达时代，人人皆是国民，对于国家皆有不可推卸之责任。这就是说，每个人只有懂得作为政治团体之国家，才能更好地承担起作为国民的义务和责任。这意味着越是在民权时代，越应该加强政治教育。政治教育到任何时候都不可或缺，当然也不能放松。

上述内容显示，在孙中山那里，政治与国家密不可分，他所讲的政治教育便包括国家教育。在国家教育之中，就包括推翻旧国家、建立新国家的方法，而这就是革命教育。因此，进行革命教育、宣讲革命方法成为孙中山教育思想的重要内容。例如，在对黄埔军校军官的教育中，孙中山将"研究革命的方法"的革命教育作为对文学生与武学生的共同教育。他说："今天到此地来听讲的，有文学生，又有武学生。便可以借这个机会，研究革命的方法。"②

---

① 《在广东省第五次教育大会闭幕式的演说》，《孙中山全集》第五卷，中华书局2006年版，第563页。

② 《在黄埔军官学校的告别演说》，《孙中山全集》第十一卷，中华书局2006年版，第266页。

第三节　三民主义教育

对于孙中山来说，教育家之所以懂政治、谈政治，归根结底是为了让国民懂得国家是政治团体，从而更好地承担起对于国家的责任和义务，也更好地行使国民的权力。这决定了政治教育是针对国民的教育，国民教育是政治教育的重心，民权时代的教育尤其如此。如果说政治与国家的体用关系决定了国家教育与政治教育密不可分的话，那么，国家教育则必须包括对于组成国家的国民的教育。有鉴于此，对于国民的国民教育被孙中山纳入政治教育的视野，成为其中最基本的组成部分。事实上，孙中山将国民教育纳入视野，以至于使国民教育成为政治教育的题中应有之义。至于国民教育的内容，他强调，特殊的国情决定了中国的国民教育从根本上说就是三民主义教育。孙中山提出三民主义，就是为了拯救中国。在他那里，三民主义既是政治教育的目标，也是国民教育的基本内容。孙中山本人不辞辛劳地进行演讲，多次宣传、讲解三民主义，旨在对革命党人和全体国民进行三民主义教育和普及，从而使全体中国人都接受三民主义，并且为三民主义而奋斗。

一　民族主义教育

对于三民主义，孙中山界定说："什么是三民主义呢？第一个是民族主义。"①"第二个是民权主义"②。"第三个是民生主义。"③ 这表明，构成三民主义的三个要素是有先后顺序的。在讲三民主义时，孙中山始终将民族主义置于首位。这就是说，孙中山秉持民族主义立场，将民族主义置于三民主义之首。这使民族主义教育对于三民主义教育至关重要，在三民主义教育中占据显赫位置。

在将民族主义置于三民主义之首的基础上，孙中山对民族主义进行了如下界定："什么是民族主义呢？就是要中国和外国平等的主义。……所以在十三年前，我们是奴隶中的奴隶，叫做'双重奴隶'。

---

① 《在广东第一女子师范学校校庆纪念会的演说》，《孙中山全集》第十卷，中华书局2006年版，第19页。
② 同上书，第20页。
③ 同上书，第21页。

推翻满清以后，脱离一重奴隶，还要做各国的奴隶。……我们要以后不做各国人的奴隶，要废除一切不平等的条约，便更要发奋有为，实行民族主义。这就是做人的，做学生的和做一般国民的，对于民族主义应该有［的］责任。"[1] 孙中山指出，民族主义的精义"就是要中国和外国平等"。因此，民族主义旨在为中国争国权，废除一切不平等条约，不再做各国的奴隶。这就是说，孙中山所讲的民族主义教育是爱国主义教育，紧扣中国近代救亡图存的时代主题。

除此之外，孙中山提倡民族主义，还有反封建的意图。因此，民族主义教育包括推翻满族的专制统治，一切国民均有平等、自由之权的权力教育。对此，他称之为人格教育。孙中山之所以强调民族主义教育是人格教育，主要原因有二：第一，国民要以人格救国，爱国教育就是人格教育。第二，中国人由于长期受专制统治，丧失人格已久。要恢复人格，必须施以民族主义的人格教育。具体地说，人格教育就是让国民知道专制的不合理，从而起来反对君主专制。由于中国的专制是满族统治，因而是民族主义的。正是在这个意义上，他说道："凡为中华民国之人民，均有平等自由之权。今民国既已完成，国民之希望甚大，然最要者为人格。我中国人民受制者已数千年。近二百六十余年，又受异族专制，丧失人格久矣。今日欲回复其人格，第一件须从教育始。"[2] 由此可见，孙中山之所以讲人格教育，并将人格教育视为民族主义教育的主要任务，是为了唤醒国民的权力意识，让国民明白人人皆有自由、平等之权，既不做洋人的奴隶，也不做满族的奴隶。

孙中山提倡的民族主义从根本上说是一种国家主义，因而与世界主义背道而驰。对此，他旗帜鲜明地指出："有谓欧洲各国今日已盛倡世界主义，而排斥国家主义，若我犹说民族主义，岂不逆世界潮流而自示固闭？不知世界主义，我中国实不适用。因中国积弱，主权丧失已久，宜先求富强，使世界各强国皆不敢轻视中国；贱待汉族，方配提倡此主义，否则汉族神明裔胄之资格，必随世界主义埋没以去。故为中国计，众'伙计'宜急起直追，先求中国能自立，换一句话［说］，即中国人

---

[1] 《在广东第一女子师范学校校庆纪念会的演说》，《孙中山全集》第十卷，中华书局 2006 年版，第 19—20 页。

[2] 《在广东女子师范第二校的演说》，《孙中山全集》第二卷，中华书局 2006 年版，第 358 页。

宜先求脱去奴隶地位。……故兄弟敢说中国欲倡世界主义,必先恢复主权与列强平等。"① 孙中山认为,世界主义不适合中国的国情,中国急需的只有民族主义而不是世界主义。原因在于,由于积贫积弱,主权丧失已久,中国必须先求富强,使世界各国不敢轻视中国。因此,对于中国来说,求富求强迫在眉睫。在这种形势下,只有提倡民族主义、恢复中国的主权和国权意识,才有资格提倡世界主义;否则,在没有世界地位的前提下提倡世界主义,中国将被世界主义淹没下去。孙中山强调,中国的救亡图存必须坚持民族主义,如果背离民族主义而追逐世界主义的话,那么,中国将被吞噬在世界主义之中而无恢复主权之日。分析至此,结论不言而喻:如果说中国的当务之急是寻求自强自立,以此摆脱帝国主义的奴役的话,那么,舍民族主义之外别无他途。

综合考察孙中山的思想可以发现,民族主义有两层含义:第一,反对帝国主义,从这个意义上说,民族主义教育是爱国主义教育。第二,反对满族专制,从这个意义上说,民族主义教育是启蒙教育。

二 民权主义教育

对于孙中山来说,民权主义既是政治观、启蒙观的一部分,又是历史观的一部分。换言之,他所讲的民权主义植根于进化史观之上,对民权主义之正当性的论证奠定在历史进化理念之上。孙中山宣传、提倡民权主义的主要理由之一便是,民权主义顺应人类历史进化的潮流。有鉴于此,孙中山所讲的民权主义教育既包括自由、平等和民主思想的教育,又包括进化史观的教育。

首先,就进化史观的教育而言,孙中山将人类社会的进化概括为四个不同的阶段,并将民权时代说成是历史进化的最高阶段。对此,他解释说:

> 说到人同兽争的时代,人类还可用气力去打,到了同天争的时代,专讲打是不可能的,故当时人类感觉非常的困难。……所以要和天争。但是和天争,不比是和兽争可以用气力,于是发生神权。……由有历史到现在,经过神权之后,便发生君权。有力的武

---

① 《在广东省第五次教育大会上的演说》,《孙中山全集》第五卷,中华书局2006年版,第558—559页。

人和大政治家把教皇的权力夺了,或者自立为教主,或者自称为皇帝。于是由人同天争的时代,变成了人同人争。到了人同人相争,便觉得单靠宗教的信仰力不能维持人类社会,不能够和人竞争,必要政治修明、武力强盛才可以和别人竞争。世界自有历史以来都是人同人争。从前人同人争,一半是用神权,一半是用君权。后来神权渐少……君权渐盛……到了这个时代,科学也一天发达一天,人类的聪明也一天进步一天,于是生出了一种大觉悟,知道君主总揽大权,把国家和人民做他一个人的私产,供他一个人的快乐,人民受苦他总不理会。人民到不能忍受的时候,便一天觉悟一天,知道君主专制是无道,人民应该要反抗。反抗就是革命。所以百余年来,革命的思潮便非常发达,便发生民权的革命。民权革命是谁同谁争呢?就是人民同皇帝相争。①

在这里,孙中山阐明了三个主要问题:第一,人类历史是进化的,进化的最高阶段便是民权时代。具体地说,人类历史的进化分为四个阶段即时代,分别为洪荒时代、神权时代、君权时代和民权时代。这四个时代构成了人类历史的依次进化,使人类社会呈现出由低向高的进化轨迹。这样一来,作为人类历史进化的最高阶段,民权时代不仅必然到来,而且拥有了至高无上性。第二,如果说民权时代是历史进化的客观进程的话,那么,民权时代的到来则离不开民权意识的觉醒。如果说民权意识与民权时代互为表里的话,那么,彰显民权、主张民享的民权主义便是顺应历史潮流应运而生。换言之,伴随着民权意识的崛起和地位的提升,民权主义也随之不仅具有了正当性、必然性,而且具有了至上性、权威性。第三,民权时代之所以必然到来,是人类社会的进化势不可当的历史趋势使然。历史进化的四个阶段承载了人类不同的生存内容和斗争形式:洪荒时代人与兽争,用的是力气。到了神权时代,人与天争,力气捉襟见肘,必须凭借聪明才智。君权时代,人与人争,质而言之,即人民与专制君主相争。民权时代是对君权时代的否定,民权意识的觉醒是因为人民备受君主专制的压制,由于"君主专制一天厉害一

---

① 《三民主义·民权主义》,《孙中山全集》第九卷,中华书局2006年版,第259—260页。

天，弄到人民不能忍受"，于是起来反抗。这便是推翻君主专制、建立民主共和的革命，预示了民权时代的到来。孙中山指出，民权主义与革命一脉相承，"反抗就是革命"。这就是说，民权时代的到来不只是自然的历史进程，更离不开人民的政治觉悟以及科学的发达和才智的提高。无论国民的政治觉悟还是才智提高都离不开教育。可见，孙中山不仅将民权主义与教育直接联系起来，进而提倡民权主义教育；而且印证了民权革命与其他革命一样必须有正确的方法，致使民权主义教育成为不可或缺的重要一环。

其次，孙中山所讲的民权主义教育旨在向国民讲明人类社会是进化的，民权主义顺应历史潮流，一定会到来。这些是必需的，然而，只有这些却是远远不够的。原因在于，民权与民主互为表里，正如民权主义与民治同义一样，民权主义教育中必须包括民主即人民是国家的主人、共同管理国家的教育。有鉴于此，对于民权主义，孙中山如是说："在十三年前，国家的大事只有皇帝一个人管，百姓都不能过问。好像一个东家生意，全店事情，这是东家一人管理，别人不能过问，店中伙计只是听命做工，不得兼涉店事一样。清朝皇帝专制的时候，也是这一样。到了辛亥年推翻清朝皇帝以后，我们才是主人。现在是民国，是以民为主的，国家的大事人人都可以过问。这就是把国家变成大公司，人人都是这个公司内的股东，公司内的无论什么事，大家都有权去管理。这便是民权主义的精义。"① 据此可见，民权主义是人人都做主人，都有权力管理国家事务。如果将国家比喻为一个公司的话，那么，国家是大家的，正如人人都是公司的股东一样。由于是公司的股东，人人都有权力决定公司的大事，作为国家主人的人民都有权力管理国家的事。

孙中山认为，只有让全体国民都明白民主的真谛，从根本上洞彻权力究竟为何物，才能推动民权时代的真正到来。孙中山宣讲民权主义就是要在中国实行民权、推进民主，而这必须先进行民权和民主教育。一言以蔽之，民权和民主教育旨在让国民明白自己是国家的主人，享有一个国民所应享有的一切权力。他强调，无论何人，无论能力大小或智力高低，只要是国民，就拥有这份权力。从这个意义上说，国民的权力对

---

① 《在广东第一女子师范学校校庆纪念会的演说》，《孙中山全集》第十卷，中华书局2006年版，第20—21页。

于能力、智力是优先的。

为了说明这个问题,孙中山创造性地运用"权能"概念,通过对权与能关系的辨梳,借助二者的分离,论证了国民的权力对于能力、知识的独立性和优先性。对于其中的道理,孙中山论证并解释说:

> 许多人以为中国不适用民主政治,因为人民知识程度太低。我不信有这话,我认[为]说这话的人还没有明白"权能"两字的意义。①
>
> 要解释"权能"两字的意义,有一个比喻在此:比如坐汽车的与开汽车的,坐汽车的是主人,他有的是权,不必有能,他只要说得出要到的地方,就可以到要到的地方,不必知道汽车如何开法;开汽车的是雇员,他有的是能,他能摇动机关左右进退迟速行止,但是他并没有开到哪里的权。行使坐车人的权,取用开车人的能,汽车便很顺利地会到目的地了。
>
> 人民是民国的主人,他只要能指定出一个目标来,像坐汽车的一般。至于如何做去,自有技能的各种专门人才在。所以,人民知识程度虽低,只要说得出"要到哪里"一句话来,就无害于民主政治。②

孙中山旗帜鲜明地声明,自己坚决反对以国民的"知识程度太低"为借口,认定"中国不适用民主政治"的论调。不仅如此,为了彻底反驳这一论调,他进一步揭示了其症结所在,针锋相对地指出这种论调的根源在于没有弄清楚"权能"二字的含义。这表明,孙中山通过辨梳权与能的关系,赋予国民神圣权力是面对现实有感而发,旨在反击中国由于国民"知识程度太低"而不适用民主政治的观点。孙中山认为,对于一个人来说,权与能是分离的,其间并无必然联系。坐汽车的与开汽车的恰如其分地代表了权与能的分离,正如坐汽车的人有权却没有能一样,开汽车的人有能却没有权。因此,坐汽车的人尽管没有能即不会

---

① 《关于民主政治与人民知识程度关系的谈话》,《孙中山全集》第十一卷,中华书局2006年版,第431页。

② 同上书,第431—432页。

开车，却完全可以利用自己的权去指挥开汽车的人将车开到自己想要去的任何地方。

值得注意的是，孙中山在此使用的是"指定"而不是"制定"。"指定"含有深意，大端有二：第一，"指定"不是制定，制定目标是先知先觉者的事，并非国民的事，因为大多数国民属于不知不觉者。第二，"指定"的意思侧重"指"即指出来，也就是说出来的意思。这用孙中山本人的话说便是，"说得出'要到哪里'"。

孙中山进而指出，国民是国家的主人，拥有作为国民的权力。由于权与能是分离的，所以，国民的权力不必以才智为前提。正是这一点使孙中山对于民权的理解拉开了与维新派之间的距离。众所周知，严复和梁启超等维新派都主张民权、追求民主，并且将开设议院作为实行民主的渠道。尽管如此，两人提倡的"兴民权"是有条件的，因而不约而同地强调"兴民权"要以"开民智"为前提条件。更有甚者，严复、梁启超鉴于对中国民众素质的考察，以民智未开、无法行使自己的权力为由，最终将实现君主立宪推向无限遥远的未来，更遑论推翻皇帝、大兴民主的民权时代了。与严复、梁启超等人的观点相去霄壤，孙中山提倡的民权不需要民智方面的担保或附加条件，无论国民智力或能力如何，都不妨碍他们享有、行使自己的权力。孙中山宣传民权、提倡民权主义教育，目的在于让国民明白自己拥有权力，并且能够准确说出自己的愿望。这用他本人的话说便是，"指定出一个目标来"。

三　民生主义教育

孙中山坚信人类历史是进化的，并且认定历史进化的动力是民生。这使民生主义与民权主义一样成为历史观的一部分，也预示了二者之间的内在关联。正是由于这个原因，孙中山在勾勒历史进化轨迹、揭示历史进化动力的过程中，一面从进化的轨迹中推出了民权主义，一面从进化的动力中推出了民生主义。由此，民生主义教育与民权主义教育一起成为孙中山三民主义教育的组成部分。

在探究、审视人类历史进化的过程中，孙中山将历史进化的动力归结为人类的"求生存"。他声称："古今一切人类之所以要努力，就是因为要求生存；人类因为要有不间断的生存，所以社会才有不停止的进化。所以社会进化的定律，是人类求生存。人类求生存，才是社会进化的原因。"① 依据孙中山的分析，人类历史之所以进化，归根结底是出于"求生存"的需要。正因为如此，人类有不间断的生存，人类社会才有不间断的进化。对此，孙中山论证并解释说：

> 至于这种社会进化是由于什么原因呢？社会上何以要起这种变化呢？……照欧美近几十年来社会上进化的事实看，最好的是分配之社会化，消灭商人的垄断，多征资本家的所得税和遗产税，增加国家的财富，更用这种财富来把运输和交通收归公有，以及改良工人的教育、卫生和工厂的设备，来增加社会上的生产力。因为社会上的生产很大，一切生产都是很丰富，资本家固然是发大财，工人也可以多得工钱。像这样看来，资本家改良工人的生活，增加工人的生产力，工人有了大生产力，便为资本家多生产，在资本家一方面可以多得出产，在工人一方面也可以多得工钱。这是资本家和工人的利益相调和，不是相冲突。社会之所以有进化，是由于社会上大多数的经济利益相调和，不是由于社会上大多数的经济利益有冲突。社会上大多数的经济利益相调和，就是为大多数谋利益。大多数有利益，社会才有进步。社会上大多数的经济利益之所以要调和的原因，就是因为要解决人类的生存问题。②

孙中山强调，所谓"求生存"，也就是解决民生问题，古今政治家都在解决人类的"求生存"问题。沿着这个思路，他进一步指出，解决"求生存"的最好办法是"分配之社会化"。欧美近几十年的经验表明，社会的进化是由于社会上大多数人的经济利益相调和。只有为大多数人谋利益，才能从根本上解决人类"求生存"的问题，也才能推动社会的进化。孙中山特意指出，民生主义旨在从根本上解决人类的"求生存"问题，从而最大限度地解决民生问题。具体地说，民生主义就是为大多数人谋幸福，而它之所以能够为最大多数人解决生存问题的秘诀在于，通过国家经济之公有化，调和资本家与工人之间的冲突，促进分配之社会化。正是在这个意义上，孙中山反复重申，民生主义属于

---

① 《三民主义·民生主义》，《孙中山全集》第九卷，中华书局2006年版，第369页。
② 同上书，第368—369页。

社会主义，在经济上实行平等。

尚须澄清的是，尽管民生主义具有平等之义，然而，孙中山所提倡的民生主义不是西方的平等。对此，他解释说，中国没有像西方那样的大富的资本家，中国人都是"穷人"。中国亟须解决贫穷问题，而这就是民生主义的初衷。孙中山断言："我们现在是患贫，贫穷就是我们的痛苦。……我们的民生主义，是做全国大生利的事，要中国像英国、美国一样的富足；所得富足的利益，不归少数人，有穷人、富人的大分别，要归多数人，大家都可以平均收益。"[①] 依据他的设想，民生主义既可以解决中国人由于患贫带来的痛苦，又可以避免像西方那样的两极分化。实行民生主义，在中国变得像英国、美国那样富足之后，一切收益归国有，取之于民而用之于民，大家平均受益。从这个意义上说，民生主义是继民权主义消除了政治上的不平等之后，消除经济上的不平等。

至此可见，孙中山提倡的民权主义教育、民生主义教育都是政治教育，这一点与三民主义教育属于政治教育、国民教育相互印证。在同样属于政治教育的前提下，如果进一步对民权教育与民生教育予以区分的话，那么，则须说民生主义教育还包括经济教育。孙中山特意指出："所之现（现之所）谓经济学者，恒分二派：一、旧经济学派，如斯密亚丹派是；二、新经济学派，如麦克司派是。各国学校教育多应用旧经济学，故一般学者深受旧经济学之影响，反对社会主义，主张斯密亚丹之分配法，纵资本家之垄断而压抑工人。"[②] 在这里，孙中山将西方经济学分为两派：一派是以亚当·斯密为代表的旧经济学派，一派是以马克思（麦克司）为代表的新经济学派。在这个前提下，他批评当时各个国家的经济教育受旧经济学派的影响，最大的错误便是放纵资本的经济垄断和资本家对工人的压迫。孙中山赞同马克思代表的新经济学派，旨在改变当时经济学教育中反对社会主义学说的现状。这就是说，孙中山提倡民生主义教育，目的是引导人通过社会改良解决中国的经济问题，这也是他将民生主义与博爱相提并论的原因所在。就内容而言，孙

---

① 《在广东第一女子师范学校校庆纪念会的演说》，《孙中山全集》第十卷，中华书局2006年版，第23页。

② 《在上海中国社会党的演说》，《孙中山全集》第二卷，中华书局2006年版，第515页。

中山所讲的民生主义教育包括马克思的科学社会主义。

在孙中山那里，国民教育包括三民主义教育，甚至可以说，国民教育具体指三民主义教育。三民主义是孙中山思想的灵魂，并被他奉为拯救中国的纲领。对于中国的救亡图存从何入手，孙中山的逻辑是："救国从何而起？此无论谁人皆知自改良政治入手。但改良政治又从何而起？兄弟以为此当先知国民由何种主义孕育而来，试以其所由孕育之主义不明，即无从负责及不知趋向也。然孕育国民[之]主义为何？即三民主义是。"① 循着他的逻辑，救国要从改良政治入手，改良政治则必须从孕育国民之主义入手。正如不同的主义孕育出不同的国民一样，主义对于塑造国民至关重要；如果主义不明，国民则无从肩负责任，并且迷失奋斗目标。孙中山明确指出，孕育中国人的主义应该是三民主义，中国人必须明白三民主义。为了使三民主义家喻户晓，人人皆知，必须进行三民主义教育。他强调，每一个中国人都应该懂得三民主义，这是作为国民的义务和责任。这使三民主义成为对国民进行教育的主要内容，也使宣传、普及三民主义成为教育——特别是国民教育的主要目标。

第四节 教育、政治、革命的三位一体

孙中山的教育思想紧扣中国近代的时代主题，同时带有鲜明的个人特色。一方面，与他的身份密切相关，孙中山的教育思想规模宏大，无所不包。这正如他在朔阳的演说中所言："实行之法有二：一、在使国民有世界之知识，普及教育，提倡科学，宣传三民主义，使人人皆知国为民有，非一家一姓所得而私，亦非腐败官僚、专横武人、阴谋政客所得而治。民国权利，非少数人可得而享，更非少数强权家可得而断送。于生活上日求进步，衣食住须求改善，道路必求改良。将民国造成一极乐之世界，非国民有充足之知识不为功。二、在使国民有强大之财富。

---

① 《在广东省第五次教育大会上的演说》，《孙中山全集》第五卷，中华书局2006年版，第557—558页。

开发财富，莫如振兴各种实业。"① 另一方面，孙中山的许多教育主张通过在各地教育团体、师生集会的演说这种特定的形式表达出来，不仅面向特定的主体和人群，而且具体入微，具有实践操作和因时因地制宜等特色。

就理论来源而言，孙中山的教育思想既有中国的，又有西方的。就中学渊源而言，孙中山对孔子的教育理念和教育思想推崇有加，将孔子誉为中国最伟大的教育家。正是在这个意义上，孙中山断言："中国最大之教育家厥为孔子。我国人视孔子为圣人、为宗教家。以世界学者的眼光观察之，则孔子为政治家，为政治教育家。试读孔氏书，其教旨于诚意正心修身，以及齐家、治国、平天下三致意焉。所谓齐家、治国、平天下，非政治教育而何？孔子且以政治为第一要务，而今之教育家辄舍政治而不谈，何也？"② 不仅如此，从孙中山对教育与政治关系的强调、对心理教育的重视以及对社会改造和人生观改造等思想中均可以看到孔子的影响。除此之外，孙中山有时还直接援引孔子的思想为自己的主张进行辩护。就西学渊源而言，孙中山的教育思想加入了西方的自由、平等、博爱等内容，对于这一点，三民主义教育便是明证。

孙中山是中国民主主义革命的先行者，也是著名的职业革命家。他的教育思想突出革命主题，他所讲的政治教育与革命教育密不可分。孙中山奔走呼号的三民主义具体指民族主义、民权主义和民生主义，三民主义教育也是革命教育。他一再强调，三民主义是中国的称谓，在世界不同的国家拥有不同的称谓：如果借用美国的说法，亦可以称为民治、民享和民有；如果借用法国大革命的口号，亦可以称为自由、平等、博爱。因此，对于孙中山来说，国民教育是三民主义教育，也就是自由、平等、博爱教育。换言之，孙中山所讲的自由教育与民族主义教育一脉相承，从根本上说是对国家自由、民族自由的一种教育。他宣传的革命教育最终归结为三民主义教育，也预示了三民主义教育始终围绕着革命的主题展开。

上述内容显示，孙中山认为，教育以政治为转移，中国近代最大的

---

① 《在广西阳朔人民欢迎会的演说》，《孙中山全集》第五卷，中华书局2006年版，第637页。

② 《在广东省第五次教育大会闭幕式的演说》，《孙中山全集》第五卷，中华书局2006年版，第563页。

政治是国家的强大。有鉴于此,他大声疾呼教育家必须牢记政治,并且道出了其中的原因。孙中山宣称:"教育家须记提倡政治,实行改良政治。使四万万国民同心协力改良政治,诸君当负责任!又须知国强不能预知,只实行做去便得;若必想知清楚然后做,天下断无此理者。比如电灯照耀光明,人人享其利,然电学精微,人之知之者甚少,若必待人人均知电学而后用电灯,可乎?政治也犹是也!可信赖政治家做去,十年定有功效可睹。如欲知之,可读《建国方略》,但无须此一级工夫。"[1] 在他看来,如果说使中国强大是近代最大的政治的话,那么,在改良政治、强大国家的政治教育中,当务之急便是让人知道建国不可预知、只需"实行做去"的道理。基于这一认识,孙中山热衷于心理教育,根本目的是培养中国人十年中国可强的心理。这使心理教育被提上议事日程,进而成为孙中山教育思想的重要内容。

---

[1] 《在广东省第五次教育大会闭幕式的演说》,《孙中山全集》第五卷,中华书局2006年版,第568页。

第七章　章炳麟的教育思想

章炳麟（1869—1936），中国近代著名的哲学家、小学大师、朴学大师和国学大师，民族、民主主义革命者。章炳麟生于1869年1月12日，卒于1936年6月14日，浙江余杭人。章炳麟原名学乘、字枚叔（纪念汉代辞赋家枚乘），后易名炳麟，再后来倾慕顾绛（顾炎武）而改名为绛、号太炎。章炳麟早年曾自号"膏兰室主人""刘子骏私淑弟子"等，后自称"民国遗民"，世人常称他为"太炎先生"。

章炳麟幼年受祖父、外祖父的民族主义熏陶，1891年入杭州诂经精舍，师从俞樾和谭献等研习古文经学，著有《膏兰室札记》《春秋左传读》等。

1894年，甲午中日战争爆发，打断了章炳麟原本平静的学习生活。1896年，章炳麟从杭州来到上海，加入康有为在上海创办的强学会。在上海期间，章炳麟结识了谭嗣同、唐才常和梁启超等人，并在《时务报》任主笔。因为学术意见之争发生与麦孟华等人的"拳殴"事件，章炳麟回到浙江，开始与主张中体西用的王文俊、宋恕等人相往来。1898年春，章炳麟应张之洞之邀赴武汉办报。戊戌变法之后，章炳麟遭到满清政府的通缉，前往台湾避难，任《台湾日日新报》记者。1899年夏，章炳麟东渡日本，在京都、东京为反清做准备，与梁启超等人修好，返回上海参与《亚东时报》编务工作。此时，章炳麟的排满立场和古文经立场日益明确，在苏州出版了《訄书》第一版（木刻本），由梁启超题签。1900年义和团事件发生后，严复、汪康年和唐才常等人在上海组织"中国议会"，以挽救时局。章炳麟应邀参加，在会上主张驱逐满蒙代表，并割辫明志。1902年，章炳麟第二次东渡日本，计划在东京举办"支那亡国二百四十二年纪念会"，并与孙中山结交。通过日本中介，章炳麟接触到西方哲学、社会学和文字学等领域的学术著作。章炳麟此次东渡，住在梁启超主持的新民丛报馆，为《新民丛报》润色译文，并试图调解孙中山代表的革命派与康有为代表的维新派之间的关系。同年夏，章炳麟回到上海，重新改定《訄书》。《訄书重订本》1906 年于东京出版铅印本，改用此前邹容的题签。章炳麟原本有撰写《中国通史》的计划，与梁启超一样是中国近代"新史学"的倡导者和奠定者。

1903 年是章炳麟思想的转折期。此时，他的革命立场日益鲜明，发表《驳康有为论革命书》，公开与康有为等维新派决裂。章炳麟还为作为革命军中马前卒的邹容的《革命军》作序，并由此引发震惊中外的"苏报案"。章炳麟与邹容一同入狱三年，邹容病死狱中。章炳麟于 1906 年 6 月 29 日刑满释放，出狱当晚便东渡日本，由同盟会迎至东京。章炳麟在日本参加同盟会，任同盟会机关报——《民报》主笔，主持《民报》与《新民丛报》的论战。在此期间，章炳麟在《民报》上发表文章以佛理说革命，以佛法宣传民权、净化人心，以增进"革命之道德"。面对章炳麟的做法，有人甚至讽刺说，《民报》不做"民声"而只做"佛声"，简直要把《民报》办成佛报了！章炳麟对佛教的顶礼膜拜由此可见一斑，而这一切源自他在狱中三年的研习佛典和思想转变。

自 1905 年起，章炳麟在《国粹学报》上发表论文，1906 年参与此期兴起的国粹主义运动。自此，章炳麟的名字便与中国近代的国粹运动联系在一起，宣讲国学、保存国粹也成为他乐此不疲的终身事业。

1911 年 10 月，辛亥革命爆发。章炳麟于 11 月 15 日回到上海，向黄兴提出"革命军兴，革命党消"的劝告，并在槟榔屿《光华日报》上连载政论《诛政党》。1912 年 2 月，章炳麟任南京临时政府枢密顾问。1912 年冬，章炳麟被国民政府（袁世凯政府）国务院任命为"东三省筹边使"。"东三省筹边使"公署设在长春。在任期间，章炳麟经过实地考察，提出设立东三省银行、整顿币制、开发水路交通和金矿等设想，以期发展东北经济，并加强东北与内地的联系。1913 年，章炳麟辞去"东三省筹边使"的职务，存在了七个多月的"东三省筹边使公署"也随即宣告解体。1913 年 6 月，章炳麟针对孔教会提议立孔教为国教，发表《驳建立孔教议》，反对定孔教为国教。在袁世凯镇压二次革命后，章炳麟被袁世凯诱骗到北京，关押在龙泉寺。1917 年 3 月，章炳麟反对段祺瑞政府的参战主张，并参与护法运动，任海陆军大元帅府秘书长，为孙中山作《代拟大元帅就职宣言》。1920年，章炳麟拥护"联省自治"运动。章炳麟始终没有放弃对黎元洪、吴佩孚和孙传芳等新旧军阀势力的期望，反对国民革命军北伐。1927年南京国民政府成立后，章炳麟采取不合作态度，自命"中华民国遗民"，曾经遭到国民党上海党部通缉。章炳麟晚年主张读经，并据《春秋》"非我族类，其心必异"之义，力主对日强硬。

1936年6月14日，章炳麟因鼻窦癌卒于苏州锦帆路寓所。

第一节　万众瞩目的教育家

章炳麟是著名学者，被鲁迅誉为"有学问的革命家"。章炳麟一生著述甚丰，代表作有《章氏丛书》《章太炎医论》，研究范围则涵盖小学、历史、哲学、政治、佛学和医学等诸多领域。章炳麟精通医学，著有《霍乱论》《章太炎医论》（原名《猝病新论》）。曾经有人问章炳麟："先生的学问是经学第一，还是史学第一？"章炳麟答道："实不相瞒，我是医学第一。"章炳麟在其他场合也曾经如是评价自己的学问："我的学问不是经学第一，也不是史学第一，而是医学第一。"无论这一自诩是否合适，足以窥见章炳麟对医学的爱好和对自己医学造诣的扬扬自得。

就学问而言，章炳麟的学术立场、致思方向和理论意趣始终不脱俞樾传承的古文经学谱系。因为章炳麟提倡排满革命，俞樾极为不满，声明"曲园无是弟子"。章炳麟曾经就此撰写《谢本师》一文，收入《訄书重订本》；又有《俞先生传》，收入《太炎文录》。尽管中间有过一段小插曲，然而，一个不争的事实是，章炳麟治学，由小学入门，主张音韵文字相通；并以此为基础，结合西学，发掘诸子学的方法一本曲园俞樾师承。

就身份而言，章炳麟既是"有学问的革命家"，又是享誉盛名的教育家。换言之，章炳麟是极负盛名的学问家，并以他的学问救国启民。宣讲国学、保存国粹使章炳麟在教育普及中成为名副其实的国民导师，创办讲习所，收徒授学则使他成为桃李满天下的教育家。

一 宣讲国学的国民导师

中国近代是教育普及的时代，章炳麟投身到国民教育之中。在此期间，章炳麟与其他近代哲学家一样，将报纸、杂志作为教育普及的主要渠道和阵地。粗略算来，章炳麟主笔的报纸、杂志不下十余种，主要有《时务报》《昌言报》《经世报》《实学报》《译书公会报》《亚东时报》《台湾日日新报》《民报》《国粹学报》《教育今语杂志》《大共和日报》《华国》《制言》等。如果说利用报纸、杂志作为启迪民众的利器印证了章炳麟国民导师的身份的话，那么，《教育今语杂志》则表明了他对教育的格外关注。

一方面，作为国民导师，章炳麟积极参与到创办、主编和主笔的报纸、杂志之中，热衷于利用报纸、杂志对国民进行思想启蒙、教育普及。另一方面，作为负有盛名的学问家，章炳麟的教育活动也受到了报纸的高度关注。这既推动了章炳麟的教育普及，又验证了他的国民导师身份。章炳麟是中国近代著名的国学大师，他的讲学活动自然是各大报纸争相报道的热点。拿当时最著名、影响也最大的报纸——《申报》来说，便对章炳麟的讲学活动颇为关注，并且连篇累牍地予以报道。例如，1922年4月1日至6月17日，章炳麟应江苏省教育会的邀请，到上海演讲国学。江苏省教育会在《申报》刊出的通告中解释了缘何邀请章炳麟演讲国学："借西方之新学，以证明我国之旧学，此即为中西文化沟通之动机。同人深惧国学之衰微，又念国学之根底最深者，无如章太炎先生，爰持敦请先生莅会，主讲国学。"他的此次讲学备受上海舆论界瞩目，《申报》进行了全程记录报道。章炳麟此次讲学之所以受到关注，与当时思想文化界各种学说、思潮的活跃关系密切。就在此时，胡适等新文化运动者一面继续推广白话文运动，一面提出以科学的方法整理国故，给中国社会造成不小的冲击。背负国学大师的头衔，章炳麟关于整理国故的态度、方法自然成为社会各界共同关注的热点，尤其是对那些希冀保存国粹之人有着巨大的吸引力。章炳麟第二次讲演当日，《申报》又刊出了这样的消息："江苏省教育会敦请章太炎先生主讲国学，第一期已于本月一日举行，嗣因报名听讲者异常踊跃，决定自第二期起，改在尚文门内迎薰路中华职业学校附设职工教育馆内开会，声明扩充座位至一千人。注意国学诸君，得此消息，争先前往索取听讲券，至昨日下午，已满足一千人，可谓盛矣。"《申报》不仅于1922年

4月8日登出"章太炎今日继续讲学"的报道,而且派出专门的记者记录讲演内容,大多在讲演次日即将章炳麟的讲演内容以连载形式在《申报》上刊出。章炳麟此次国学演讲共分十讲,前两讲略述国学之大概与治国学之方法,至第三讲开始阐述国学之派别,继而分经学、哲学、文学三类,详叙派别之分,最后一讲则是对国学之前途的展望。如果说章炳麟在社会上进行演讲是对全民的教育普及的话,那么,以《申报》为代表的报纸、杂志的报道则使章炳麟的演讲最大限度地收到了教育普及的效果。

众所周知,有别于古代的国学理念始于19世纪末20纪初,1905年邓实等人在上海创建"国学保存会",并且创办《国粹学报》则是国学作为"显学"进入主流话语的标志。随后,章炳麟于1906年秋在日本东京创立"国学讲习会""国学振起社",成为弘扬国学、保存国粹的先锋人物。面对欧风美雨的侵袭,章炳麟不遗余力地利用杂志、讲学等多种形式对国学进行宣传和普及,对中国人进行国学教育。

应该说,国学在中国近代成为主流话语与章炳麟的宣传和讲演不无关系,这也反过来使章炳麟成为万众瞩目的国民导师。

二 "不废讲学"的教育家

作为中国民族、民主革命的先行者,章炳麟早年从事革命宣传和革命活动。尽管如此,他将大部分时间和精力投入到教育、教学之中,晚年更是如此。这使章炳麟成为誉满天下的教育家。

1906年,章炳麟在东京开设国学讲习所,"宏奖光复,不废讲学"。此后,由于与孙中山、汪精卫和黄兴等人因为《民报》意见不合,章炳麟更是由提倡光复转向专心论学,著有《文始》《新方言》《国故论衡》《齐物论释》等,这些著作都成为他进行国学教育的课本。尤为值得提及的是,《国故论衡》是中国近代学术史上有数之巨制,开辟了以汉语言文字学、经学和文学普及教育之先河。最能体现章炳麟对教育不改初衷的是,章炳麟被袁世凯幽禁在北京期间,虽然被限制人身自由,但是,他仍然为吴承仕等人讲学不辍,后集为《菿汉微言》。在此期间,章炳麟再次修订《訄书》,改名为《检论》;又集其著作为《章氏丛书》,先后由上海右文社、浙江图书馆出版铅印本和木刻本。1922年,章炳麟在上海讲学,曹聚仁根据记录整理为《国学概论》。20世纪30年代后,章炳麟的活动限于上海、苏州一带。1935年,章炳麟在蒋介石的资助下，于苏州锦帆路开设章氏国学讲习会，招收最后一批学生，并出版学刊——《制言》。

章炳麟讲课自有一套方法和风格。据说，他上课具有经典的开场白，那就是："你们来听我上课是你们的幸运，当然也是我的幸运。"貌似狂妄，实则是自信。看看章炳麟培养出来的大名鼎鼎的学生，也就明白他哪来的那么大自信了！章炳麟的教育成就令人艳羡，一大批名震中外的学者都是章炳麟的教育"作品"。例如，章炳麟在东京时期培养的弟子主要有钱玄同（疑古）、许寿裳、朱希祖、黄侃（季刚）、刘文典（舒雅）、汪东（旭初）、沈兼士、马裕藻、龚宝铨、周树人（鲁迅）、周作人（启明）、胡以鲁、易培基、陶焕卿、钱家治、朱宗莱和余云岫等；在北京时期主要培养了吴承仕等著名弟子；在苏州时期的弟子主要有庞俊（石帚）、沈延国、徐复、朱季海、王仲荦、诸祖耿和姚奠中等。

章炳麟在日本、上海、杭州和苏州等多地讲学，可谓是桃李满天下。当时的北京大学，有名的教授大多出自章炳麟的门下，如黄侃、朱希祖、钱玄同、周树人（鲁迅）和沈兼士等。更为令人称奇的是，在五四新文化运动时期，激进派与保守派的论战双方均出自章炳麟的门下：前者以钱玄同、鲁迅为代表，后者则以黄侃等人为代表。在新旧文化之争中，一边是钱玄同大声疾呼与传统文化决裂，废除汉字，以至于将用文言文写的线装书抛进茅坑里；一边是黄侃为了传承汉语汉字、保存国粹振臂高呼、奔走呼号，由此形成了一道独特的景观。这从一个侧面反映出章炳麟教育的成功，也证明了他的思想内容丰富，可以从不同乃至完全相反的角度予以发挥。众多弟子使章炳麟的思想在五四新文化运动时期得以延续。这一点也是本书将章炳麟列于孙中山之后的原因所在。

无论是国民导师的身份和辉煌的教育成就都与章炳麟对教育的殚精竭虑密不可分。事实上，他始终对教育关注备至，并且以普及教育为己任。1909 年，章炳麟主编《教育今语杂志》，撰写若干白话述学著作，以期推广学术、普及教育。可以看到，章炳麟不仅终身讲学不辍，而且形成了自己独特的教育理念。他曾经撰写《救学弊论》批评现代教育体制，主张回归民间办学和书院教育。

第二节　爱国教育

　　章炳麟是中国民族、民主革命的先行者，从这个意义上说，他的教育思想与孙中山一样侧重爱国教育和革命教育。问题的关键是，章炳麟是"有学问的革命家"，对于爱国、革命具有自己的独特理解。这使他的教育理念和内容与包括孙中山在内的近代哲学家迥异其趣。换言之，章炳麟既注重爱国教育，与其他近代哲学家的教育理念和主张呈现出一致性；又对爱国具有自己的界定和设想，从而使他的爱国主义教育展示出与同时代人的差异性。对于章炳麟而言，爱国教育的核心在于，既要爱国，又要懂得如何爱国。一言以蔽之，讲明国家的本质、增进爱国的热肠才是爱国主义教育的核心所在。

一　讲明国家本质

　　中国近代是救亡图存的时代，爱国主义、群体观念被许多人奉若神明，搬来作为号召国民抵抗外侮的理论武器和精神支柱。对于为什么要爱国，国家有何可爱？严复、梁启超等人利用社会有机体论解释个人与群体的关系，凭借个人依赖群体、国家而自保来激发中国人的爱国心。与严复、梁启超等人的思路截然不同，章炳麟反对将个人视为构成国家这一有机体的细胞，并且批驳了当时流行的国家观念。为此，他作《四惑论》，对当时社会上盛行的"四惑"（四种错误观念）逐一进行反驳，作为"四惑"之一的公理中就包括国家观念。此外，章炳麟在1907年10月专门作《国家论》，在文中详细阐释了国家的本质、功能，辨梳个人与国家的关系。在他看来，个人与国家的关系绝不等同于细胞与生物有机体的关系，不能将个人视为构成国家的细胞，最简单的理由是：细胞不是独立存在的实体而只是生物有机体的一部分，离开生物有机体便无法存活。个人是独立的实体，离开国家也可以生存；尤其是在舟车大开、民主盛行的时代，人们不必囿于天然地理环境或民族风俗自然形成的国家，而可以自由选择国家而居。这凸显了个人对于国家的主动性和独立性，也证明了个人与国家的关系和细胞与生物有机体的关系之间不具有可比性。

　　在此基础上，章炳麟进一步从个人、国家两个方面重新透视了个人与国家的关系,以期消解个人对于国家的责任和义务:第一,从个人方面来说,个人是生而独立、自由的,不对他人、国家负有责任:"盖人者,委蜕遗形,倏然裸胸而出,要为生气所流,机械所制;非为世界而生,非为社会而生,非为国家而生,非互为他人而生。故人之对于世界、社会、国家,与其对于他人,本无责任。责任者,后起之事。必有所负于彼者,而后有所偿于彼者。若其可以无负,即不必有偿矣。然则人伦相处,以无害为其限界。过此以往,则巨人长德所为,不得责人以必应为此。"[1] 第二,从国家方面来说,国家原本就无任何神圣性,对于个人也没有任何权利。为了彻底破除国家的神圣性,章炳麟在《国家论》中揭露国家为虚幻,在消解国家神圣性的同时,抵制严复、梁启超等人提倡个人为国家减损自由的做法。章炳麟在文中写道:

> 国家之自性,是假有者,非实有者。……凡云自性,惟不可分析绝无变异之物有之,众相组合,即各各有其自性,非于此组合上别有自性。如惟心论者,指识体为自性;惟物论者,指物质为自性。心不可说,且以物论,物质极微,是最细色,不可断截破坏贯穿,不可取舍乘履搏挈,非长非短,非方非圆,非正不正,非高非下,无有细分,不可分析,不可睹见,不可听闻,不可嗅尝,不可摩触,故名极微,亦曰原子。此毗婆沙论一百三十六说,近世原子论者,亦同此义。若以原子为实有,则一切原子所集成者,并属假有,何以故?分之则各还为原子故。自此而上,凡诸个体,亦皆众物集成,非是实有。然对于个体所集成者,则个体且得说为实有;其集成者,说为假有。国家既为人民所组合,故各各人民,暂得说为实有;而国家则无实有之可言。[2]

在这里,章炳麟依据佛教因缘说的逻辑来界定国家的性质,据此得出了这样的结论:既然国家是由个人集合而成的,那么,作为个人的集合体,国家便没有自性;没有自性,便证明国家是虚幻的。

---

[1] 《四惑论》,《革故鼎新的哲理——章太炎文选》,上海远东出版社1996年版,第300—301页。

[2] 《国家论》,《章太炎政论选集》上册,中华书局1977年版,第359—360页。

至此可见，章炳麟虽然与严复、梁启超等人一样认为个人积聚而为国家，但是，章炳麟不是像严复、梁启超那样以此证明个人不能离开国家而自保，全赖国家、群体庇护；而是沿着另一种思路——以佛教的因缘逻辑证明国家建立在个人之上，作为个人积聚而成的假象绝非实体，没有自性，因而是虚幻的。正是沿着这个思路，章炳麟接着写道："其（指国家——引者注）功能仍出于人，云何得言离人以外别有主体。然则国家学者，倡此谬乱无伦之说以诳耀人，真与崇信上帝同其昏悖。世人习于诞妄，为学说所缚而不敢离，斯亦惑之甚矣。"① 按照他的说法，既然国家的作用出于个人，那么，国家就不能离开个人而存在。换言之，绝非像严复、梁启超等人所讲的那样个人离不开国家而存在，恰好相反，国家离不开个人而存在；假设有主体的话，那么，主体也应该是个人而不应该是国家——这正如讲实有，个人是实有而非国家是实有一样。

议论至此，新的问题接踵而至：秉持佛教尤其是唯识宗的思维方式和价值旨趣，章炳麟恪守"万法唯识"。这就是说，作为识的显现，人与天地万物一样也是假有。这用他本人的话说便是："所谓我者，舍阿赖耶识而外，更无他物。此识是真，此我是幻，执此幻者以为本体，是第一倒见也。"② 循着这个逻辑，人的身体由细胞凑合而成，故而没有自性。从这个意义上说，个人的存在也是虚幻的，与国家一样并非实有。章炳麟本人清醒地意识到了这一点，却没有因此改变个人为实有而国家为假有的观点。对于其中的原因，他解释说，个人与国家虽然都是假有，但是，个人之假有与国家之假有的"分位"有别，相对于由个人集合而成的国家而言，个人"近真"。正是在这个意义上，章炳麟设问并回答说："问曰：若尔者，人亦细胞集合而成，云何得言实有自性。答曰：以实言之，人亦伪物云尔。然今者以人对人，彼此皆在假有分位，则不得以假有者斥假有者，使吾身之细胞，悍然以人为假有，则其说必非人所能破。若夫对于国家者，其自体非即国家，乃人之对于国家。人虽伪物，而以是单纯之个体，对于组合之团体，则为近真。故人

---

① 《国家论》，《章太炎政论选集》上册，中华书局1977年版，第361—362页。
② 《建立宗教论》，《革故鼎新的哲理——章太炎文选》，上海远东出版社1996年版，第200页。

之以国家为假有者,非独论理当然,亦其分位得然也。"① 经过章炳麟的这番论证,国家的虚幻性已经破坏了其神圣性,个人对国家的"实有""近真"更使个人为国家牺牲成为荒谬绝伦的事。

问题到此并没有结束,章炳麟进一步指出,国家之设立和存在不仅不神圣,反而极其龌龊,是迫于外力的不得已之举。他强调,无论从设立还是功能上看,国家都与神圣根本就不搭界;国家纵然有功,亦应归功于全体国民,而不应归功于国家元首。现实的情况是,国家元首往往将"集合众力以成"的功劳归于一身,"以团体居其名誉"。章炳麟断言:"凡诸事业,必由一人造成,乃得称为出类拔萃。其集合众力以成者,功虽烜赫,分之当在各各人中,不得以元首居其名誉,亦不得以团体居其名誉。"② 他指出,元首的欺世盗名实际上是将集合为国家的每个人的权利攫为己有,最终结果是增加了国家的罪恶。对此,章炳麟揭露说:

> 若夫国家之事业者,其作料与资具,本非自元首持之而至,亦非自团体持之而至,还即各各人民之所自有,然其功名率归元首,不然,则献诸团体之中,此其偏颇不均,不甚于工场主人之盗利乎?世人愚暗,辄悬指功利以为归趣,余岂必菲薄功利。然彼功利所在,亦即美名所在。而功利者,必非一人所能为,实集合众人为之。纵有提倡其前者,犹行礼之赞相,所擅唯有口号;至于槃辟跪拜,则犹赖人自为之也。夫其事既由人自为之,而美名所在,不归元首,则归团体,斯则甚于穿窬发匮者矣。③

上述内容显示,章炳麟对国家尤其是个人与国家关系的论证凸显了个人对于国家的优先性和独立性,对于纠正社会有机体论的单向决定论具有积极意义。随之而来的是,爱国从中国近代社会的主题话语成为大可怀疑之论。道理很简单:所爱对象——国家并非实有,并且是制造罪恶的渊薮,甚至龌龊不堪,国有何可爱!既然如此,国还要不要爱?更

---

① 《国家论》,《章太炎政论选集》上册,中华书局1977年版,第362页。
② 同上书,第364页。
③ 同上书,第364—365页。

为尖锐而迫在眉睫的问题是，面对亡国灭种的民族危机，中国还需不需要救？中国近代的救亡图存究竟有何必要性、紧迫性和正当性？为了回答这些问题，在论证国家的本质之后，章炳麟对爱国主义做如是观："爱国之义，必不因是障碍，以人心所爱者，大半非实有故。……此何因缘？则以人身本非实有，亦集合而成机关者，以身为度，推以及他。故所爱者，亦非微粒之实有，而在集合之假有。夫爱国者之爱此组合，亦由是也。且以各各微粒，捣和成器，器虽是假，而其本质是真，其爱之犹无足怪尔。亦有别无本质，唯是幻像，而人反乐观之者，喻如幻师，幻作白兔青雀等像，于中无有微分毛羽血肉可得，乃至石磨水瀮亦不可得，而人之爱玩反过其真。"[①] 由此可见，他认为，国还是要爱的，然而，爱国并不应该是个人做出牺牲，个人也不应该出于功利动机而爱国。换言之，爱国是情感之迸发，而非利益之权衡。不难发现，章炳麟的《国家论》是针对严复、梁启超等人借助社会有机体论让个人为国家牺牲自己的自由之权有感而发的，目的是纠正两人对个人与国家关系的本末倒置，并非反对爱国主义本身。不仅如此，鉴于中国近代救亡图存的刻不容缓，章炳麟尽管极力揭露国家的假有虚幻和龌龊不堪，然而，他并没有完全否认爱国的意义，而是对爱国进行了限定。章炳麟写道："爱国之念，强国之民不可有，弱国之民不可无，亦如自尊之念，处显贵者不可有，居穷约者不可无，要以自保平衡而已。"[②] 如此说来，在中华民族生死存亡的紧要关头，作为"弱国之民"中国人，爱国观念不仅不可无，反而要加强。

二 "增进爱国的热肠"

中国近代备受西方列强的蹂躏，濒临亡国灭种的厄运。救亡图存是中国近代社会的头等大事，也是刻不容缓的历史使命。在否定了个人是构成社会的被动细胞、不必依赖国家而存在之后，如何激发中国人的爱国心？如何使中国人投身到救亡图存之中？这是章炳麟无法回避而必须要回答的现实课题。"用国粹激动种性，增进爱国的热肠"便是他做出的回答。扭转严复、梁启超沿着社会有机体论的思路出于功利目的的被动爱国局面，使民出于情感而积极爱国，是章炳麟呼吁"用国粹激

---

① 《国家论》，《章太炎政论选集》上册，中华书局1977年版，第366页。
② 同上书，第367页。

动种性，增进爱国的热肠"的缘起和动机。他提倡国粹就是要激发中国人的爱国心，强化中国人的爱国观念。

对于章炳麟来说，促使中国人救亡图存的动机、动力源于对中国文化和历史了解基础上的热爱，而不是基于个人是构成国家细胞的"被迫无奈"，使人由细胞不能脱离社会存在而必须依赖群体自保的被动爱国转向发自内心爱自己民族和国家的则是国学。为此，章炳麟的具体设想和步骤是：在破除是非观念、涤荡外欲的同时，弘扬国粹，引导国民在对本民族的语言文字、典章制度和人物事迹的熟悉中，发现本民族之可爱。至此，章炳麟在对国学的弘扬中开辟了一条救亡之路，也使他的爱国教育转变为国学教育。

第三节 国学教育

章炳麟是中国近代的国学巨擘，以至于人们说起近代国学，最先想到的就是章炳麟和邓实等人。章炳麟之所以确信通过宣讲国学能够达到爱国、救国的目的，与他对国学的界定息息相通。同样，章炳麟之所以热衷于宣讲国学，是因为他认为国学作为民族精神是一个国家的精神命脉和灵魂所在。正因为如此，对于国学是什么，章炳麟强调以国学为一国固有之学，并且认定国学之兴亡直接决定国家之兴亡。章炳麟所讲的国学既有爱本国之学之义，又有以国学救亡图存的鲜明动机。有鉴于此，他始终将弘扬国学与中国近代的民族、民主革命联系起来，并且概括为"用国粹激动种性，增进爱国的热肠"。这就是说，章炳麟所讲的国学具有强烈的现实动机和理论初衷，其立言宗旨就是救亡图存，目的是激发国人的爱国热情，以此来保群保种。

一 国学与爱国

"用国粹激动种性，增进爱国的热肠"的理论初衷从一开始就注定了章炳麟所讲的国学不是一种书斋学问，而是饱含强烈的时代呼唤和救亡宗旨。救亡图存的动机决定了国学不仅需要学问的研究，而且需要面向大众的宣传和普及。与此相一致，章炳麟不仅是国学研究的大家，而且热衷于国学的宣传、普及工作。据《申报》载《省教育会通告》云："自欧风东渐，竞尚西学，研究国学者日稀，而欧战以还，西国学问大家来华专事研究我国旧学者,反时有所闻,盖亦深知西方之新学说或已早见于我国古籍,借西方之新学,以证明我国之旧学,此即为中国文化沟通之动机。"1934 年秋,章炳麟迁居苏州,举办章氏国学讲习会,创刊《制言》杂志。对于国学讲习会的办学经过和《制言》杂志的宗旨,他自述道:"余自民国二十一年返自旧都,知当世无可为,讲学吴中三年矣。始曰国学会,顷更冠以章氏之号,以地址有异,且所召集与会者,所从来亦不同也,言有不尽,更与同志作杂志以宣之,命曰《制言》,窃取曾子制言之义。先是集国学会时,余未尝别作文字。今为制言,稍以翼讲学之缺。曾子云:'博学而孱守之。'博学则吾岂敢?孱守则庶几与诸子共勉焉。"① 对于章炳麟来说,国学不只是学问,国学研究的宗旨和重心不是对国学的审视,而是对本民族文化发自内心的热爱。沿着这个思路,通过弘扬国粹,宣讲国学,可以达到爱国的目的。他本人称之为"用国粹激动种性,增进爱国的热肠"。正是这一点,使章炳麟对于国学的宣讲乐此不疲。

章炳麟的国学研究以语言文字为主,同时关注典章制度和人物事迹。就他所关注的人物来说,与中国近代国学旨在为中华民族寻找统一的精神源头相一致。在这方面,章炳麟不止一次地呼吁国学研究应该以先秦诸子为重心,他的国学研究和国学教育以先秦(他称之为周秦)诸子为主。章炳麟反复宣称:

> 所谓诸子学者,非专限于周秦,后代诸家,亦得列入,而必以周秦为主。盖中国学说,其病多在汗漫。春秋以上,学说未兴,汉武以后,定一尊于孔子,虽欲放言高论,犹必以无碍孔氏为宗。强相援引,妄为皮傅,愈调和者愈失其本真,愈附会者愈违其解故。故中国之学,其失不在支离,而在汗漫。②

> 中国科学不兴,惟有哲学,就不能甘居人下。但是程、朱、陆、王的哲学,却也无甚关系。最有学问的人,就是周秦诸子,比那欧洲、印度,或者难有定论;比那日本的物茂卿、太宰纯辈,就

---

① 《制言发刊宣言》,《章太炎全集》(五),上海人民出版社 1985 年版,第 159 页。
② 《诸子学略说》,《章太炎政论选集》上册,中华书局 1977 年版,第 285 页。

相去不可以道里计了。①

基于这种认识，章炳麟国学研究和国学教育的基本内容侧重于先秦诸子——具体地说，既包括对先秦诸子的分类，又包括对各家相互关系及其思想的阐发和评价。

二 诸子学概说

章炳麟国学研究的重心是先秦诸子，诸子学成为他国学教育的主体内容。先秦诸子的学术归属或诸子百家的学术源流是研究先秦诸子时不可回避的问题，也是章炳麟国学教育最为关注的话题之一。在这个问题上，章炳麟的总体看法是：

> 古之学者，多出王官世卿用事之时，百姓当家，则务农商畜牧，无所谓学问也。其欲学者，不得不给事官府为之胥徒，或乃供洒扫为仆役焉。……当时学术相传，在其子弟，而犹称为家者，亦仍古者畴官世业之名耳。《史记》称老聃为柱下史，庄子称老聃为征藏史，道家固出于史官矣。孔子问礼老聃，卒以删定六艺，而儒家亦自此萌芽。墨家先有史佚，为成王师，其后墨翟亦受学于史角。阴阳家者，其所掌为文史星历之事，则《左氏》所载瞽史之徒，能知天道者是也。其他虽无征验，而大抵出于王官。是故《汉·艺文志》论之曰：
>
> 儒家者流，盖出于司徒之官。道家者流，盖出于史官。阴阳家者流，盖出于羲和之官。法家者流，盖出于理官。名家者流，盖出于礼官。墨家者流，盖出于清庙之守。纵横家者流，盖出于行人之官。杂家者流，盖出于议官。农家者流，盖出于农稷之官。小说家者流，盖出于稗官。
>
> 此诸子出于王官之证。惟其各为一官，守法奉职，故彼此不必相通。《庄子·天下篇》云：譬如耳目鼻口，皆有所明，不能相通，是也。亦有兼学二术者，如儒家多兼纵横，法家多兼名，此表里一体，互为经纬者也。若告子之兼学儒、墨，则见讥于孟氏，而

---

① 《东京留学生欢迎会演说辞》，《章太炎政论选集》上册，中华书局1977年版，第279页。

墨子亦谓告子为仁，譬犹跂以为长，隐以为广，其弟子请墨子弃之。（见《墨子·公孟篇》）进退失据，两无所容，此可谓调和者之戒矣。①

上来所述诸子，凡得十家，而《汉志》称九流者，彼云九家可观，盖小说特为附录而已。就此十家论之，儒、道本同源而异流，与杂家、纵横家合为一类，墨家、阴阳家为一类，农家、小说家为一类，法家、名家各自独立，特有其相通者。②

上述引文显示，与康有为、谭嗣同将先秦时期的诸子百家都归于孔子之学一家或梁启超归为老学、孔学和墨学三家的整合心态截然相反，章炳麟倾向于刘歆对先秦诸子的划分，将先秦诸子归为十家九流。在对先秦（周秦）诸子的讲解中，章炳麟关注孔子、老子和墨子的思想。不仅如此，对于老子、孔子和墨子的关系，章炳麟的观点与康有为、梁启超等人的看法迥然相异：既没有像康有为那样为了推崇孔子而将老子、墨子及诸子百家皆归于孔子之学，也没有像梁启超那样基于老子、孔子、墨子是中国的"三位大圣"而将诸子百家都归为老学、孔学和墨学三家，而是沿着刘歆的思路将先秦诸子划分为十家。

进而言之，在将先秦诸子划分为十家的前提下，章炳麟承认各家之间有相兼、杂糅的情况，"儒家多兼纵横，法家多兼名"，"告子之兼学儒、墨"就属于这种情况。鉴于各家的相兼，他又对各家的关系予以梳理，并在此基础上进一步予以整合分类。整合之后，所谓十家，概言之就成为六家，这六家分别是儒家、道家、杂家、纵横家、墨家和阴阳家。在章炳麟那里，尽管存在杂糅、相兼的情况，然而，六家乃至同为一类的儒家与道家、杂家与纵横家、墨家与阴阳家之间的界限是明确的。这表明，章炳麟对先秦诸子的看法有分有合，主要以分为主，与康有为、谭嗣同和梁启超等人将先秦诸子或归为一家或归为三家的整合不可同日而语。

章炳麟肯定先秦百家多出于王官，从这个意义上说，各家之间具有

---

① 《诸子学略说》，《章太炎政论选集》上册，中华书局1977年版，第287—288页。
② 同上书，第306页。

相同的渊源关系。与此同时，他指出，各家之间具有不同的学术主张，故而分流各致。在此基础上，章炳麟逐一对各家的主张予以诠释，进一步展示了诸子各不相同的主张和思想。

章炳麟对先秦诸子十家九流的划分使儒家、道家和墨家等显学之外的诸子备受关注，也使他对法家、阴阳家、杂家等各家的阐释成为其国学研究和国学教育中的特别之处。例如，与对孔子、老子、墨子关系的认定和先秦诸子的十家之分相一致，章炳麟将法家视为独立的学派，与儒家、道家和墨家相对应。这不仅提升了法家的地位，也促使他对作为独立学派的法家的思想主张和学术源流进行思考。于是，章炳麟写道：

> 法家者，略有二种，其一为术，其一为法。《韩非子·定法篇》曰：申不害言术，而公孙鞅为法。术者，因任而授官，循名而责实，操杀生之柄，课群臣之能者也。此人主之所执也。法者，宪令著于官府，刑罚必于民心，赏存乎慎法，而罚加乎奸令者也，此臣之所师也。然为术者，则与道家相近；为法者，则与道家相反。《庄子·天下篇》说慎到之术曰：椎拍辁断，与物宛转，推而后行，曳而后往，若飘风之还，若羽之旋，若磨石之隧，全而无非，动静无过，未尝有罪。此老子所谓圣人无常心，以百姓为心也。此为术者与道家相近也。老子言民不畏死，奈何以死惧之。太史公《酷吏列传》亦引法令滋章、盗贼多有之说，而云法令者，治之具，而非制治清浊之源，此为法者与道家相反也。亦有兼任术法者，则管子、韩非是也。《汉志》《管子》列于道家，其《心术》《白心》《内业》诸篇，皆其术也，《任法》《法禁》《重令》诸篇，皆其法也。韩非亦然，《解老》《喻老》，本为道家学说。少尝学于荀卿，荀卿隆礼义而杀诗书，经礼三百，固周之大法也。韩非合此二家，以成一家之说，亦与管子相类。（惟《管子·幼官》诸篇，尚兼阴阳，而韩非无此者，则以时代不同也。）后此者惟诸葛亮专任法律，与商君为同类。故先主遗诏，令其子读《商君书》，（见裴松之《三国志注》引《诸葛亮集》。）知其君臣相合也。其后周之苏绰、唐之宋璟，庶几承其风烈。①

---

① 《诸子学略说》，《章太炎政论选集》上册，中华书局1977年版，第298—299页。

在这里，章炳麟将法家列为独立的学派，同时指出法家内部分为术与法两大派：为术一派与道家相近，从任凭自然的角度看，继承、发挥了老子"圣人无常心"的思想；为法一派推重法令，与道家相反——因为老子多次讲法令滋章，盗贼多有。章炳麟的界定和厘清给予了法家应有的地位，由于有了法家的独立地位，管子、韩非等人也有了明确的身份确证和学术归属。

综观近代哲学可以发现，法家以及与法家相关的人物——管子、商鞅和韩非等人一直处于尴尬的境地，由于法家不是独立的学派，身份的飘零造成其人物归属的混乱。在康有为那里，法家作为老子后学出现，无独立名称，法家人物尤其是申不害和韩非等人则由于推重刑名法术成为极端不仁的代表而备受谴责。严复主张君主立宪，呼吁在法律上划定自由的权界。尽管如此，他依赖的是西方之法而不是法家之法。有鉴于此，在对先秦诸子与西方哲学和佛学的比较中唯独不提韩非："世运之说，岂不然哉！合全地而论之，民智之开，莫盛于春秋战国之际：中土则孔、墨、老、庄、孟、荀以及战国诸子，尚论者或谓其皆有圣人之才；而泰西则有希腊诸智者，印度则有佛。"[①] 这流露出严复对韩非以及法家的蔑视和反感。到了梁启超那里，虽然有法家之名，但是，却没有法家之实。这是因为，他强调法家出现较晚，是老子、孔子和墨子思想和合的产物。因此，梁启超否认法家具有自身的特质。无论康有为还是梁启超都无法合理解释众多法家人物包括法家先驱的身份归属问题。

章炳麟承认法家与道家的亲缘性，同时关注法家与道家的区别：法家与道家在为术方面相近，在为法方面相反。无论断言两家相近还是相反都表明章炳麟认为法家与道家的身份是平等的，而不像康有为那样将法家视为老子后学。此外，章炳麟还探究了法家与儒家以及其他各家之间的关系。在法家与儒家的关系上，康有为屡次强调法家将老子的不仁发挥到了极致，与孔子之仁不共戴天，这将法家直接推到了儒家的对立面。章炳麟指出，"凡法家必与儒家、纵横家反对"，与康有为的观点表面上看来是相似的，具体所指则迥然不同。原因在于，章炳麟是在"皆以仕宦荣利为心"的维度上肯定儒家、法家和纵横家别无二致，乃至合而为一的。对此，他论证并解释说：

[①]《天演论》，中州古籍出版社1998年版，第273页。

然凡法家必与儒家、纵横家反对，惟荀卿以儒家大师，而法家韩、李为其弟子，则以荀卿本意在杀诗书，固与他儒有别。韩非以法家而作《说难》，由其急于存韩，故不得不兼纵横耳。其他则与儒家、纵横家未有不反唇相稽者。《商君·外内篇》曰：奚为淫道，为辩知者贵，游宦者任，文学私名显之谓也。此兼拒儒与纵横之说也。《靳令篇》曰：六虱：曰礼乐，曰诗书，曰修善，曰孝弟，曰诚信，曰贞廉，曰仁义，曰非兵，曰羞战。此专拒儒者之说也。《韩非·诡使篇》曰：守度奉量之士欲以忠婴上而不得见，巧言利辞，行奸究以幸偷世者数御。《六反篇》曰：游居厚养，牟食之民也，而世尊之曰"有能之士"。曲语牟知，伪诈之民也，而世尊之曰"辩智之士"。此拒纵横家之说也。《五蠹篇》曰：儒以文乱法，侠以武犯禁。《显学篇》曰：藏书策，习谈论，聚徒役，服文学而议说，世主必从而礼之。国平则养儒侠，难至则用介士，所养者非所用，所用者非所养，此所以乱也。此拒儒家之说也。《五蠹篇》曰：明主之国，无书简之文，以法为教；无先王之语，以吏为师。此拒一切学者之说也。至汉公孙弘、董仲舒辈，本是经师。其时经师与儒已无分别。弘习文法吏事，而缘饰以儒术；仲舒为《春秋决狱》二百三十二事，以应廷尉张汤之问，儒家、法家，于此稍合。自是以后，则法家专与纵横家为敌，严助、伍被，皆纵横家，汉武欲薄其罪，张汤争而诛之。主父偃亦纵横家，汉武欲勿诛，公孙弘争而诛之。而边通学短长之术，亦卒谮杀张汤。诸葛治蜀，赏信必罚，彭羕、李严，皆纵横之魁桀，故羕诛而严流。其于儒者，则稍稍优容之。盖时诎则诎，能俯首帖耳于法家之下也。然儒家、法家、纵横家，皆以仕宦荣利为心，惟法家执守稍严，临事有效。儒家于招选茂异之世，则习为纵横；于综核名实之世，则毗于法律。纵横是其本真，法律非所素学。由是儒者自耻无用，则援引法家以为已有。南宋以后，尊诸葛为圣贤，亦可闵已。然至今日，则儒、法、纵横，殆将合而为一也。①

---

① 《诸子学略说》，《章太炎政论选集》上册，中华书局1977年版，第299—300页。

法家究竟与儒家还是与道家的思想更近，历来是一个历史公案。就热心政治而言，法家与儒家具有共同的追求，与作为道家的老子、庄子等人的行为追求相去甚远。因此，孔子对子产极为欣赏，《论语·公冶长》篇载"子谓子产，'有君子之道四焉：其行己也恭，其事上也敬，其养民也惠，其使民也义'"就是明证，孔子对管仲的态度也褒多于贬[1]。就师承关系而言，一方面，法家的集大成者——韩非师从荀子，从这个意义上说，韩非的思想源于儒家。另一方面，韩非的《解老》《喻老》是对老子思想的具体贯彻和运用，其因法而治就是无为而治，显然与老子思想的关系更近。正因为如此，《史记》有《老子韩非列传》，将韩非与老子合传。章炳麟和康有为均承认韩非思想的这种复杂情况，具体评价却大相径庭：康有为依据韩非与荀子的关系而证明荀学是小康之学，在肯定孟子和荀子为孔门战国"二伯"的同时，"美孟而剧荀"（梁启超评价康有为语）。在康有为的视界中，法家和韩非的思想与老子更近，他对孔子及孔教的推崇与对韩非等法家的拒斥形成了强烈的对比。章炳麟则指出荀子尽管是儒家大师，却是"别儒"，因为荀子"杀诗书"；同时指出韩非本人的思想就兼任术与法两个方面，并且因为急于存韩而不得不兼纵横家。章炳麟的这些说法拉近了韩非与儒家之间的距离，也从一个侧面印证了儒家与法家的相兼相合具有某种必然性。

对于名家，章炳麟指出，名家学说分为关于礼制与关于人事百物两个方面；就正名来说，并非一家之术而兼儒、道、墨、法各家；就名家正名来说，荀子的《正名》和墨子的《经说》上下直指名家真谛；至于惠施、公孙龙等人虽然以名家著称于世，但是，两人的学说却是诡辩论。正是在这个意义上，章炳麟断言：

> 名家之说，关于礼制者，则所谓"刑名从商，爵名从周，文名从礼"也。关于人事百物者，则所谓"散名之加于万物者，则从诸夏之成俗曲期"也。《庄子·天下篇》云：《春秋》以道名分，非特褒贬损益而已。《榖梁传》曰：陨石于宋五，先陨而后石何也，陨而后石也。于宋四竟之内曰宋。后数，散辞也，耳治也。六

---

[1] 详见《论语·宪问》《论语·八佾》等篇。

鹝退飞过宋都。先数，聚辞也，目治也。石、鹝且犹尽其辞，而况于人乎说曰：陨石，记闻也，闻其磌然，视之则石，察之则五。六鹝退飞，记见也，视之则六，察之则鹝，徐而察之则退飞，是关于散名者也。凡正名者，亦非一家之术，儒、道、墨、法，必兼是学，然后能立能破，故儒有荀子《正名》，墨有《经说》上、下，皆名家之真谛，散在余子者也。若惠施、公孙龙辈，专以名家著闻，而苟为左金右瓜析者多，其术反同诡辩。①

在此，章炳麟对名家的界定沿袭了一贯的风格，即强调其与诸家相杂。名家的这一特点与儒、道、墨、法各家相似，也从一个侧面印证了儒、道、墨、法各家之间的相兼、相杂。与此同时，章炳麟将惠施、公孙龙等人明确地归为名家，尽管对两人的评价不高，然而，由于有了独立的名家一派，他使惠施、公孙龙具有了明确的学派归属则是不言而喻的。这避免了惠施、公孙龙在康有为、梁启超视界中的身份迷失和尴尬境遇。例如，公孙龙在康有为那里就有"墨子之大宗"，主名家而兼墨子，孔子后学与独立于儒、墨的名家等各种身份。与康有为的"汗漫"相比，章炳麟视界中的公孙龙等人无论身份归属还是思想内容都明确而固定了很多。

对于杂家，章炳麟的总体看法是：

杂家者，兼儒、墨，合名、法，见王治之无不贯，此本出于议官。彼此异论，非以调和为能事也。《吕氏春秋》《淮南》内篇，由数人集合而成，言各异指，固无所害，及以一人为之，则漫羡无所归心，此《汉志》所以讥为荡者也。《韩非子·显学篇》曰：墨者之葬也，冬日冬服，夏日夏服，桐棺三寸，服丧三月，世以为俭而礼之。儒者破家而葬，服丧三年，大毁扶杖，世以为孝而礼之。夫是墨子之俭，将非孔子之侈也；是孔子之孝，将非墨子之戾也。今孝、戾、俭、侈，俱在儒、墨，而上兼礼之。漆雕之议，不色挠，不目逃，行曲则违于臧获，行直则怒于诸侯，世主以为廉而礼之。宋荣子之议，设不斗争，取不随仇，不羞囹圄，见侮不辱，世

---

① 《诸子学略说》，《章太炎政论选集》上册，中华书局1977年版，第300—301页。

主以为宽而礼之。夫是漆雕之廉,将非宋荣之恕也;是宋荣之宽,将非漆雕之暴也。今宽、廉、恕、暴,俱在二子,人主兼而礼之。自愚诬之学,杂反之辞争而人主俱听之;故海内之士,言无定术,行无常议。夫冰炭不同器而久,寒暑不兼时而至,杂反之学不两立而治。今兼听杂学缪行同异之举,安得无乱乎?韩非说虽如是,然欲一国议论如合符节,此固必不可得者。学术进行,亦借互相驳难,又不必偏废也。至以一人之言而矛盾自陷,俛仰异趣,则学术自此衰矣。东汉以来,此风最盛,章氏《文史通义》谓近人著作,无专门可归者,率以儒家、杂家为蛇龙之菹,信不诬也。①

与对名家相兼、相杂的认定一脉相承,章炳麟肯定杂家"兼儒、墨,合名、法"。与对名家的态度有别,他对杂家的态度是否定的。在章炳麟的视界中,杂家之所以不可取,不是因为其"兼儒、墨,合名、法",对各家的相杂、相合,而是因为其杂合各家的观点之间相互矛盾,让人无所适从。在他看来,由于东汉此风最甚,导致中国学术的衰落。值得注意的是,在评价杂家时,章炳麟使用了"蛇龙之菹"一语,此语出自《孟子·滕文公下》。文中曰:"驱蛇龙而放之菹。"赵岐注曰:"菹,泽生草也。"在此,章炳麟用"蛇龙之菹"评价儒家和杂家,鄙视之情溢于言表。章炳麟在肯定杂家"兼儒、墨,合名、法"的前提下,撇开墨家、法家和名家,而单独将杂家与儒家一起指斥为"蛇龙之菹",从中足以窥见他对儒家的偏见。

除上述诸家之外,章炳麟还专门讲解、评述了农家和小说家。对于农家,他写道:"农家诸书,世无传者,《氾胜之书》,时见他书征引,与贾思勰之《齐民要术》、王祯之《农书》义趣不异。若农家止于如此,则不妨归之方技,与医经经方同列。然观《志》所述云:'鄙者为之,以为无所事圣王,欲使君臣并耕,悖上下之序。'则许行所谓神农之言犹有存者。《韩非·显学篇》云:今世之学士语治者,多曰:'与贫穷地,以实无资。'是即近世均地主义,斯所以自成一家欤?"② 对于小说家,章炳麟的看法是:"周秦、西汉之小说,似与近世不同。如

---

① 《诸子学略说》,《章太炎政论选集》上册,中华书局1977年版,第304—305页。
② 同上书,第305页。

《周考》七十六篇、《青史子》五十七篇、《臣寿周纪》七篇、《虞初周说》九百四十三篇，与近世杂史相类，比于《西京杂记》《四朝闻见录》等，盖差胜矣。贾谊尝引《青史》，必非谬悠之说可知。如《伊尹说》二十七篇、《鬻子说》十九篇、《宋子》十八篇、《待诏臣安成未央术》一篇，则其言又兼黄老。《庄子·天下篇》举宋钘、尹文之术，列为一家，荀卿亦与宋子相难。今尹文入名家，而宋子只入小说，此又不可解者。以意揣之，宋子上说下教，强聒不舍，（见《庄子·天下篇》。）盖有意于社会道德者。所列黄老诸家，宜亦同此。街谈巷议，所以有益于民俗也。《笑林》以后，此指渐衰，非刍荛之议矣。"① 由此可见，章炳麟在对农家、小说家的介绍和梳理中，虽然提到了医经、黄老诸家，但是，他不再突出两家与各家的相兼、相杂。

上述内容显示，章炳麟对先秦诸子关系的讲解基本上沿袭了《汉书·艺文志》的观点。就对十家异同的看法而言，又可见刘歆《七略》的影子。从这个意义上说，章炳麟对于先秦诸子的学术归属与同时代的康有为、梁启超等近代哲学家的观点不同，最根本的区别是：章炳麟侧重于分类，康有为、梁启超的主旨则是整合。值得注意的是，章炳麟在沿袭司马谈、刘歆和班固等人观点的同时，强调各家相兼、相杂，无论儒家兼纵横，杂家兼儒、墨，合名、法，还是法家与道家相通相反，总之，从儒家、道家、法家、阴阳家到纵横家无一纯然学派，甚至连农家和小说家也概莫能外。与此同时，无论司马谈还是刘歆对先秦诸子的看法都以流派为单位，没有举出每派的具体人物。章炳麟在讲述各家观点和特征时，以具体人物为证，所举的具体人物从孔子开始便是各家思想的兼杂，管子、荀子和韩非大都如此。从这个意义上说，章炳麟的观点又带有近代的整合特征，并且与他关于诸子皆出一源的观点相互印证。

三　对道家的推崇

章炳麟的诸子学既关注先秦诸子的思想观点和学术异同，又关注诸子的相互关系和思想传承。在这其中，孔子、老子和墨子的关系是章炳麟审视先秦诸子时无法回避的。事实上，他多次对老子、墨子和孔子以及道家、墨家和儒家之间的关系予以阐发和比较。下仅举其一斑：

---

① 《诸子学略说》，《章太炎政论选集》上册，中华书局1977年版，第305—306页。

道家老子，本是史官，知成败祸福之事，悉在人谋，故能排斥鬼神，为儒家之先导。（道家如老、庄辈，皆无崇信鬼神之事。列子稍近神仙，亦非如汉世方士所为也。）《老子》"谷神不死，是谓玄牝"等语，未知何指。道士依傍其说，推为教祖，实于老子无与，亦以怵于利害，胆为之怯，故事事以卑弱自持。所云无为权首，将受其咎，人皆取先，己独取后者，实以表其胆怯之征。盖前世伊尹、太公之属，（《汉·艺文志》道家有《伊尹》五十一篇、《太公》二百三十七篇。）皆为辅佐，不为帝王。学老氏之术者，周时有范蠡，汉初有张良，其位置亦相类，皆惕然于权首之戒者也。孔子受学老聃，故儒家所希，只在王佐，可谓不背其师说矣。①

墨家者，古宗教家，与孔、老绝殊者也。儒家公孟言无鬼神。（见《墨子·公孟篇》。）道家老子言以道莅天下，其鬼不神，是故儒、道皆无宗教。儒家后有董仲舒，明求雨禳灾之术，似为宗教。道家则由方士妄托，为近世之道教，皆非其本旨也。惟墨家出于清庙之守，故有《明鬼》三篇，而论道必归于天志，此乃所谓宗教矣。兼爱、尚同之说，为孟子所非；非乐、节葬之义，为荀卿所驳。其实墨之异儒者，并不止此。盖非命之说，为墨家所独胜。②

夫儒家不信鬼神而言有命，墨家尊信鬼神而言无命，此似自相刺缪者。不知墨子之非命，正以成立宗教，彼之尊天右鬼者，谓其能福善祸淫耳。若言有命，则天鬼为无权矣。卒之盗跖寿终，伯夷饿夭，墨子之说，其不应者甚多，此其宗教所以不能传久也。又凡建立宗教者，必以音乐庄严之具感触人心，使之不厌。而墨子贵俭非乐，故其教不能逾二百岁。（秦汉已无墨者。）虽然，墨子之学，诚有不逮孔、老者，其道德则非孔、老所敢窥视也。③

---

① 《诸子学略说》，《章太炎政论选集》上册，中华书局1977年版，第291页。
② 同上书，第293页。
③ 同上书，第295页。

基于分而不是合的立场，章炳麟对先秦诸子以及老子、孔子和墨子关系的界定与康有为、梁启超截然不同：既不像康有为那样将百家都归于孔子一人，也不像梁启超那样将老子、孔子和墨子三人并列。在此，章炳麟申明了两个重要观点：第一，老子高于孔子。按照他的说法，"儒、道本同源"，儒家起于道家，即孔子学礼于老子，这预示了道家对于儒家的优先性。不仅如此，章炳麟多次声称，道家在哲学思想上高于儒家。第二，墨子在道德上高于老子和孔子。由此可见，章炳麟对老子、孔子和墨子的比较不仅关注包括哲学、宗教在内的思想本身，而且对老子、孔子和墨子从人格、道德等不同角度反复进行比较。章炳麟多方面比较的结果是，虽然在思想上偏袒老子创立的道家而贬低孔子创立的儒家，但是，他在对墨子人格的标榜中反衬了对老子人格及道德的不屑。

基于上述认识，可以推导出章炳麟诸子学的两个思想倾向：第一，对孔子的强烈不满。章炳麟对老子、孔子与墨子三人的比较显示，老子以思想见长，墨子以道德取胜，孔子最低。与此相互印证，章炳麟在对先秦诸子十家九流的分梳和阐发中，先是老子及道家，后是墨子及墨家，最后才是孔子及儒家，其间的先后顺序以及章炳麟对三家的价值倾斜一目了然。第二，对庄子的极力崇尚。与对老子人格、道德的不屑相关，在对道家的偏袒中，章炳麟不像严复那样老庄并列，也不像梁启超那样在老庄中首推老子，而是首推庄子。正是对庄子的格外推崇促使章炳麟对庄子与老子的思想进行比较，通过比较突出了庄子与老子思想的差异和优长。在此基础上，章炳麟侧重对庄子思想的阐发，这成为《齐物论释》的缘起。这些都使对道家思想尤其是庄子思想的解读成为章炳麟诸子学中的主要内容。正是通过对庄子思想的深入研究，章炳麟利用庄子阐发了自己的自由、平等思想，并且在庄、佛互释中建构了自己的哲学。此外，章炳麟对老子与庄子思想的比较不仅关注其同——这一点奠定了庄子属于道家、是老子后学的基础；而且突出其异——这一点奠定了章炳麟对庄子的格外推崇。诚然，出于厘定庄子学术身份的需要，康有为曾经对老子与庄子之间的思想异同予以比较，并且发出了如下论断："老子之文章斩钉截铁，庄子之文章流动活泼。老子之学全从外道想出，庄子之学全从人间世道见得破。"① 尽管如此，不可否认的是，在中国近代的诸子学研究中，较早对老子与庄子的思想进行深入、全面比较的，则首推章炳麟。

综观其思想可以发现，章炳麟所认可的中国本土文化以老子创立的道家为主，尤其突出庄子在其中首屈一指的地位。在推挹佛教，用宗教发起信心，增进国民道德的过程中，他将佛教与庄子的哲学相互融合，认为庄子思想特别是庄子以相对主义为特征的齐物论是治国的良方；"经国莫若《齐物论》"将庄子和《齐物论》的地位提升到了极致，《齐物论释》也成为章炳麟宣讲国学和诸子学的主要教材。需要说明的是，康有为、谭嗣同也推崇庄子，谭嗣同对庄子的推崇更是无以复加。尽管如此，谭嗣同始终将庄子归为孔子后学，从这个意义上说，对庄子的推崇就是对孔学的推崇。康有为对庄子的归属至少有五种不同界定②，即使把庄子归为老学，也不影响他推崇孔子创立的儒家文化的至尊地位。章炳麟认为庄子是老子创立的道家代表，对庄子的推崇恰好证明了他对道家的倚重和对孔子以及儒家的疏远。从这个意义上说，章炳麟正是在对道家特别是对庄子的推崇中推出了一个将孔子及儒家文化边缘化的国学时代，这也成为他的诸子学教育的特色之一。

四 对儒学的贬损

从内容上看，章炳麟所讲的国学并不等于孔教。更有甚者，从宗旨上看，他提倡国学，弘扬国粹，就是为了反对康有为提倡的孔教。他甚至将国学的不振归咎于康有为将国学归结为孔教，在国学讲习会的《制言》发刊宣言中特别强调，"今国学所以不振者三：……二曰南海康氏之徒以史书为账簿也"。③

章炳麟将孔子视为删定六经的历史学家和创立儒家的教育家，反对康有为、谭嗣同将孔子视为中国的教主，并且以孔教代国学的做法。换言之，即使是将孔子的思想与宗教相剥离，孔子专指儒家创始人，章炳麟依然对之持否定态度。一个最明显的证据是，章炳麟认为，孔子的道

---

① 《南海师承记·读庄子天下篇》，《康有为全集》第二集，中国人民大学出版社 2007 年版，第 234 页。

② 详见拙文《康有为对庄子的定位与近代哲学视界中的庄子》，《中国哲学史》2009 年第 3 期。

③ 《制言发刊宣言》，《章太炎全集》（五），上海人民出版社 1985 年版，第 159 页。

德在墨子面前自愧弗如，孔子的哲学思想与道家比较相形见绌。

在章炳麟的视界中，孔子和孟子的思想并非诸子学中的"显学"。不仅如此，针对康有为等人对孔子的推崇，章炳麟针锋相对地指出，儒家热衷于仕途，功名利禄之心太重，与革命党人的道德相左。正是在这个意义上，他写道："所以孔教最大的污点，是使人不脱富贵利禄的思想。……提倡民权，若夹杂一点富贵利禄的心，就象微虫霉菌，可以残害全身，所以孔教是断不可用的。"① 儒家的功名利禄之心太重，损害革命道德是章炳麟对儒家的总体评价，也是他的一贯观点。与这一观点相一致，在对周秦十家九流的宣讲中，章炳麟多次从孔子思想本身以及儒家与纵横家、法家的兼杂等不同角度揭露儒家对道德的破坏和腐蚀。

此外，章炳麟指出，游说列国是儒家进入仕途的主要方式。为了跻身于仕途，游说成为儒家必要的手段。出于游说的需要，儒家兼纵横家。与指责儒家热衷于仕途，弃道德、廉耻于不顾而追逐富贵相一致，章炳麟一再突出儒家与纵横家之间的内在联系，在肯定儒家多兼纵横家的基础上进一步揭露了儒家之所以兼纵横家的秘密。于是，章炳麟断言：

儒家者流，热衷趋利，故未有不兼纵横者，如《墨子·非儒》下篇记孔子事，足以明之：

孔丘之齐，见景公，景公欲封之以尼谿。晏子曰："不可。"于是厚其礼，留其封，数见而不问其道，孔乃恚怒于景公与晏子，乃树鸱夷子皮于田常之门，告南郭惠子以所欲焉。归于鲁。有顷间，齐将伐鲁，告子贡曰："赐乎，举大事于今之时矣。"乃遣子贡之齐，因南郭惠子以见田常，劝之伐吴，以教高、国、鲍、晏，使毋得害田常之乱。

《越绝书》内传《陈成恒篇》亦记此事云：子贡一出，存鲁、乱齐、破吴、强晋、霸越。是则田常弑君，实孔子为之主谋，沐浴请讨之事，明知哀公不听，特借此以自文。此为诈谖之尤矣。便辞利口，覆邦乱家，非孔子、子贡为之倡耶？《庄子·胠箧》云：田

---

① 《东京留学生欢迎会演说辞》，《章太炎政论选集》上册，中华书局1977年版，第272—273页。

成子一旦杀齐君而盗其国，所盗者岂独其国耶？并举其圣知之法而盗之，故窃钩者死，窃国者为诸侯，诸侯之门，而仁义存焉。此即切齿腐心于孔子之事也。

自尔以来，儒家不兼纵横，则不能取富贵。余观《汉志》儒家所列，有《鲁仲连子》十四篇、《平原老》七篇、《陆贾》二十三篇、《刘敬》三篇、《终军》八篇、《吾丘寿王》六篇、《庄助》四篇。此外，则有郦生，汉初谒者，称为大儒。而其人皆善纵横之术。其关于外交者，则鲁仲连说辛垣衍，郦生说田横，陆贾、终军、严助谕南越是也。其关于内事者，则刘敬请都关中是也。吾丘寿王在武帝前，智略辐辏，传中不言其事，寿王既与主父偃、徐乐、庄助同传，其行事宜相似。而平原老朱建者，则为辟阳侯审食其事，游说嬖人，其所为愈卑鄙矣。①

在这里，章炳麟一再举例证明孔子热衷于功利和富贵，故而对仕途梦寐以求、乐此不疲，进而指出孔子及儒家对仕途的热衷注定了儒家兼纵横家。道理很简单——"儒家不兼纵横，则不能取富贵"，作为步入仕途阶梯的游说是纵横家的特长。

章炳麟关于儒家兼纵横家的说法在一定程度上决定了他对儒家的评价，同时牵涉对纵横家的界定。在章炳麟看来，纵横之术历来不用于国家，而纯是个人的投机之术。这一点先天地注定了儒家与纵横家相互勾结，互为表里。对此，章炳麟断言："纵横之术，不用于国家，则用于私人，而持书求荐者，又其末流。曹丘通谒于季布，楼护传食于五侯。降及唐世，韩愈以儒者得名，亦数数腾言当道，求为援手。乃知儒与纵横，相为表里，犹手足之相支、皮革之相附也。宋儒稍能自重。降及晚明，何心隐辈又以此术自豪。及满洲而称理学者，无不习捭阖，知避就矣。孔子称达者察言观色，虑以下人，闻者色取行违，居之不疑。由今观之，则闻者与纵横稍远，而达者与纵横最近，达固无以愈于闻也。程、朱末流，惟是闻者；陆、王末流，惟是达者。至于今日，所谓名臣大儒，则闻达兼之矣。若夫纵人横人之事，则秦皇一统而后，业已灭绝，故《隋书·经籍志》中，惟存《鬼谷》三卷，而梁元帝所著《补

---

① 《诸子学略说》，《章太炎政论选集》上册，中华书局1977年版，第296—297页。

阙子》与《湘东鸿烈》二书,不知其何所指也。"① 按照他的说法,为了追求富贵功名,儒家历来兼纵横家。兼纵横家表明了儒家不顾道德操守,以富贵为鹄的,已经与革命党人不夹杂功名利禄之心的道德要求背道而驰。更有甚者,章炳麟指出,儒家的时中、中庸思想更是道德的大敌。对此,他论证说:

《艺文志》说儒家云,辟者随时抑扬,违离道本,苟以哗众取宠。不知哗众取宠,非始辟儒,即孔子固已如是。庄周述盗跖之言曰:"鲁国巧伪人孔丘,不耕而食,不织而衣,摇唇鼓吞,擅生是非,以迷天下为主。使天下学士,不反其本,妄作孝弟,而侥幸于封侯富贵者也。"此犹曰道家诋毁之言也,而微生亩与孔子同时,已讥其佞,则儒家之真可见矣。孔子干七十二君,已开游说之端,其后儒家率多兼纵横者。(见下。)其自为说曰:"无可无不可。"又曰:"可与立,未可与权。"又曰:"君子之中庸也,君子而时中。"孟子曰:"孔子,圣之时者也。"荀子曰:"君子时绌则绌,时伸而伸也。"(见《仲尼篇》。)然则孔子之教,惟在趋时,其行义从事而变,故曰"言不必信,行不必果",如《墨子·非儒》下篇讥孔子曰:

孔子穷于陈、蔡之间,藜羹不糁十日,子路为烹豚,孔丘不问肉之所由来而食。褫人衣以酤酒,孔丘不问酒之所由来而饮。哀公迎孔丘,席不端弗坐,割不正弗食,子路进请曰:"何其与陈、蔡反也?"孔丘曰:"来!吾语汝!曩与汝为苟生,今与汝为苟义。"夫饥约,则不辞妄取以活身;赢饱,则伪行以自饰。污邪诈伪,孰大于此。

其诈伪既如此。及其对微生亩也,则又以疾固自文,此犹叔孙通对鲁两生曰:"若真鄙儒不知时变也。"所谓中庸,实无异于乡愿。彼以乡愿为贼而讥之。夫一乡皆称愿人,此犹没身里巷、不求仕宦者也。若夫逢衣浅带,矫言伪行,以迷惑天下之主,则一国皆称愿人。所谓中庸者,是国愿也,有甚于乡愿者也。孔子讥乡愿,

---

① 《诸子学略说》,《章太炎政论选集》上册,中华书局1977年版,第297—298页。

而不讥国愿，其湛心利禄又可知也。①

至此，章炳麟对儒家思想的阐释和评价又牵涉出儒家的时中、中庸原则，并且从有利于游说、跻身于仕途的角度对时中和中庸含有微词。

时中、中庸是儒家的基本原则和一贯主张，也是儒家恪守的思想方法和价值旨趣。因此，对中庸和时中的评价直接决定着对孔子及儒家的基本态度。康有为十分重视时中和中庸在孔子思想中的重要性，一再指出时中是孔子大义，《中庸》就是讲时中的，中庸的对立面是过或不及的两个极端。孔子中庸，诸子反中庸。时中、中庸使孔子成为教主，也表明了孔子思想因时变通，孔子大道远近大小精粗无所不包，三世三统圆融无碍，大同小康并行不悖。与康有为对孔子时中、中庸思想的极力赞美天差地别，章炳麟看到的则是中庸对道德、对理想的懈怠，进而将之与儒家的道德丧失联系起来。在他看来，时中缺乏一定的道德操守和处事原则，由于一切都"无可无不可"，最终必将导致无必然之道德。正是在这个意义上，章炳麟宣称：

> 君子时中，时伸时绌，故道德不必求其是，理想亦不必求其是，惟期便于行事则可矣。用儒家之道德，故艰苦卓厉者绝无，而冒没奔竞者皆是。俗谚有云："书中自有千钟粟。"此儒家必至之弊。贯于征辟、科举、学校之世，而无乎不遍者也。用儒家之理想，故宗旨多在可否之间，论议止于函胡之地。彼耶稣教、天方教，崇奉一尊，其害在堵塞人之思想，而儒术之害，则在淆乱人之思想，此程、朱、陆、王诸家所以有权而无实也。虽然，孔氏之功则有矣，变禨祥神怪之说而务人事，变畴人世官之学而及平民，此其功亦复绝千古。二千年来，此事已属过去，独其热衷竞进在耳。②

章炳麟三次入狱，七次被通缉，却依然对革命不改初衷。不仅如此，他对革命道德的期许也很高，在《革命之道德》中着重指出，道德堕落是革命不成功的根源，道德堕落的主要原因则是功名利禄之心太

---

① 《诸子学略说》，《章太炎政论选集》上册，中华书局1977年版，第289—291页。
② 同上书，第291页。

重。基于这一认识，章炳麟指出，若想革命成功，必须先提高革命道德；若想提高革命道德，必须先净化人心；若想净化人心，必须先抛弃功名利禄之心。这是因为，功名利禄之心是腐蚀人道德的病毒，只要沾染一丁点就足以腐蚀全身。在这个前提下，章炳麟特意指出，孔教热衷于仕途，追求功名利禄则不啻为腐蚀道德的毒药。结论至此，儒家在章炳麟国学中的地位也就可想而知了。

第四节 语言文字教育

对于国学的范围以及国学包括哪些内容，出狱后刚刚东渡日本的章炳麟在东京留学生欢迎会演说中归结为三项："一是语言文字，二是典章制度，三是人物事迹。"① 这就是说，就具体内容而言，国学分为语言文字、典章制度和人物事迹三大类。后来，他基本沿袭了这一看法。对于国学的这三大类，章炳麟用工最著、宣讲最多的无疑是语言文字。这使语言文字教育成为章炳麟教育思想和教育实践的重中之重。

一 "一是语言文字"

章炳麟所讲的国学尽管内容十分驳杂，却始终将语言文字作为基础甚至列于首位。作为"有学问的革命家"，章炳麟著作宏丰，学问广博，这使他的国学研究和教育内容涉猎十分广泛。例如，章炳麟在日本期间主持的"国学讲习会"所讲内容涵盖经、史、子、集诸多领域："一，中国语言文字制作之原；一，典章制度所以设施之旨趣；一，古来人物事迹之可为法式者。"② "国学讲习会"出版的《国学讲习会略说》收录的文献计有《论语言文字之学》《论文学》《论诸子学》三篇③。《民报》另有《国学讲习社广告》，从中可以窥见国学的大致内容："本社为振起国学、发扬国光而设，间月发行讲义，全年六册，其内容共分六种：一，诸子学；二，文史学；三，制度学；四，内典学；五，宋明理学；六，中国历史。"此外，该会刊行的《国学振兴社讲

---

① 《东京留学生欢迎会演说辞》，《章太炎政论选集》上册，中华书局1977年版，第276页。
② 《国学讲习会序》，《民报》第七号，1908年9月5日出版。
③ 《国学讲习会略说》，日本秀光社印行，1906年9月出版，署黄帝纪元四千六百四年。

义》第一册，收文三篇：第一篇《诸子系统说》，无署名，与《国学讲习会略说》中的《论诸子学》不同；第二篇《管子余义》，署"章炳麟序"，即《章氏丛书》初编所收；第三篇《中国近代史》，署汪震述。

综观章炳麟的思想可以看到，他把诸子、文史、制度、内典、理学和历史等统统都归入国学范畴，几乎把中国所有的固有学术都纳入到国学范围之中。在此过程中，章炳麟对中国学术重新予以分类，不再遵循传统分类中经、史、子、集的四部分法，这一点与其他近代哲学家以国学整合中国本土文化的做法别无二致。值得注意的是，尽管国学内容丰富，章炳麟对各个部分的侧重并不相同。从他的一贯主张和思想侧重来看，语言文字无疑占据最显赫的位置，这一点体现了章炳麟对国学具体内容的不同侧重，也与其他近代哲学家拉开了距离。

章炳麟将语言文字列为国学三大组成部分之首，足见他对语言文字的重视。早在日本东京讲国学时，章炳麟就以《说文》《楚辞》《尔雅》《广雅疏证》为主要经典，语言文字在国学中的分量由此可见一斑。因此，语言文字教育始终是章炳麟国学教育的重心，更是其中的亮点。事实上，语言文字教育不仅体现了章炳麟迥异于其他近代哲学家的国学理念和教育内容，而且展示了有别于他人的救亡路径和爱国教育。在章炳麟看来，语言文字不仅仅是文化的一部分，而是作为文化的载体决定着不同文化的存在样式和形态，并且与民众的日常生活密不可分。从这个意义上说，语言文字是文化的基础，比其他形态的文化更为基础，也更为重要。有鉴于此，语言文字教育成为章炳麟国学教育不可缺少的内容。

二 语言体现民族特色

章炳麟对中国语言文字格外重视和热爱，语言文字也成为章炳麟国学思想的核心与灵魂。这使章炳麟将中国的语言文字纳入国学之中，并且使之在国学中占据最基本、最显要的位置。章炳麟秉持文化相对主义理念，主张不同民族有不同的文化，不同民族、不同类型的文化之间并不存在文野、优劣之分。循着这个思路，中国的语言文字不仅不存在与英文相比的繁简、难易或优劣问题，反而作为中国文化的一部分极富民族特色和独特意蕴。正是在这个意义上，他写道：

> 因为中国文字，与地球各国绝异，每一个字，有他的本义，又有引申之义。若在他国，引申之义，必有语尾变化，不得同是一

定，含有数义。中国文字，却是不然。且如一个天字，本是苍苍的天，引申为最尊的称呼，再引申为自然的称呼。三义不同，总只一个天字。所以有《说文》《尔雅》《释名》等书，说那转注、假借的道理。又因中国的话，处处不同，也有同是一字，彼此声音不同的；也有同是一物，彼此名号不同的。所以《尔雅》以外，更有《方言》，说那同义异文的道理。这一种学问，中国称为"小学"，与那欧洲"比较语言"的学，范围不同，性质也有数分相近。但是更有一事，是从来小学家所未说的，因为造字时代先后不同，有古文大篆没有的字，独是小篆有的；有小篆没有的字，独是隶书有的；有汉时隶书没有的字，独是《玉篇》《广韵》有的；有《玉篇》《广韵》没有的字，独是《集韵》《类篇》有的。因造字的先后，就可以推见建置事物的先后。且如《说文》兄、弟两字，都是转注，并非本义，就可见古人造字的时代，还没有兄弟的名称。又如君字，古人只作尹字，与那父字，都是从手执杖，就可见古人造字的时代，专是家族政体，父权君权，并无差别。其余此类，一时不能尽说。发明这种学问，也是社会学的一部。若不是略知小学，史书所记，断断不能尽的。近来学者，常说新事新物，逐渐增多，必须增造新字，才得应用，这自然是最要，但非略通小学，造出字来，必定不合六书规则。至于和合两字，造成一个名词，若非深通小学的人，总是不能妥当。又且文辞的本根，全在文字，唐代以前，文人都通小学，所以文章优美，能动感情。两宋以后，小学渐衰，一切名词术语，都是乱搅乱用，也没有丝毫可以动人之处。究竟什么国土的人，必看什么国土的文，方觉有趣。像他们希腊、梨俱的诗，不知较我家的屈原、杜工部优劣如何？但由我们看去，自然本种的文辞，方为优美。可惜小学日衰，文辞也不成个样子。若是提倡小学，能够达到文学复古的时候，这爱国保种的力量，不由你不伟大的。①

在这里，章炳麟肯定中国的语言文字与其他各国殊异，同时强调这

---

① 《东京留学生欢迎会演说辞》，《章太炎政论选集》上册，中华书局1977年版，第276—277页。

种殊异并非表明中国文化落后，而恰恰是中国文化的民族特色所在，淋漓尽致地体现了国学作为一国固有的特征。中国与其他各国文字的殊异之处具体表现在：其他国家的语言文字一字一义，中国的语言文字则一字多义。具体地说，其他国家的语言文字的引申之义通过词尾的变化表现出来，变化之词与原词已属两词，中国文字则不然。这是因为，中国的文字既有本义，又有引申义，本义却与引申义同为一词。这样一来，中国的语言文字一字多义，既在写法上完全不同，又在不同语境中意义完全不同。这使中国的语言文字内涵丰富，变化多端。不仅如此，中国的语言文字极富魅力，有别于其他国家语言文字的特殊情况使它凝聚了丰富的文化信息，也使中国的语言学承载着历史学、社会学等多重意蕴，远非西方的"比较语言"学可比。对此，章炳麟列举具体例子解释说，中国的语言文字隐藏着社会学的诸多信息，由于古人造字有个时间先后问题，因此，后人可以根据这个字出现的时间推断出此字所代表的事物出现的先后。例如，兄、弟、君等字的出现较晚，表明这些字都是转注过来的，古人造字时还没有兄、弟和君。由此可以推断，中国古代是家族政体，父权、君权并无差别。这就是说，中国的语言文字原本是社会学的一部分。正是章炳麟解读中国语言文字的这个视角决定了语言文字在国学中的地位和意义，正如他本人所言，这一点"是从来小学家所未说的"，也解释了章炳麟将语言文字列在国学首位的原因。

　　在此基础上，章炳麟进而指出，文章优美才能够感动人。进而言之，文章之所以优美，秘密"全在文字"。例如，唐代以前的诗文之所以感人，是由于那时的人精通小学；北宋之后，小学渐衰，文章便"没有什么可以感人之处"。更为重要的是，文章可以感人，关键在于语言文字是人日常生活的一部分，潜移默化，约定俗成。正因为如此，"究竟什么国土的人，必看什么国土的文，方觉有趣"，"自然本种的文辞，方为优美"。明白了这个道理便不难想象，在中国人的眼中，屈原、杜甫这些中国诗人用中国的语言文字写出来的诗优美感人，无论是希腊诗还是印度的《利俱吠陀》永远都无法与之媲美。

　　基于上述思考，章炳麟得出结论，中国的文字极富民族特色和独特意蕴，足以激起中国人对使用汉字的本民族及民族历史的热爱之情，增进爱国热肠，由中国的语言文字的教育开始。

三 发现"中国的长处"

章炳麟认为,爱国不是被动的,而是发自内心的。汉语汉字可以增进中国人的爱国热肠,并且可以使中国人发现"中国的长处",增强文化认同和文化自信。

在章炳麟看来,新文化运动中的欧化派与康有为等人代表的孔教派都没有认识到中国文化的精华,也就无法摆正中西文化的关系,结果是:或者导致自暴自弃,或者导致盲目自信。针对这种局面,章炳麟明确声称自己提倡国学目的有二:第一,反对欧化。欧化派盲目崇拜西方文化,民族自卑心日盛一日,人心涣散,全无爱国心可言。第二,反对维新派的文化进化主义。进化派强调中西文化的文野之别,用中国文化去攀缘西方文化,最终丢掉了中国文化的精华。章炳麟强调,维新派与新文化运动派的这两种做法都是不可取的,尽管立论的角度不同,却都对中国的救亡图存运动造成了巨大损失。他坚信,只要认识、肯定"中国的长处",对于欧风美雨"见得别无可爱",中国民众"那爱国爱种的心,必定风发泉涌,不可遏抑"。对于章炳麟来说,发现、发挥"中国的长处"的具体途径是发掘中国固有之学,弘扬国粹。

值得注意的是,章炳麟所提倡的国粹并不是康有为所讲的孔教,当然也不是孔子创立的儒家思想,而是另有所指。对于国粹究竟是什么?早在提倡国粹之时,章炳麟就在声明自己提倡国粹不是"尊信孔教"的前提下进行了说明。他强调:"为甚提倡国粹?不是要人尊信孔教,只是要人爱惜我们汉种的历史。这个历史,是就广义说的,其中可以分为三项:一是语言文字,二是典章制度,三是人物事迹。近来有一种欧化主义的人,总说中国人比西洋人所差甚远,所以自甘暴弃,说中国必定灭亡,黄种必定剿绝。因为他不晓得中国的长处,见得别无可爱,就把爱国爱种的心,一日衰薄一日。若他晓得,我想就是全无心肝的人,那爱国爱种的心,必定风发泉涌,不可遏抑的。兄弟这话,并不像做《格致古微》的人,将中国同欧洲的事,牵强附会起来;又不像公羊学派的人,说什么三世就是进化,九旨就是进夷狄为中国,去仰攀欧洲最浅最陋的学说。"[①] 在这里,章炳麟明确将"提倡国粹"与"爱惜我们

[①] 《东京留学生欢迎会演说辞》,《章太炎政论选集》上册,中华书局1977年版,第276页。

汉种的历史"相提并论，并且声明自己所讲的历史"是就广义说的"，更表明了"汉种的历史"是国学的灵魂和根基；离开了"汉种的历史"，国学则无从谈起。正因为国学以中国自己的历史为灵魂，所以，国学是"爱惜我们汉种的历史。这个历史，是就广义说的，其中可以分为三项：一是语言文字，二是典章制度，三是人物事迹"。在此，章炳麟突出了国学的两个基本特征：第一，国学虽然为中国所固有，但是，并非中国固有的都是国学，只有国粹即作为"中国的长处"的才是应该"提倡"的国学。第二，国学既然为一国固有，便带有本民族与生俱来的特殊性和民族性，国学的内容以有别于其他国家学术的"我中国特别的长处"为主，而不必与西方的异质文化相同，也不应该与后者相同。而国学之中，最能展示中国文化的民族性、也最能激发中国人之爱国热情的则非语言文字莫属。正因为如此，章炳麟将提倡小学、推动"文学复古"奉为激发中国人爱国保种力量的不二法门，并由此将语言文字置于国学的基础与核心地位。

四　保存、传承汉语汉字

章炳麟一面宣传汉语汉字，一面为保存、传承汉语汉字奔走呼号。汉代称文字为小学，因儿童入学先学文字而得名。隋唐之后，小学的范围不断扩大，成为文字学、训诂学和音韵学的总称。章炳麟认为小学之名不确切，主张改为语言文字之学。在他看来，语言文字是国学最基本的部分，不仅是记载中国固有之学的载体和工具，而且是最能体现国学作为一国所固有之特征的核心部分。基于这种理解，中国的语言文字在章炳麟的视界中不再仅仅是书写方式或表达工具，而是中国固有之学的根基和灵魂，成为国学最重要的部分。从这个意义上说，离开了中国的语言文字，国学以及国学研究无从谈起。有鉴于此，章炳麟为了普及、推广中国的语言文字进行了艰苦卓绝的努力和可贵的尝试，如编写字典、效仿英语的音标给汉字注音等。

章炳麟曾经与《新世纪》报的吴稚晖等人争论汉字前途，反对在中国采用"万国新语"（世界语）。与此同时，章炳麟以篆书创造记音字母，作为初学汉字的注音手段，以保存汉字。1914年，章炳麟创立的这套记音字母由他的弟子钱玄同、许寿裳和周树人促成教育部通过，作为国语注音符号。这就是至今仍在台湾通用的注音符号之前身。

这一切都使章炳麟在小学方面卓有建树，也使他的国学研究具有了鲜明特色并且落到了实处。诚然，为汉字注音并非始于近代，更非始于章炳麟。元代早在进北京之前，就请国师——西藏喇嘛八思巴创造新字拼音语和蒙古语，编成我国第一本拼音韵书——《蒙古韵略》。章炳麟与元代统治者试图借助汉语拼音学习中原文化的做法不可同日而语：他是在取消汉字之声嚣然尘上，汉字面临生死存亡的危急时刻，为保存中国的语言文字殚精竭虑的，并且将保存汉字作为保存国粹的一部分。

在保存中国汉语汉字的过程中，章炳麟始终关注语言文字与地理环境的密切关系，对最能突出地域特色和民族特征的方言情有独钟，在借鉴中国地理语言学先驱——扬雄的方言思想研究的基础上写出了《新方言》。《新方言》的特殊意义在于，不是像扬雄那样以中国境内的不同地理要素划定方言的范围和类型，而是在全球文化多元的历史背景、文化语境中突出中国语言文字的地域性和民族性，进而彰显中国本土文化的民族性、自主性和特殊性。

章炳麟的这些活动与其说是为了学问，不如说是为了用乡音激发中国人的爱国情感，归根结底离不开"用国粹激动种性，增进爱国的热肠"的初衷——也就是说，是围绕着这一宗旨展开的。有鉴于此，章炳麟的语言文字教育既是国学教育的一部分，又是爱国教育的一部分。

综上所述，章炳麟是中国近代的学术大师，研究领域涵盖诸多方面，理论侧重则集中在诸子学和小学（语言文字学）领域。这些造就了他特殊的教育理念，也先天地框定了他的教育内容和重心。在这方面，章炳麟的教育理念和内容与他宣讲的国学、保存的国粹一脉相承，即使教育普及和讲学活动主要以宣讲国学的形式展开，又使语言文字教育成为爱国教育、国学教育以及教育普及的题中应有之义。正因为如此，对于章炳麟来说，国学家与教育家是密不可分、互为表里的。正如不了解他的国学理念和对语言文字的情有独钟，便无法深刻把握章炳麟的救亡初衷和教育理念一样，不了解他弘扬国粹、保存汉语汉字的教育普及，也就无法从根本上领悟章炳麟的国学理念和救亡路径。

第八章 结语

1840年的鸦片战争以及由此而来的一系列不平等条约的签订改变了中国的命运，也激发了中国人的爱国热情和民族意识的觉醒。如果说近代哲学家坚持教育救国将教育提到了前所未有的高度的话，那么，向西方寻找真理则推动了近代教育的空前变革。在他们的呼吁和努力下，教育在中国近代发挥了巨大作用。近代哲学家既谱写了中国教育的新篇章，又留下了关于教育的诸多思考。

第一节 近代教育的转型

特殊的历史背景、文化语境和现实需要赋予近代哲学救亡图存与思想启蒙的历史使命，也使近代哲学家的教育思想带有与生俱来的鲜明印记和特征，由此形成了中国近代教育的特殊性。中国近代的教育思想极具特色，带有那个时代的鲜明特征和时代内涵。无论将教育与现实斗争连为一体，提倡教育救国还是将教育内容与思想启蒙联系起来，将教育改革纳入到启蒙运动之中，讲授、传播西学，引进西方的人才培养模式和教育机制都是如此。中国近代救亡图存与思想启蒙的历史背景、文化语境、政治斗争和现实需要对教育提出了全新要求，促使近代哲学家对教育进行全面反思和重新定位。在这种背景下，他们大声疾呼教育改革，致使中国近代教育的理念和实践发生前所未有的转型。可以看到，无论中国近代教育的宗旨、内容、方法、地位还是作用、功能皆面貌一新，与古代不可同日而语。

一 关注教育宗旨

近代哲学家热衷于教育，具有多方面的原因。除了秉持教育救国的理念，将教育与救亡联系在一起之外，还因为受西方学科分类理念的影响，使教育与宗教一样成为一个学科。与学科建构息息相关，他们不仅关注教育实践，而且对教育问题进行全盘思考。不仅如此，近代哲学家之所以对教育热切关注，迫于日益深重的民族危机。与明确的目的性和现实性互为表里，他们十分重视教育的宗旨问题，对明确宗旨、树立宗旨津津乐道遂成为近代教育思想的一道风景。近代哲学家的教育理念不尽相同，具体的教育主张和教育方法更是迥异其趣。尽管如此，有一点是相同的，那就是：彰显教育宗旨，试图借助宗旨的明确来达到教育救国的目的。

教育宗旨决定教育的目的、方法、内容和途径，教育的目的是育人，教育的宗旨决定着将人培养成什么样的人。中国近代救亡图存、思想启蒙的历史背景、政治斗争和现实需要注定了近代教育在立言宗旨和培养目标上与古代教育相去霄壤，也促使近代哲学家对教育的宗旨格外关注。可以看到，他们不仅对教育的宗旨问题高度关注，而且提出了不同于古代的教育宗旨，并围绕宗旨指定了新的教育目标。教育的宗旨是教育的核心问题，近代哲学家对这一问题的认识直接决定着对教育方针、教育方法、教育途径和教育内容的认识。

对于教育的宗旨，严复如是说："盖教育者，将教之育之使成人，不但使成器也，将教之育之使为国民，不但使邀科第得美官而已，亦不但仅了衣食之谋而已。"[①] 在他的视界中，教育的宗旨有二：一是成人，二是为国民。这一教育宗旨被严复贯彻到他所有的教育思想之中，体现在教育内容上便是将教育分为两类：一类是"自然之教育"，这是成人之教育；一类是"人为之教育"，这是为国民之教育。其中，"自然之教育"侧重对作为自然人的教育，旨在使受教育者懂得生存竞争的法则；"人为之教育"侧重对作为社会人的教育，旨在使国民明晓自己对于国家、族群的责任和义务。不难看出，无论哪种教育都是中国古代教育所未曾关注的，也从一个侧面印证了中国近代教育有别于古代的教育转型。梁启超作《论教育当定宗旨》，文中详细阐明了宗旨对于教育的至关重要，并在这个前提下进一步阐明了中国教育当以何为宗旨以及确立此宗旨的目的何在。

孙中山对于教育的目的和宗旨十分重视，并对教育家提出了如下要

[①] 《教授新法》，《严复集补编》，福建人民出版社2004年版，第65页。

求:"在今日,教育家所宜用为引导国民者,果以何为最要乎?以何者为标准乎?以世界何事为最有力量之标准乎?吾以为凡足以助世界进化、改变人生观者为最要;所当用力以赴之者,亦以此为最多。诸君乃教育家,须知教育者,乃引导人群进化者也。然能令人群进化最速者果何力乎?则政治的力量是也。政治是促人群进化之唯一工具,故教育家当为政治的教育家。"①"教育家须记提倡政治,实行改良政治。使四万万国民同心协力改良政治,诸君当负责任!又须知国强不能预知,只实行做去便得;若必想知清楚然后做,天下断无此理者。比如电灯照耀光明,人人享其利,然电学精微,人之知之者甚少,若必待人人均知电学而后用电灯,可乎?政治也犹是也!可信赖政治家做去,十年定有功效可睹。如欲知之,可读《建国方略》,但无须此一级工夫。"② 孙中山直言,教育家提倡政治,目的在于政治改良。质而言之,就是引导四万万中国人协力改造中国的政治和社会,行使自己的国民责任。"教育家当为政治的教育家"既对教育家提出了具体要求,又蕴含了孙中山对教育家的希望以及对教育宗旨和目的的界定。具体地说,他认为教育的目的和宗旨在于"引导人群进化",而教育则是促进人群进化的唯一工具。

二 服务于救亡图存

正如近代哲学家重视教育,既是救亡图存的需要,又是思想启蒙的需要一样,他们的教育主张既紧扣救亡图存的立言宗旨,又围绕着思想启蒙的时代主题。近代哲学家对教育宗旨的明确既避免了教育的盲目性,又使教育围绕着中国近代的救亡图存与思想启蒙展开。由于紧扣救亡图存的主题,近代教育不仅重视人格教育、国民教育,而且将人格教育、精神教育与中国的国性、国格连为一体。难能可贵的是,在借鉴西学、引进西方教育模式的同时,近代哲学家皆坚守中国文化的自主性,以此彰显中国的国性。例如,康有为在参观、考察西方各国的具体情况时,写下了这样的感言:"各国于其本国言语、文字、历史、风俗、教宗,皆最宝爱之,敬重之,保存之,而后人性能自立,一国乃自立。故各国学堂、狱、医必有其敬礼国教之室,不如是则殆比于野蛮人。况孔

---

① 《在广东省第五次教育大会闭幕式的演说》,《孙中山全集》第五卷,中华书局2006年版,第562页。
② 同上书,第568页。

子之道，既兼含并包，又为吾国所产，尤为亲切。"① 康有为之所以对教育格外重视，缘于对中国在甲午海战中失败原因的探究。由于认定中国的战败在于教育的落后，他主张远效德国、近采日本进行教育改革。尽管对借鉴西方教育经验迫不及待，然而，康有为并没有放弃对中国文化的坚守。他之所以极力提倡孔教，旨在以孔教与耶教分庭抗礼，以此提高中国人的身份认同、文化认同和民族认同。康有为的下面这段话印证了他以教治教的意图："讲求既入，自能推孔子之大义，以治后之天下，生民所攸赖，更有在也。若诚如今日之破碎荒陋，则彼《新约》《旧约》之来，正恐无以拒之。诸贤虽激励风节，粉身碎骨，上争朝政之非，下拒异教之人，恐亦无济也。若虑攻经之后，它日并今文而攻之。则今文即孔子之文也，是惟异教直攻孔子，不患攻今学也。遗文具在，考据至确，不能翻空出奇也。彼教《旧约》，去年彼教中人亦自攻之，只分真伪与否，不能如此黑白不分也。"②

同样，作为中国近代西学第一人的严复翻译西学并非对西学亦步亦趋，而是以西学光大中学——他称之为"回照故林"。不仅如此，在翻译西学、了解各国文化之后，严复深刻洞察到了文化的国性问题，并由此极力彰显国格教育。为此，他由原来在德、智、体三育并重中凸显智育转变为以德育为重，目的在于以教育养成中国人的国性、国格。

近代哲学家大都对纪年问题津津乐道，这固然有受西学冲击的原因。除此之外，值得进一步深思的是，西历从明末就已经传入中国，那时纵然有礼仪之争却无纪年之争。纪年问题之所以在中国近代备受关注甚至成为焦点问题，是因为纪年与国家政治和百姓的日常生活息息相关，不仅关乎方便易行，而且关乎文化的认同和民族的信仰——后者在中国近代的特殊背景下尤为重要。诚如康有为所言："大地各国，皆以教主纪年。一以省人记忆之力，便于考据；一以起人信仰之心，易于尊行。日本无教主，亦以开国二千五百年纪元，与其时王明治年号并行。"③ 他奏请中国以孔子纪年，就是为了以孔教重塑中国人的信仰，

---

① 《意大利游记》，《康有为全集》第七集，中国人民大学出版社2007年版，第374页。
② 《与朱一新论学书牍》，《康有为全集》第一集，中国人民大学出版社2007年版，第315页。
③ 《请尊孔圣为国教立教部教会以孔子纪年而废淫祀折》，《康有为全集》第四集，中国人民大学出版社2007年版，第98页。

凝聚中华民族的精神。

在中国以何纪年的问题上，梁启超坚决反对以耶稣纪年，并且陈述了自己的三条理由。他写道：

> 吾中国向以帝王称号为纪……此法必当废弃，似不待辨。惟废弃之后，当采用何者以代之，是今日著中国史一紧要之问题也。甲说曰：当采世界通行之符号，仍以耶稣降生纪元。此最廓然大公，且从于多数，而与泰西交通利便之法也。虽然，耶稣纪元虽占地球面积之多数，然通行之之民族亦尚不及全世界人数三分之一。吾冒然用之，未免近于徇众趋势，其不便一。耶稣虽为教主，吾人所当崇敬，而谓其教旨遂能涵盖全世界，恐不能得天下后世人之画诺。贸然用之，于公义亦无所取，其不便二。泰东史与耶稣教关系甚浅，用之种种不合。且以中国民族固守国粹之性质，欲强使改用耶稣纪年，终属空言耳，其不便三。有此三者，此论似可抛置。乙说曰：当用我国民之初祖黄帝为纪元，此唤起国民同胞之思想，增长团结力之一良法也。虽然，自黄帝以后，中经夏、殷，以迄春秋之初年，其史记实在若茫若昧之中，无真确之年代可据。终不能据一书之私言，以武断立定之。是亦美犹有憾者也。其他近来学者，亦有倡以尧纪元，以夏禹纪元，以秦一统纪元者。然皆无大理公益之可援引，不必多辨于无一完备之中，惟以孔子纪年之一法，为最合于中国。孔子为泰东教主、中国第一之人物，此全国所公认也。而中国史之繁密而可纪者，皆在于孔子以后。故援耶教回教之例，以孔子为纪，似可为至当不易之公典。司马迁作《史记》，既频用之，但皆云孔子卒后若干年。是亦与耶稣教会初以耶稣死年为纪，不谋而合。今法其生不法其死，定以孔子生年为纪，此吾党之微意也。①

梁启超的这番议论出自《中国史叙论》，此文完成于1901年，是讲中国史的。他在《中国史叙论》中不仅讲到了纪年问题，而且强调纪年对于"今日著中国史"是一个不可小视的"紧要之问题"。对此，

---

① 《中国史叙论》，《梁启超全集》第一册，北京出版社1999年版，第451—452页。

人们不禁要问：纪年问题为什么是"今日"著中国史的"紧要之问题"，在"昨日"是否是"紧要之问题"呢？如果纪年问题对于"今日著中国史"才突然变得紧要起来的话，那么，原因何在呢？对于这些问题，梁启超通过中国以何纪年的思考给出了回答：第一，以耶稣纪年的民族充其量不到世界人口总数的三分之一，故而不具有普适性。第二，耶稣教不能为全世界各民族所共仰。第三，中国史与耶稣教关系甚浅，从中国人固守国粹来看，即使采取耶稣纪年也属空言。这就是说，纪年属于国粹的一部分，国粹是经过漫长的历史积淀形成的，是民族历史的一部分。这一点非常重要，是梁启超以耶稣教与"泰东史"关系甚浅为由，反对中国以耶稣纪年的根本原因。尤其值得一提的是，他承认以耶稣纪年对于中国与"泰西交通"是"利便之法"，也不否认以耶稣纪年"占地球面积之多数"；在这个前提下，梁启超还是毅然决然地反对中国以耶稣纪年，是因为纪年作为国粹的一部分，直接关系到中国人的民族认同、身份认同和文化认同。换言之，纪年问题在本质上是一个价值问题。正因为如此，对于究竟以何纪年，绝不可以从功利方面考虑。为了说明这个问题，他率先使用国粹一词，并且将国粹与纪年问题直接联系起来。正如国粹为本民族所固有一样，中国历史理应以中国人物纪年。循着这个思路，梁启超肯定中国以黄帝、尧、夏禹纪年为美，因为他们是中国的先祖，故而"美"；与以耶稣纪年相比，以他们纪年是"唤起国民同胞之思想，增长团结力之一良法"。在这个前提下，梁启超强调指出，以黄帝、尧、夏禹纪年美则美矣，却不免"美犹有憾"——憾则在于，黄帝、尧、夏禹之时的中国文化还不完备，他们不足以成为中国本土文化的象征或标识。基于上述各方面的综合考量，他最后得出的结论是："惟以孔子纪年之一法，为最合于中国。"原因在于，"孔子为泰东教主、中国第一之人物，此全国所公认也。而中国史之繁密而可纪者，皆在于孔子以后"。

经过近代哲学家对教育宗旨的诠释，近代教育理念发生了天翻地覆的变化。对于近代教育来说，经典、读书不是教育的重点，重点在于培养人格，使受教育者有责任、有能力为国家、为自己负责。一言以蔽之，近代教育的最终目标是培养人足以堪此为国家救亡图存、为个人追求快乐的责任和能力。

第二节　近代教育的普及

中国近代特殊的历史背景、文化语境凸显了教育的地位和作用，也先天地注定了近代教育的宗旨和使命。无论救亡图存还是思想启蒙都是一项全民族的共同事业，因此，近代的教育是针对全体中国人的。作为近代教育的特征和效果，便是教育得以空前普及。

一　受教育者的空前普及

在中国近代，教育成为人之为人的条件，所有人都概莫能外，这使受教育者空前普及。万般皆下品，唯有读书高。此说略显夸张，却也道出了一个事实，那就是：读书对于古代的中国人来说属高雅乃至奢侈之列，并非所有人都有书读，也并非所有人都有条件读书。换言之，在古代，并非所有的中国人都有接受教育的机会。大规模的教育普及是从近代开始的，并且与救亡图存的现实需要息息相关。救亡图存是一项全民事业，需要所有中国人同仇敌忾，共御外侮。这使中国近代哲学家第一次深切感受到了个人与国家的命运休戚相关，国民素质与国家的强弱互为表里。也就是从这一刻起，国民的素质问题备受关注，提高国民素质成为贯穿中国近代教育的基本方针和核心话题。近代哲学家开启的国民性改造问题直到五四运动时期仍然备受关注，甚至成为新文化运动者与维新派以及资产阶级内部维新派与革命派的争议焦点。尽管近代哲学家对于国民的劣根性是什么以及如何改造存有异议，然而，通过教育提高国民素质则是他们的共识。

特殊的历史背景和现实需要决定了近代教育与古代教育无论宗旨、目标、内容还是方式均天差地别。一言以蔽之，古代教育是个人出类拔萃、超凡入圣之路，旨在考取功名，光宗耀祖；近代教育是提升国民素质、振兴中华之途，旨在培养人才，救亡图存。这注定了古代是精英教育，近代是全民教育。正因为如此，无论是严复的"鼓民力""开民智""新民德"还是梁启超的新民说都是就全体国民而言的，都属于针对所有中国人的素质教育、国民教育。康有为不仅呼吁全民教育，而且利用各种途径推进教育普及——除了直接上书皇帝，具有其他人无可比拟的操作平台和实践维度之外，还建议广兴学校，进行教育普及。谭嗣同与康有为一样建议广兴学校,并且将广兴学校与大开议院相提并论、相互促进。当然,为了真正实现教育的普及,近代哲学家异口同声地呼吁教育从儿童开始。为了达到人人接受教育的目标,康有为、谭嗣同等人极力呼吁儿童教育的强制性,不约而同地建议儿童到了接受教育的年龄而不入学罚其父母,康有为甚至提出了连坐惩罚。孙中山明确指出,所有的中国人都有受教育的权利,也都应该接受教育。这用他本人的话说便是:"中国人数四万万人,此四万万之人皆应受教育。"[①] 孙中山将心理建设写进《建国方略》,向全体国民普及心理教育的初衷一目了然。同样,他的三民主义教育不仅针对革命党人,而且针对四万万中国同胞。章炳麟强调,爱国不是强制的,也不是被动的,而是要从情感中生发出来。因此,爱国需要教育,他宣讲国学,就是为了让全体中国人领悟中国的汉语汉字之美,通过对中国的语言文字、典章制度和人物事迹的了解自然生发爱国爱种之心。

二 教育科目、内容的普及

从汉代设立五经博士开始,无论国学还是私学都以儒家经典为教学内容。隋朝开科举之风,唐朝时明经科已经在科举考试中占有重要一席。明清两代的科举考试更是以朱熹的《四书集注》为标准教科书,《大学》《中庸》《论语》《孟子》组成的四书成为无数士人学习的主体内容。在这种教育体制下,古代教育从蒙学起就开始教以《三字经》《千字文》或者四书五经,科目单一,内容狭窄;并且不重视体育,各种实用技术或技能基本上不在科举教育的范围之内。

近代教育在宗旨上颠覆了沿袭千年的古代教育传统,随之而来的是教育科目和内容的普及。近代教育的最大变化是,将古代不受重视的诸多内容纳入教育范围,各种格致之学、天文学、地理学在教育内容中占据重要位置,并且还增加了心理学、逻辑学、法学、政治学和经济学等新兴学科。

值得注意的是,近代教育科目、内容的普及并非只是教学科目的增加和内容的扩展,而是隐藏着教育目标和人格培养的深层转变,流露出迥异于古代的人生理想和价值指归。以生理学为例,近代教育对生理学

[①] 《在广东女子师范第二校的演说》,《孙中山全集》第二卷,中华书局2006年版,第358页。

非常关注,宣传、普及生理学成为近代哲学家共同努力的方向。康有为在从日本转译西学书目时将"生理门"列在十五门学科之首,给予生理学的地位和重视由此可见一斑。对于这种安排的合理性即生理学首屈一指的地位和意义,他如是说:"天之道曰阴与阳,人之道曰生与杀。教化治乱之进退消长,视生杀之分数多寡。古乱尚力,大焚大猕大坑数十万,流血成河,千里无人,故兵者杀道,乱世之极也。太平尚仁,刑措不用,含哺歌嬉,极乐长寿,故医者生道,太平之极也。谒千圣之术,止乱安人以卫生而已。教学以生其魂灵,医术以生其体魄。苏援人微,穷百世之制;陶冶质气,骨灵神飞时。大治在于医,故以冠诸篇焉。"① 由此可见,康有为对生理学的重视奠基在他的哲学理念之上,与他"求乐免苦"的人生观、价值观息息相关——正如教学是为了确保人之灵魂之乐一样,医术是为了确保人之体魄之乐。对于康有为来说,无论灵魂之乐还是身体之乐均使讲明生理学,了解人体的运行机制、预防疾病成为每个人都不可逃遁的必修课。谭嗣同也对生理学(他称之为"全体学")极为重视,并且多次宣讲、普及生理学。

从学理上看,作为西方分门别类的学科,学科分类意义上的生理学是舶来品,在中国近代的出现是西学大量东渐的产物。从实用上看,生理学受到近代哲学家的青睐有引进西方自然科学之义,强身健体亦在其中。更为重要的是,他们重视生理学饱含着对人之生命的珍视和人权的觉醒,背后隐藏的是迥异于古代哲学的人生意趣和价值诉求,归根结底服务于救亡图存的理论初衷。例如,在考察英国等西方国家之后,康有为写下了这样的感言:"故吾国人种之慧、好学之风,横大地而无与让。若能改良宫室,务事净洁,置隔板以去地湿,多开窗以通光气,多种花木以吸养弃炭;多习体操以强筋舒骨,多食生血欲滴之牛肉以强体润颜,多饮啤酒以行血丰肌(德人貌干最丰伟,因饮啤酒,吾别有说);择匹端丰长大之妇以合婚传种,孕子育儿者勿居山谷墝埆之地,其废疾者淘汰之;男女六岁以下就学,壮老之夫皆设休息日学及夜学以教之。则传种日强,相好端丰,颜渐渥丹,神益清明。而挟吾国人士之多以讲求物质,妙抒新理,则吾国之盛强,吾学之修明,万国应无与我

---

① 《日本书目志》卷一,《康有为全集》第三集,中国人民大学出版社 2007 年版,第 278 页。

竞者矣。"① 他在这里提到的改良居住环境、室内铺设地板、房屋开窗通风、房前屋后种植花木和增加运动等所有的建议具有一个共同的宗旨——强健身体，强身健体的目的除了更好地享受人生之外，还有一个使中国屹立于世界万国之林的梦想。这用康有为本人的话说便是，"万国应无与我竞者"。稍加留意即可发现，在康有为提出的增强体质的措施中，对于多食牛肉、多饮啤酒的呼吁可谓不惮其烦。无独有偶，孙中山在《建国方略》中大讲生理学和营养学，特别对饮食、卫生和健康等问题谆谆教导——不仅将饮食作为"实事"用以证明知难行易，而且反复论证豆腐的保健功能。这些是对人之生理、营养、健康和国民素质的关注，与生理学备受关注密不可分。因此，以生理学为个案，可以直观感受到中国近代教育普及的范围之广和与人之日常生活的密切相关。

对于近代哲学家来说，人之身体承载了诸多意义和期待。因此，在进行生理学教育，让人明白自己的身体结构、生理功能和作用之后，接下来便是对人进行人生价值和意义的教育了。例如，在具体讲述了人之身体构成、分工和机制之后，谭嗣同着重告诉人们，人生不可庸庸碌碌、蝇营狗苟，而应大展宏图、有所作为。这是因为，人既然有堂堂七尺之躯，便应该顶天立地；更何况人之身体是一架精巧绝顶的机器，人应该不辜负得天独厚的身体，做出一番惊天伟业。正是在这个意义上，他声称："大抵全体竟是一副绝精巧之机器。各司其职，缺一不可，与天地之大机器相似。独是天必造此一种全体之精巧机器，果何为也哉？原是要使人顶天立地，做出一番事业来，所谓赞天地之化育与天地参也。诸君当知此堂堂七尺之躯，不是与人当奴仆、当牛马的。"②

中国历来以七略或经、史、子、集四库进行学科分类，与西学相比，不仅失之笼统，而且忽视各学科之间的有机联系。在中国近代教育思想中，无论教育科目、内容的普及还是名目繁多的专门、专业之学的兴起都促进了教育内容的扩大和更新，并且亟待全新的知识理念和学科分类系统。对于西学书目的排列，梁启超说："门类之先后，西学之属先虚而后实，盖有形有质之学，皆从无形无质而生也。故算学、重学为

---

① 《欧美学校图记　英恶士弗大学校图记》，《康有为全集》第八集，中国人民大学出版社 2007 年版，第 124 页。

② 《论全体学》，《谭嗣同全集》（增订本），中华书局 1998 年版，第 404—405 页。

首,电、化、声、光、汽等次之,天地人(谓全体学)物(谓动植物学)等次之,医学图学全属人事,故居末焉。西政之属,以通知四国为第一义,故史志居首。官制学校政所自出,故次之。法律所以治天下,故次之。能富而后能强,故农、矿、工、商次之,而兵居末焉。农者,地面之产。矿者,地中之产。工以作之作此二者也。商以行之,行此三者也。此四端之先后也。船政与海军相关,故附其后。"[1] 学科分类以及各学科之间的本末次序不仅从一个侧面展示了近代翻译西学之多,对于"学问饥荒"的中国影响之大;而且表明各个学科之间不是杂乱无章、随意堆砌的,而是一个先虚后实、由学到术的有机系统。这些表明,近代教育从方法上说注重知识的系统性、全面性以及循序渐进的科学性、规律性;从目标上说,旨在使人心德不偏,使受教育者全面发展。

三 教育门类的普及

目的、内容的单一注定了古代教育门类的单一,近代教育的普及不仅表现为增加了诸多前所未有的新内容、新科目,而且表现为出现了新的教育门类。在中国近代新涌现的教育门类中,女子教育、幼儿教育和师范教育等格外引人注目。

首先,"女学"一词古已有之,主要指中国古代社会对于女子进行的妇德教育,教育内容主要是三从四德。古代"女学"在家庭或家族中进行,女子学堂则属前所未有。因此,古代女子绝少有像男子一样进入学堂学习的机会或资格。中国女子的这一状况在近代发生了根本改变。中国近代是提倡女学的时代,近代意义上的女学指女子与男子一样入学接受教育,教育内容亦不限于妇德,而是包括各种实用技能以及人生道理等。从这个意义上说,近代的女子教育与古代的"女学"具有天壤之别,不可将二者等量齐观。中国近代男女平等的呼声日益高涨,"夫为妻纲""男尊女卑"受到普遍质疑。这使女子的教育程度备受关注,女子的知识水平既关乎女子个人的权利,又关乎男女平等和家庭关系。

与此同时,近代教育作为国民教育最大限度地普及了受教育者。在这个前提下,近代哲学家关注特殊的教育群体——如女子、儿童等,其中影响最大并且"附加值"最高的则莫过于女子教育(女学)问题。

---

[1] 《〈西学书目表〉序例》,《梁启超全集》第一册,北京出版社1999年版,第83页。

从严复、康有为、谭嗣同、梁启超到孙中山都对女子教育问题反复三致意焉。在《天演进化论》中，严复分别从家庭关系、种族遗传与社会进化等方面反复论证女子教育的必要性和急切性。梁启超作《论女学》，发表在《时务报》上，并将之收录到《变法通义》中，对女子教育的用心良苦可见一斑。孙中山利用演讲、考察等机会，所到之处多次论及女子教育问题。在这方面，《在广东第一女子师范学校校庆纪念会的演说》便是明证。

与对女子教育的高度重视一脉相承，近代哲学家大声疾呼兴办女子学校（"女学堂"）。谭嗣同关注女子教育问题，不仅对开办女子学堂费心思量，而且将自己的实学情结贯彻到女子教育之中。例如，他在写给汪康年的信中说："女学堂事，略与苏龛商之。学堂功课，嗣同谓自从方言算学入手之外，惟有医学一门，与女人最相宜，他学皆今时所不能用。"① 据此可知，谭嗣同赞同开办女子学堂，并且对创办女子学堂亲力亲为。对于女子学堂所应开设的课程，他提出的意见是，教以方言、算学和医学三门课程。难能可贵的是，谭嗣同表里如一，言行一致，不仅在言论上支持女子教育，而且在实践中身体力行。梁启超完成于1896年的《变法通议》中收录有《论女学》一文。这是中国近代较早倡导女子教育的专论之一，梁启超也由此成为最早系统论述女子教育的戊戌启蒙思想家。之后，他又撰写了《倡设女学堂启》和《上海新设中国女学堂章程》，深入阐述了开办女子学堂、推进女子教育的主张。孙中山重视女子教育，强调中国的师范教育以女子师范为急、为要。对此，他解释说："然欲四万万人皆得受教育，必倚重师范，此师范学校所宜急办也。而女子师范尤为重要。今诸君发起此校，诚得要务。因中国女子虽有二万万，惟于教育一道，向来多不注意，故有学问者甚少。处于令［今］日，自应以提倡女子教育为最要之事。"②

近代女子教育以及女子学堂的创立具有多重意义和目的：第一，男女平权的需要。近代是呼唤自由、平等的时代，女权和男女平等亦在其中。近代哲学家对中国存在的严重的男女不平等深恶痛绝，从不同角度

---

① 《致汪康年十》，《谭嗣同全集》（增订本），中华书局1998年版，第503页。
② 《在广东女子师范第二校的演说》，《孙中山全集》第二卷，中华书局2006年版，第358页。

予以揭露和抨击。康有为揭露说:"夫以男女皆为人类,同为天生,而压抑女子,使不得仕宦,不得科举,不得为议员,不得为公民,不得为学者,乃至不得自立,不得自由,甚至不得出入、交接、宴会、游观,有甚至为囚,为刑,为奴,为私,为玩,不平至此,耗矣哀哉!损人权,轻天民,悖公理,失公益,于义不顺,于事不宜。"① 在康有为看来,女子"不得为学者"是男女不平等的表现,本质上是对女子的蔑视和对女权的侵损。从这个意义上说,与男子一样接受教育是女子的权利,也是男女平等的一种表现。换言之,男女平权,需要女子接受教育。第二,近代提倡女子教育与重视幼儿教育、家庭教育息息相关,甚至被视为后者的手段。这一点在近代哲学家对女子教育的必要性、合理性的论证中得到充分印证。康有为在《日本书目志》中将教育书分为十六类,并没有专门或独立的女子教育书籍。"教育"书目中有"幼稚女学"类,是将女子教育与幼儿教育相提并论的。不唯康有为,严复、谭嗣同和梁启超等近代哲学家之所以对女子教育倍加关注,以女子教育带动幼儿教育,以此推动中国的教育普及是重要原因。梁启超强调,对于近代的中国来说,兴办学校是富强之路,而学校则由兴办女子学校开始,这使兴办女子学校成为中国走向富强的必由之路。正是在这个意义上,他声称:"今语人曰:欲强国必由学校,人多信之。语人曰,欲强国必由女学,人多疑之。其受蔽之原,尚有在焉。"② 不仅如此,梁启超指出,一个国家的文明程度取决于女子受教育的程度。这就是说,女子教育不仅直接决定着一个民族受教育的程度,而且决定着这个民族的教育状况和发展。

其次,中国古代有蒙学,人若有幸生于书香门第,四五岁咿呀学语之时,蒙学便已经开始。古代蒙学以《三字经》《千字文》和四书五经为课本,以考取科举为鹄的。因此,古代的蒙学与近代的幼儿教育不可同日而语。这是因为,尽管中国近代的幼儿教育与古代蒙学一样以未成年人即幼儿为教育对象,然而,教育目的、初衷和学习内容天差地别。近代幼儿教育的主要目标是成人和成国民,学习科目急剧扩大。除了识字之外,教以各种知识,其中包括古代蒙学闻所未闻的国民教育和体质

---

① 《大同书》,中州古籍出版社1998年版,第185页。
② 《变法通议·论女学》,《梁启超全集》第一册,北京出版社1999年版,第33页。

教育。康有为在呼吁普及学校的过程中，注重小学建设和小学教育，并且借鉴德国等国外经验，强制儿童7岁入学，后来则将小学入学时间改为6岁。入学时间的提前将康有为对幼儿教育的心急如焚表达得淋漓尽致。严复反复论证女子教育的急切性和重要性，其中一条重要理由便是女子教育与幼儿教育息息相关，这表明他对女子教育的大声疾呼即是对幼儿教育的用心良苦。此外，利用为被誉为蒙学第一书的《蒙养镜》作序的机会，严复专门阐发幼儿教育问题。梁启超1898年在《时务报》上发表《论幼学》一文，集中论述了幼儿教育问题。不仅如此，他进一步将幼儿教育与师范教育直接联系起来，试图通过师范与小学相互验证推进中国的教育。这正如梁启超在《论师范》中所言："是故居今日而言变法，其无遽立大学堂而已。其必自小学堂始，自京师以及各省府州县，皆设小学，而辅之以师范学堂，以师范学堂之生徒，为小学之教习，而别设师范学堂之教习，使课之以教术。即以小学堂生徒之成就，验师范学堂之成就。三年之后，其可以中教习之选者，每县必有一人。于是荟而大试之，择其尤异者为大学堂中学堂总教习，其稍次者为分教习，或小学堂教习。"①

再次，教师的素质决定教育的成败，中国尊师重教的传统源远流长，却罕有对教师资格、素质的审核或考问。近代哲学家对教育的重视影响到对教师资格和素质的关注，师范教育也由此进入中国教育的视野，成为全新的教育门类。梁启超于1896年发表《论师范》一文，在中国教育史上较早关注师范教育问题。他认为，教师是教育之根核，师范教育事关教育之成败。基于这一认识，梁启超不止一次地在文中断言：

> 故夫师也者，学子之根核也。②

> 故师范学校立，而群学之基悉定。③

梁启超之所以如此重视师范教育，主要是针对中国当时的教育状况

---

① 《变法通议·论师范》，《梁启超全集》第一册，北京出版社1999年版，第30页。
② 同上书，第29页。
③ 同上书，第28页。

有感而发。开办新式学堂的呼吁并非始于梁启超，亦不可归于维新派。在此多年之前，洋务派就已经以开办新式学堂为重心，以教育为阵地，开展、推动洋务运动。福州船政学堂、北洋水师等新式学堂的出现如雨后春笋，冲击着原来的私塾教育和旧式学堂。严复对师范教育格外重视，对于熊纯如重视师范的做法大加赞赏。严复在信中写道："吾弟在赣主持教育，所论以师范为重，诚为知本之谈。但此举为广造善因，抑或流传谬种，全视培此师范者之何如，不可不审也。"① 比梁启超（1873—1929）大将近二十岁的严复（1854—1927）作为福州船政学堂的第一批学员，便是新式学堂培养出来的新式人才。审视洋务派兴办的学堂和新式教育，梁启超意识到教师对于教育的决定作用——由于没有开办专门培养师资的师范学校，只有新式学堂而没有新式教师，洋务派虽然兴办了一些新式学堂，但是，只能聘请洋教习授课，由此产生种种流弊。针对洋务派开设的新式学堂存在的诸多问题，梁启超将问题的解决寄托于师范教育，试图从培养教师入手，推动中国的教育改革。于是，他声称："欲革旧习，兴智学，必以立师范堂为第一义。"② 孙中山对师范教育更是殚精竭虑，在各种教育会上反复重申师范教育的重要和教师责任的重大。

以女子教育、幼儿教育和师范教育为代表的新兴教育门类的出现推动了中国近代教育的普及和深入。在中国近代，关注、探究教育者不仅有专门的教育家，还有身兼启蒙思想家的政治家和哲学家。特殊的政治诉求和哲学理念使近代哲学家关于教育的构想具有宏大宽广的视域，内容则从国家的教育方针到专门的教育模式、教育方法再到全体国民的素质提高和社会风气的引领无所不包。例如，在考察欧美各国之后，康有为得出了如下结论："即使尧、舜复生，伊、周执政，化行俗美，户尽可封，家敦廉让，乃至若孔子之大同，孔子③之甄瓶，庄子之建德，人

---

① 《与熊纯如书》，《严复集》第三册，中华书局1986年版，第615页。
② 《变法通议·论师范》，《梁启超全集》第一册，北京出版社1999年版，第29页。
③ 此处"孔子"疑为"列子"。例如，康有为不止一次地提到列子的"甄瓶"。例如，"且孔子之神圣，为人道之进化，岂止大同而已哉！庄子建德之国，列子甄瓶之山，凡至人之所思，固不可测矣，而况孔子乎？圣人之治，如大医然，但因病而发药耳，病无穷而方亦无穷，大同小康，不过神人之一二方哉"（《礼运注》叙，《康有为全集》第五集，中国人民大学出版社2007年版，第554页）"孔子之太平世，佛之莲花世界，列子之甄甄山，达尔文之乌托邦，实境而非空想焉。"（《大同书》，中州古籍出版社1998年版，第106页）

人性善，皆有君子之行，而无铁路以通远，无电车以合近，无电话以通言，无影相以摄形，无千里镜以视远，无显微镜以辨小，无报纸以开见闻，无汽机以省人力，而欲滇黔荒僻之壤、溪冈蛮夷之域，莫不家铺地毡、墙裱花纸，士女服用无异都人，童妪言动有类学士，此必不可得之数也。以无物质之媒介桥航，则此文明有如绝流断港，不可至也。"[1]
概言之，康有为文中所提及的各项内容皆不出教育范围，具体可以归纳为如下五大类：第一，铁路、电车、电话、照相机、望远镜和显微镜代表的各类自然科学技术和仪器的掌握和使用。第二，以报纸、杂志为代表的新型媒介和宣传手段的教育渠道。第三，以铺设地板、裱糊墙壁为代表的日常生活教育。第四，以"士女服用"为代表的饮食、衣服等日常生活教育。第五，以童妪等受教育群体为代表的幼儿教育和女子教育。这五大类共同展示了近代教育内容的无所不包和教育普及的范围，既预示了中国教育的百废待兴，又对中国近代教育提出了全新的要求。

四 教育渠道的普及

中国近代的教育从根本上说是一场针对全体中国人的国民教育，这决定了近代教育绝不能仅仅局限在教室之内，而必须通过各种渠道、途径推广和普及教育。有鉴于此，近代哲学家都想方设法利用各种机会和渠道开办社会大课堂。

（一）图书馆、博物馆、运动场和剧院

在近代哲学家那里，从与文化密切相关的图书馆、博物馆和展览馆到与娱乐密切相关的体育场、剧场无一不是施展教育理念、对公众实施教育的舞台。因此，他们热衷于利用博物馆、图书馆等公益设施普及教育。中国历来重私藏，图书、古玩皆以私藏为主，国家公藏蜕变为皇帝的私家收藏。这一风气在近代遭遇质疑，改私藏为公藏成为普及教育的渠道之一。大英博物馆具有250年的历史，是世界第一个博物馆。大英博物馆对外开放，英国全体民众乃至外国人都可以进入大英博物馆阅览图书、欣赏馆藏。享誉世界的法国卢浮宫同样向世界开放，迎接来自世界各国的观赏者。这些极大地刺激了留学或游历外国的近代哲学家。透过大英博物馆、法国卢浮宫等国家图书馆、博物馆和展览馆对公众开放，他们认识到博物馆、图书馆既可以开发民智，又可以与民同乐，因

---

[1] 《物质救国论》，《康有为全集》第八集，中国人民大学出版社2007年版，第84页。

而是普及教育、推进民主的重要平台。与此相联系,在考察世界各国时,近代哲学家将博物馆、展览馆和图书馆作为重点。例如,康有为有道教情结,喜山水,好游历,先后到过 134 个国家,并且写下了大量的游记。面对瑞典风景旖旎的自然景色,他情不自禁地写道:"天下山水之美,瑞典第一;瑞典山水之美,以稍士巴顿为第一,而吾得之。苟非中国忧亡,黄种危绝,则此间乐不思蜀,吾何求哉?可老于是矣。吾本澹荡人,拂衣可同调,平生雅性,志在林泉,讲学著书,本无营宦,遭世不宁,濡首救溺,几陨其身,庄生所谓大惑不解者哉!吾生穷理眇极人天,亦何所不忘,无如躬遇故国之危,不忍之心,无由自遏。孔子曰:'吾非斯人之徒与而谁与?天下有道,丘不与易。'佛曰:'吾不入地狱,谁当入地狱?'救众生者诸圣,入世皆缘不忍之一念而来。然人世之进化无穷,道终未济,岂有止哉?惟若中国小康,略能自立,则吾种可存,亦何烦吾之劳心苦志、舍身以殉乎?吾其将择大地之湖山至佳处,徜徉终老,以息吾魂灵而乐吾余生,则欧洲之二瑞,其无以尚之。东坡曰我本无家更安往。临睨九州,回头禹域,则又凄怆伤怀。故乡其可思兮,亦何必怀此都也。"① 尽管对瑞典的风光心醉不已,然而,康有为并没有纵情于山水而乐不思蜀。恰好相反,综观康有为的欧洲游记可以看到,每到一处,他念念不忘乃至急于了解的还是当地的人情世故、教化状况,所以,总是乐此不疲地考察当地的图书馆、博物馆、学校、教堂和剧场等与文化、教育密切相关的场所。

  康有为并没有将西方国家的图书馆、博物馆仅仅视为"图书馆""博物馆"等物化的建筑或供以读书、观物等具体场所本身,而是将之提升到了民权、文明的高度。例如,在参观法国的卢浮宫、英国的大英博物馆时,康有为由百姓可以欣赏艺术品和饱览馆藏图书联想到西方与民同乐,并由此赞叹西方的民主和文明。透过这些,他看到的是西方教育、教化的共享、普及和文教设施的完备。由此反观中国,艺术品为皇家私藏,百姓不得一见;连图书也大多是私人收藏,一般百姓鲜有图书可读。针对这种状况,康有为建议,在中国设立公共图书馆、博物馆。梁启超对于中国建立公共图书馆更是不遗余力,多方呼吁筹措,并且亲自担任北京图书馆(现名中国国家图书馆)馆长。

---

① 《瑞典游记》,《康有为全集》第七集,中国人民大学出版社 2007 年版,第 479 页。

（二）报纸、杂志

报纸、杂志是近代兴起的新型媒体，近代哲学家自然不会放过这一绝佳的教育渠道和手段。戊戌变法的主要途径除上书皇帝之外，主要是创办报刊、组织学会和设立学堂等。事实上，近代哲学家大都有创办报纸的经历，有人甚至创办、主编多种报刊。这使报纸、杂志成为普及教育的重要渠道，也在中国近代的教育普及中发挥了巨大作用。

值得一提的是，中国出现的第一份报纸是《蜜蜂华报》（Abelha da China），并非中国人所办。该报创建于道光二年（1822 年 9 月 12 日），1823 年 12 月 26 日停刊，前后共发行 67 期。《蜜蜂华报》由外国人创办，是澳门的第一份报纸，葡文刊载，以周刊形式出版。近代哲学家将报纸作为教育的主要途径，办报纸、杂志成为他们改革教育、普及教育的重要渠道。可以看到，从康有为、谭嗣同、梁启超、严复到章炳麟、孙中山都认识到了报纸、杂志启迪民众的教育作用，无一例外地投入到主办、主编和主笔报纸、杂志的行列中。他们对报纸兴趣盎然，往往一人身兼多种报纸的主编、主笔，甚至创办多种报纸、杂志。

《时务报》是维新派的喉舌，也是康有为、梁启超宣传变法维新的阵地。除《时务报》之外，康有为还办过《不忍杂志》等报刊。鉴于报纸、杂志的重要作用，尤其是《时务报》的巨大影响，康有为试图将《时务报》由民办改为官办，借助国家的权威使《时务报》更好地发挥启迪民众、促进变法维新的教育功能。他专门为了此事上书光绪帝，奏疏改办具体事宜，从《时务报》的影响、改为官办后的编辑出版、刊载内容审核、经费开销到编辑部地址等皆在其中。下仅举其一斑：

> 臣窃见广东举人梁启超，尝在上海设一《时务报》，一依西报体例，议论明达，翻译详明。其中论说皆按切时势，参酌中外，切实可行；所译西报，详言兵制、学校、农矿、工商各政，条理粲然。迭经两江总督刘坤一、湖广总督张之洞、山西巡抚胡聘之、湖南巡抚陈宝箴、浙江巡抚廖寿丰、安徽巡抚邓华熙、江苏学政龙湛霖、贵州学政严修、江西布政使翁曾桂等通札各属及书院诸生悉行阅看，或令自行购买，或由善后局拨款购送。两年以来，民间风气大开，通达时务之才渐渐间出，惟《时务报》之功为最多，此天

下之公言也。①

臣以为译书译报,事本一贯,其关系之重,二者不容偏畸;其措办之力,一身似可兼任。拟请明降谕旨,将上海《时务报》改为《时务官报》,责成该举人(指梁启超——引者注)督同向来主笔人等实力办理,无得诿卸苟且御览,塞责。其中论说、翻译各件,仍照旧核实,无得瞻顾忌讳。每出报一本,皆先进呈御览,然后印行。仍请旨饬各督抚,通札所属文武实缺候补各员一律购阅。依张之洞所定原例,其报费先由各善后局垫出,令各员随后归还。其京官及各学堂诸生,亦皆须购阅,以增闻见。

其官报则移设京都,以上海为分局,皆归并译书局中,相辅而行。梁启超让饬往来京、沪,总持其事。至各省民间设立之报馆,言论或有可观,体律有未尽善,且间有议论悖谬、记载不实者,皆先送官报局,责令梁启超悉心稽核,撮其精善进呈,以备圣览。其有悖谬不实,并令纠禁。其官报局开办及稽核各报详细章程,即令该举人妥拟,呈总理衙门代奏察行。似此广观听,于新政裨补,量非浅鲜。②

康有为之所以为了将《时务报》从民办改为官办之事上书皇上,并且不厌其烦地陈述自己的设想、规划和具体事宜,是因为他认识到了报纸的巨大作用。康有为奏曰:"臣窃考之,报馆之益,盖有四端:首列论说,指陈时事,常足以匡政府所不逮,备朝廷之采择,其善一也;胪陈各省利弊,民隐得以上达,其善二也;翻译万国近事,藉鉴敌情,其善三也;或每日一出,或间日一出,或旬日一出,所载皆新政之事,其善四也。……此报馆与民智国运相关之大原也。"③ 由此可见,康有为将办报之益归结为四点,其中流露出对报纸作用的认识以及借助报纸对国民进行思想启蒙教育的初衷。按照他的说法,报纸之益有四点:第

---

① 《请将上海时务报改为官报折》,《康有为全集》第四集,中国人民大学出版社 2007 年版,第 332 页。
② 同上。
③ 同上书,第 331 页。

一，登载时事要闻，既可以针砭时弊，又可以为政府提供参照。第二，刊登各省利弊，使下情可以上达。第三，翻译世界各国近事，可以通晓敌情。第四，出版时间短，由于周期短，报纸所载是新事新政。康有为关注报刊的政治性、思想性和启蒙性，却忽视其娱乐性。而这恰好印证了他凸显报纸的教育功能。

综合考察可以发现，彰显报纸的教育功能并不是康有为一个人的做法，而是近代哲学家的共识：第一，凸显报纸与政治、时势的关系，旨在利用报纸宣传新思想、新观念，对民众进行思想启蒙。第二，看中报纸的普及性和时效性。谭嗣同将报纸"日新"的特点讲得淋漓尽致，也将近代哲学家对报纸周期短、见报快而见效快的期待推向了极致。与时间短、见报快相关的还有报纸的通俗性和大众化，近代哲学家对于这一点极为重视。正如梁启超所言，如果说史书不如小说的话，那么，小说则不如报纸。更何况小说可以在报刊上刊出或连载，如果青睐小说，以报刊连载有何不可呢？

此外，康有为热衷于办报纸，还有一个迥异于戊戌启蒙思想家的原因，那就是：将报刊所载与中国古代的采风传统相提并论，期待以报刊延续古代的采风之俗。他写道："查报馆之义，原于古之陈诗。古者以太师乘輶轩采诗万国，以观民风；胪列国之政，达小民之隐。故设官督报，实为三代盛制。冯桂芳《校邠庐抗议》即有请复采诗之议。……其余学校、农商，保民之本务；兵刑、财赋，新政之大经。……凡此外交内政，皆报事之大端。臣惟有广译泰西之报，多派采访之人，冀补日月之明，以为韬铎之助。……报售价月出一两，然《时务报》向来售价岁仅四圆，乃忽令人岁出十二两，骤增四倍，势必难行。"①

严复办有《国闻报》，他走向历史前台的《原强》《论世变之亟》和《救亡决论》等系列论文就刊登在天津的《直报》上。

谭嗣同也将报纸视为启蒙民众的利器，不仅将办报纸与兴学会、设议院视为改变中国、启迪民众的三大法宝，而且主编、创办多种报纸，《湘报》更是成为他宣传变法维新的理论阵地。

至于梁启超，更是被誉为中国报刊的开创人。他主编的《新民丛

---

① 《恭谢天恩条陈办报事宜折》，《康有为全集》第四集，中国人民大学出版社2007年版，第341页。

报》影响如此之大，以至于有人将之誉为青年的教科书。梁启超对于报纸的影响力之大以及对于办报的功绩可以从严复对于梁启超影响力的说明中见其一斑。严复不无艳羡地多次写道：

> 自《时务报》发生以来，前后所主任杂志，几十余种。①

> 任公文笔，原自畅遂，其自甲午以后，于报章文字，成绩为多，一纸风行海内，观听为之一耸。又其时赴东学子，盈万累千，名为求学，而大抵皆为日本之所利用。②

尽管严复发出上述言论的初衷不是赞美梁启超，然而，严复的披露却从一个侧面印证了梁启超在报界的影响。

章炳麟主笔的报刊同样可以列出一长串名字，如《时务报》《昌言报》《经世报》《实学报》《译书公会报》《亚东时报》《台湾日日新报》《民报》《国粹学报》《教育今语杂志》《大共和日报》《华国》和《制言》等。甚至可以说，他的一生都在与报纸、杂志打交道。

（三）小说、话剧

小说、话剧具有娱乐性，被一般民众喜闻乐见，因而在中国近代的教育普及中发挥了不可忽视的重要作用。以小说作为教育大众的利器是近代哲学家的共识。1895年4月17日，中日《马关条约》签订。一个多月之后的5月25日，傅兰雅在《申报》上刊登一则《求著时新小说启》，进行"时新小说征文"，新小说运动由此拉开。新小说之新是相对于旧小说而言的，在内容上一改古代才子佳人、神仙鬼怪之风，直接描写国家大事和百姓的日常生活。近代哲学家将小说与救亡图存和思想启蒙联系起来，旨在利用小说教育民众。康有为在《日本书目志》的"教育门"中列有"教育小说"，直接将小说归入"教育门"之中，也将小说的教育功能提到了登峰造极的地步。1902年，梁启超提出"小说界革命"的口号，呼吁创作"新小说"。梁启超之所以首倡"小说界革命"，是为了利用小说的通俗易懂、普及性强等优势进行新民。由于

---

① 《与熊纯如书》，《严复集》第三册，中华书局1986年版，第632页。
② 同上书，第648页。

利用小说向国民灌输爱国主义和民族主义,梁启超成为以小说启迪民众的杰出代表。

如果说小说中国古已有之,需要进行的只是新小说对旧小说的"革命"的话,那么,话剧则为中国所未有,其引进本身就是一场教育革命。

在游历世界各国尤其是欧美国家的过程中,康有为往往是一边观察各国的教育设施、教化程度和民风民俗,一边思考剧场、运动场对于国民教育、文明教化和人心风俗的影响;并由此反观中国的现状,提出改革举措。例如,在参观英国剧院时,他这样写道:

> 戏院广大庄严,仿罗马斗兽场式,亦为演说处,皆许外宾男女入座观听。有竞走场,有竞渡处。欧人之立教与我最异者,莫若此矣。然孔子之六艺以礼、乐并重。我国旧所偏重者礼也,欧人甚称之。欧人所重者乐也。礼主庄敬,乐主和乐,盖皆圣人之道,而人道所不能无焉。其学生皆登台扮演,骤观似甚游戏。然《武》之为乐,天子亲舞,冕而总干,一成而北出,再成而灭商,三成而南,四成而南国是疆,五成而周公左、召公右,六成复缀以崇天子。六成之中,歌《酌》《桓》《赉》《般》,岂非今之戏剧乎?然则何怪焉?所异者于学校中诸生扮为男女之戏,未免太媟而不庄。然欧人以寻乐为主,父母子女亦复戏扮男女,以招客娱宾,不以为怪。盖欧人之视男女游戏不以为媟也,其礼俗然也,此事得失难言之。以其波澜远大,关涉极重,故欧人不贱优。昔士卑亚之词,如吾国屈原、太白,不止汤若士矣,士人莫有不讽诵者,而昔士卑亚乃一优人也。……然在吾国终不能行此。夫戏者乐也,乐以化民成俗者也。所关至大,乌得不重视之。既重视之,乌得不以学生学之。吾国以虑其媟也而轻鄙之,士人不屑为,且优者不齿人数焉。故乐益坏,而戏剧无人主持,乃益淫哇而无益于风化焉。夫凡物为人情所同好而不能免者,则为治教者必当有以维持之,不能以轻鄙绝之也。学者愈轻鄙之而又不能绝之,则愈败坏矣。夫道者,非从天降地出者也,因人之身体性情而率而行之之谓道也。故孔子曰"道不远人"。戏剧者,人身体性情之所乐好,所谓道也。既有此道,绝之而不裁成善美之,则俗化衰矣。故学生之为戏剧,岂非所谓"道不远人"者耶?若其竞走、竞渡,所以习水陆之行而强肌

肤之节，寓之游戏之中以为有用之地，欧人救火、泅水之戏亦类此哉。因事设教，近于人用者也。①

据此可知，康有为一面参观英国的剧场、体育馆，一面对英国的戏剧、体育等文体设施和娱乐场所进行深入思考，并由此联想到礼乐对人之身心、民风民俗潜移默化的作用和影响。尽管略有微词，惊叹、羡慕之情始终是其中的主旋律。"戏剧者，人身体性情之所乐好，所谓道也"，这一结论便是康有为这种心情的真实写照。不仅康有为，近代哲学家并没有将"戏剧"仅仅归结为由戏院、演员组成的"戏剧"本身，而是将之置于整个文化、教育领域之内，作为教育的重要组成部分予以审视。由此，西方的戏剧（话剧、文明戏）进入中国人的视野，并且成为教育的手段而备受关注。至五四新文化运动时期，西方传入中国的话剧已经成为中国文化、戏剧舞台上的一道亮丽风景。

综上所述，近代教育的普及既印证了近代哲学家对教育的重视和对普及教育的不遗余力，又从一个侧面表明他们是全体国民的精神领袖和启蒙导师。这就是说，在中国近代对教育大声疾呼的并非都是专门的教育家或教育工作者，恰恰是近代哲学家对教育的振臂高呼影响面更广也更大。正是在近代哲学家的共同努力下，近代教育涵盖、辐射到社会的各个领域和方面，从而产生了广泛而巨大的社会效益和影响。

第三节 近代教育的成就

在中国近代，教育被赋予救亡图存与思想启蒙的双重历史使命，由于被寄予诸多期待而受到前所未有的重视。这使教育的地位被抬到空前高度，极大地促进了教育作用和功能的发挥。对于近代教育的巨大作用和影响，梁启超的说法可以作为一个参照：

到"戊戌变法"前后，当时所谓新党如康有为梁启超一派，

---

① 《欧美学校图记　英恶士弗大学校图记》，《康有为全集》第八集，中国人民大学出版社2007年版，第119页。

可以说是用全副精力对于科举制度施行总攻击。前后约十年间,经了好几次波折,到底算把这件文化障碍物打破了。……到如今"新文化运动"这句话,成了一般读书社会的口头禅;马克思差不多要和孔子争席,易卜生差不多要推倒屈原。……总之这四十几年间思想的剧变,确为从前四千余年所未尝梦见。①

近五十年来,中国人渐渐知道自己的不足了。这点子觉悟,一面算是学问进步的原因,一面也算是学问进步的结果。第一期,先从器物上感觉不足。……第二期,是从制度上感觉不足。自从和日本打了一个败仗下来,国内有心人,真像睡梦中着了一个霹雳。因想道堂堂中国为什么衰败到这田地,都为的是政制不良,所以拿"变法维新"做一面大旗,在社会上开始运动,那急先锋就是康有为梁启超一班人。……他们的政治运动,是完全失败,只剩下前文说的废科举那件事,算是成功了。这件事的确能够替后来打开一个新局面,国内许多学堂,国外许多留学生,在这期内蓬蓬勃勃发生,第三期新运动的种子,也可以说是从这一期播殖下来。②

梁启超所讲的"近五十年"大体相当于近代阶段,这一时期,中国思想发生剧变,以至于为中国"前四千余年所未尝梦见"。这不能不说是近代教育的功劳。归结起来,近代教育的成就集中在以下几个方面:

一 废除了沿用千余年的科举制度

教育制度不仅决定教育宗旨、教育方针和教育内容,而且决定教育机制和人才培养模式。从隋朝起,中国便实行科举制度。这一制度在此后对中国的政治、经济和文化产生了巨大影响,也成为决定无数中国士人命运的教育制度。鸦片战争、甲午战争的失败以及由此而来的割地赔款使近代哲学家认识到了中国的落后挨打与人才匮乏之间具有因果关系,并由此开始了对中国教育模式的反思和质疑。1895年,严复撰文

---

① 《五十年中国进化概论》,《梁启超全集》第七册,北京出版社1999年版,第4030页。

② 同上。

呼吁"废八股",发出了废除八股取士的第一声。从此,废除八股、变革科举成为康有为、谭嗣同和梁启超等人教育改革的重要内容,也成为近代教育改革的焦点问题。

值得提及的是,在"百日维新"期间,康有为向光绪帝上书奏请废除科举。1898 年 6 月 23 日,光绪帝下诏废除科举。10 月,慈禧发布诏书,恢复科举。尽管"百日维新"以失败告终,废除的科举制度得以恢复,然而,废除科举的观念已经深入人心,废除科举势在必行,只是一个时间问题而已。1900 年,八国联军入北京,捣毁北京贡院,成为极富象征意义的事件。正是在近代哲学家的呼吁和社会各界的共同努力下,1905 年(光绪三十一年)9 月 2 日,袁世凯、张之洞奏请立停科举,以便推广学堂、咸趋实学。清政府诏准 1906 年乡试和各省岁科考试即停,废止科举制。至此,在中国沿袭了一千三百多年、决定中国教育状况和士人命运的科举考试彻底退出了历史舞台。科举制度的废除是社会各方势力共同作用的结果,就思想引领而言,近代哲学家居功甚伟。

二 创办众多新式学堂

在新的教育理念的引领下,各地涌现出大量的新式学堂。科举制度与私塾教育密切相关,属中式教育。培养有别于古代的新型人才是近代教育改革的目标,也使近代教育亟待新式学校和新的培养模式。于是,向国外派遣留学生、在国内建立新式学堂等教育举措被提上议事日程。1872 年,在闳容的多方呼吁下,30 名中国幼童赴美国旧金山留学,拉开了中国近代公派留学运动的序幕。近代哲学家对派遣留学生倍加关注,康有为、梁启超等人均将派遣留学生作为教育改革的重要举措。

对于培养新式人才来说,派遣留学生是少数的、短期的行为,说到普及和长效的教育举措则是建立新式学堂。在中国近代,各种新式学堂如雨后春笋般涌现出来,既是教育改革的结果,也反过来促进了教育的普及和知识的更新。1865 年 9 月 20 日,曾国藩、李鸿章在上海设立江南机器制造总局。这是洋务派开设的规模最大的近代军事企业,又称江南制造总局、江南制造局、上海机器局或上海制造局等。该局附设机械学校,专门培养技术人才。此后,福州船政学堂等一大批新式学堂在中国南北大地陆续涌现出来。这些不同于古代私塾的新式学堂聘用洋教习,以外语教学,学习科目以实用技术和理工科为主。因此,新式学堂采取的是与中国古代殊途的教育模式。近代哲学家大都有创办新式学堂的经历，有的则在新式学堂执教。作为教育家的康有为早年在万木草堂等多个学堂讲学，培养了一大批变法维新的人才，耄耋之年又创办天游学院。严复先后在福州船政学堂、北洋水师任教，是北京大学（京师大学堂）的第一任校长。谭嗣同、梁启超对湖南时务学堂影响甚巨，梁启超曾经在北京大学、东南大学等大学任教或讲学，还是清华大学国学院四大著名国学导师之一。孙中山是名副其实的全民导师，他创立的黄埔军校和讲习所也都属于新式学堂。

对教育的重视催生了教育会。与谭嗣同的支持不无关系，中国第一个妇女组织——女学会的会长是谭嗣同的妻子李闰，副会长是另一位"戊戌六君子"之一的康广仁之妻。这也从一个侧面印证了女学会与维新派之间的密切关系以及维新派对女学会的支持和指导。女学会于1897年夏秋之交在上海成立，1898年6月1日在上海创办中国女学会书塾，中国女学会书塾是中国近代第一所自办女校。女学会独立创办《女学报》旬刊，反对缠足，提倡女学，《女学报》是中国第一份女报。1902年10月29日，中国第一所女子学校招生。女塾首次招生，学生仅7人。然而，它的象征意义和影响却不容低估。

向海外派遣留学生和建立新式学堂培养出来的是新型人才。新式学堂在培养人才的同时，极大地促进了新思想的引进和知识的更新，为五四新文化运动做了心理上、思想上和文化上的准备。

三 开设、普及各种专门、专业之学

无论人才培养方式的更新还是新式学堂的创立都带动了教育内容的变革和更新。于是，开设、普及各种专门、专业之学成为近代教育的成就之一。如上所述，近代教育秉持救亡图存和思想启蒙的立言宗旨，这一立言宗旨决定了近代教育在内容和目标上注重学以致用。从教育内容和开设科目来看，近代教育与古代的最大区别是注重专门之学。提倡各种专门专、业之学是教育内容普及的具体表现，也是普及受教育者的必然要求。只有注重各种专门、专业之学，才能实现人人有学、人人有才的教育目标。康有为在奏折中写道："泰西人民自童至冠，精力至充之时，皆教之图算、古今万国历史、天文、地理及化、光、电、重、格致、法律、政治、公法之学；其农工、商贾，亦皆有专门之学。故人人有学，人人有才，即其兵亦皆由学出，识字、绘图、测量、阅表略通，

天文、地理、格致、医学始能充当。而我自童时至壮年，困之以八股之文。"①

出身西式教育并且深谙西学的严复断言："教育之要，必使学子精神筋力常存朝气，以为他日服劳干事之资。一言蔽之，不欲其仅成读书人而已。"② 由于近代教育的目的不是像古代那样专门培养读书人，而是训练"服劳干事"之本领，因此，教育必须将各种实际本领和技能纳入到教学内容之中。有鉴于此，严复注重专业教育，他称之为"实业教育"。对于严复来说，教育以智育为主，是为了追求学问；学问的目的则在于学以致用——从国家的角度说是为了服务于救亡图存，从个人的角度说是为了谋生养生。沿着这个思路，他从功用的角度将学问分为两大类：一类是"专门之用"，另一类是"公家之用"。正是在这个意义上，严复写道：

> 诸公在此考求学问，须知学问之事，其用皆二：一、专门之用；一、公家之用。何谓专门之用？如算学则以核数，三角则以测量，化学则以制造，电学则以为电工，植物学则以栽种之类，此其用已大矣。然而虽大而未大也，公家之用最大。公家之用者，举以炼心制事是也。故为学之道，第一步则须为玄学。玄者悬也，谓其不落遥际，理该众事者也。玄学一名、二数，自九章至微积，方维皆丽焉。人不事玄学，则无由审必然之理，而拟于无所可拟。然其事过于洁净精微，故专事此学，则心德偏而智不完，于是，则继之以玄著学，有所附矣，而不囿于方隅。玄著学，一力，力即气也。水、火、音、光、电磁诸学，皆力之变也。二质，质学即化学也。力质学明，然后知因果之相待。无无因之果，无无果之因，一也；因同则果同，果钜则因钜，二也。而一切谬悠如风水、星命、禨祥之说，举不足以惑之矣。然玄著学明因果矣，而多近果近因，如汽动则机行，气轻则风至是也，而无悠久繁变之事，而心德之能，犹未备也，故必受之以著学。著学者用前数者之公理大例而用之，以

---

① 《请废八股以育人才折》，《康有为全集》第四集，中国人民大学出版社2007年版，第295页。
② 《实业教育》，《严复集》第一册，中华书局1986年版，第205页。

考专门之物者也。如天学，如地学，如人学，如动植之学。非天学无以真知宇之大，非地学无以真知宙之长。二学者精，其人心犹病卑狭鄙陋者，盖亦罕矣！至于人学，其蕃变犹明，而于人事至近。夫如是，其于学庶几备矣。然而尚未尽也，必事生理之学，其统名曰拜欧劳，而分之则体用学、官骸学是也。又必事心理之学，生、心二理明，而后终之以群学。群学之目，如政治，如刑名，如理财，如史学，皆治事者所当有事者也。凡此云云，皆炼心之事。至如农学、兵学、御舟、机器、医药、矿务，则专门之至溢者，随有遭遇而为之可耳。夫惟人心最贵，故有志之士，所以治之者不可不详。而人道始于一身，次于一家，终于一国。故最要莫急于奉生，教育子孙次之。而人生有群，又必知所以保国善群之事，学而至此，殆庶几矣。①

由此可见，严复不仅注重专门、专业人才的培养，而且主张引进西学和新的学科分类方法推动教育理念、教育方针和教育内容的变革。具体地说，他以"专门之用"与"公家之用"为切入点，对学术进行分门别类。这意味着严复试图在中国古代七略或经史子集的划分标准和模式之外，以用为标准对所有学科重新进行分类，背后隐藏着学以致用、学为了用的教育理念和价值旨趣。在这个视界中，"专门之用"又分为算学、三角、化学、电学和植物学五大学科，其中进一步衍生出农学、兵学、御舟（航海）、机器（机械制造）、医药和矿务诸学；"公家之用"又分为玄学（哲学，包括一名二质，从九章算术到微积分皆在其中）、力学和磁学，此外还有天文学、地理学、生理学、心理学、政治、理财（经济）、刑名（法律）和历史组成的群学（社会科学）。与"专门之用"对应的是专门之学，这决定了新的教育方针和人才培养模式必须将专门、专业人才作为一个新的培养方向纳入其中，并且必须使之占据主导地位。

与此同时，严复重视专业教育。这既是培养专门人才的需要，又与他培养全人的教育理念一脉相承。对此，严复解释说："盖吾国旧俗，本谓舍士无学。士者所以治人，养于人，劳其心而不劳其力者也。乃今

---

① 《西学门径功用》，《严复集》第一册，中华书局1986年版，第94—95页。

实业教育,所栽培成就之人才,则能养人,有学问,而心力兼劳者也。"① 在他看来,古代教育所培养的士人专门从事治人工作,故而只能从事脑力劳动而不能从事体力劳动。近代教育实行"实业教育",目的就是让受教育者既能够劳心,又能够劳力。从这个意义上说,"实业教育"是严复"教育改良"的主要内容和举措,并且与"鼓民力""开民智"和"新民德"的三民教育相契合。

进而言之,伴随着天文学、地理学、生理学、心理学、政治学、法学、经济学等自然科学、社会科学以及名目繁多的专门、专业之学的急骤增加,近代哲学家力图对各门学科予以整合,以便在教学中循序渐进,满足不同目的需要。康有为将西学书目分为十五门,并对这十五门排列如下:"生理门第一""理学门第二""宗教门第三""图史门第四""政治门第五""法律门第六""农业门第七""工业门第八""商业门第九""教育门第十""文学门第十一""文字语言门第十二""美术门第十三""小说门第十四""兵书门第十五"②。谭嗣同在《仁学》中对各门学科的关系如是说:

二六、算学即不深,而不可不习几何学,盖论事办事之条段在是矣。

二七、格致即不精,而不可不知天文、地舆、全体、心灵四学,盖群学群教之门径在是矣。③

严复对各门学科的关系以及先后次第概括如下:"是故欲为群学,必先有事于诸学焉。不为数学、名学,则吾心不足以察不遁之理,必然之数也;不为力学、质学,则不足以审因果之相生,功效之互待也。名数力质四者之学已治矣,然吾心之用,犹仅察于寡而或荧于纷,仅察于近而或迷于远也,故必广之以天地二学焉。盖于名数知万物之成法,于力质得化机之殊能,尤必藉天地二学,各合而观之,而后有以见物化之成迹。名数虚,于天地征其实;力质分,于天地会其全,夫而后有以知

---

① 《实业教育》,《严复集》第一册,中华书局1986年版,第206—207页。
② 《日本书目志总目》,《康有为全集》第三集,中国人民大学出版社2007年版,第264—265页。
③ 《仁学》,《谭嗣同全集》(增订本),中华书局1998年版,第293页。

成物之悠久，杂物之博大，与夫化物之蕃变也。"① 在此，无论数学、逻辑学的运用还是物理学、化学的加盟都表明自然科学是社会科学（"群学"）的基础，对于社会科学至关重要。因此，只有先通诸学，才能研究社会科学。

由于与救亡图存密切相关，救亡图存需要全体中华儿女同心同德、同仇敌忾，近代教育是一场全民教育。对于培养爱国心来说，所有的中国人概莫能外。这极大地拓展了近代教育的对象，并且凸显了人格教育、国格教育。尽管如此，近代教育绝不仅仅局限于此，救亡图存既要有爱国观念和民族意识，又要有振兴中国的实际本领。有鉴于此，近代教育面向世界、面向社会，结合政治斗争和现实需要而注重实学，将专门、专业之学纳入教育的科目之中。在教育内容上，近代教育除了古代注重的道德教育外，还包括各种专门、专业之学。这使实学教育成为近代教育的重要组成部分。近代哲学家讲求实学，并由此将物质救国论、科学救国论与教育救国论连为一体。从教育改革来说，专门、专业之学的引进推动了中国近代教育内容和学科设置的转型。正是在专门、专业之学的推动下，中国的教育有了文科与理科之分。与对专门、专业之学的重视一脉相承，除了综合性大学开设理工科，还创建了各种理工科院校。

四　改变生活方式

与空前的教育改革和关注人格教育密切相关，近代教育不仅向国民输入了新思想、新观念，而且引领、改变了中国人的思维方式、人生目标和价值诉求。由此，务实、竞争等观念逐渐深入人心，生活方式、风俗习惯和衣服饮食等方面都发生了天翻地覆的变化。就衣服而言，以西服、裙装和领带为代表的洋装进入中国人的生活，中国原有的服装从样式到颜色也发生巨大改变，其中最具代表性的则是中山装。纵观古今中外教育史，中国近代教育影响的巨大深刻、无孔不入可谓是空前绝后的。近代中国人外在的改服易饰，内在的脱胎换骨，全与近代教育的改革和普及具有某种内在关联。近代教育对中国人的思想观念和生活方式影响深远的除了废科举，还有就是废除女子缠足。

在对中国近代致弱之源的挖掘中，康有为将缠足之害与八股取士相

---

① 《原强修订稿》，《严复集》第一册，中华书局1986年版，第17页。

提并论。这用他本人的话说便是:"中国既有八股以愚士之心,又有裹足以弱民之体,身心俱困,而国从之。中国削弱之原,实由于此。"①基于这一分析,康有为在提出废除八股的同时,极力主张女子放足。具体地说,他对于废除女子缠足的大声疾呼从两个不同方面展开:一是历陈缠足之害,二是呼吁废除女子缠足。

鉴于亡国灭种的民族危机,康有为与其他近代哲学家一样认识到中国必须强种强兵,故而对国民身体素质的羸弱忧心如焚。在他看来,女子裹足恰恰是导致中国人身体素质低下,最终造成种弱兵弱的罪魁祸首。对此,康有为分析说:"试观欧美之人,体直气壮,为其母不裹足,传种易强也。回观吾国之民,尪弱纤偻,为其母裹足,故传种易弱也。今当举国征兵之世,与万国竞,而留此弱种,尤可忧危矣。"②欧美人与中国人的体质相去甚远,究其根源由其母传种所致。质而言之,欧美人身体强健,是由于女子不缠足,"传种易强";中国人"尪弱纤偻",是因为女子缠足,"传种易弱"。中西人种的体格之差从正反两方面共同证明,女子缠足事关国民的身体素质,缠足之俗是导致中国种弱的祸根,而种弱则进一步导致中国的兵弱。

事实上,康有为所抨击的缠足之害并不限于导致种弱兵弱,还包括其他方面的内容。例如,在《万寿大庆乞复祖宗行恩惠宽妇女裹足折》中,他上奏曰:

> 国之大患,莫如贫与弱也。《大学》之论理财,在生众食寡。今一男一子竭力经营于外,而妇女以裹足之故,拱手坐食于内。夫以一人而养母、妻、女数人,数口嗷嗷,常忧不给。……人心风俗之坏,盗窃乱贼之兴,皆由此作。……此由妇女裹足,累及其夫其子,因而累及于国。大害一也。
>
> 夫国之所以者,一曰官,一曰士,一曰兵。三者所以任国家之事,必须精力强足,身体壮健,然后执戈、讲学、立政、立事,沛然有余。……西人论我兵怯弱之故,由于种类之不强;而种类之不

---

① 《万寿大庆乞复祖宗行恩惠宽妇女裹足折》,《康有为全集》第四集,中国人民大学出版社2007年版,第379页。
② 《请禁妇女裹足折》,《康有为全集》第四集,中国人民大学出版社2007年版,第381页。

强,实由妇女裹足所致。束缚血气,戕绝筋骨,经数十代展转流传,故传种日弱,致令弱其兵、弱其士、弱其官。大害二也。①

……况当诸国竞争之时,正宜保民自强之日。增二万万无用之民,与增二万万有用之民,孰得?强二万万将来之种,与弱二万万将来之种,孰是?事之重大,未有过此,不可以琐屑而忽之也。②

在这里,康有为将女子缠足之害归结为两大方面,并且都与国家之大患——贫与弱直接联系起来。大致说来,其中的"大害一也"侧重于贫,"大害二也"则侧重于弱。就女子缠足导致中国种弱来说,他在肯定女子缠足导致中国兵弱的同时,加上了官弱和士弱。如果说兵弱关乎国家之强胜的话,那么,官弱、士弱则关乎国家的政治和学术。官、士和兵的并提表明,康有为对缠足导致中国之弱的分析和认识更全面,也更深刻。就女子缠足导致中国之贫而言,他的论证从女子由于缠足无法出门谋生而只能坐食家中依靠男子养活入手,着重揭露缠足使女子丧失劳动机会和能力,不能像男子那样创造财富。这不仅导致家中生计捉襟见肘,而且给国家财富带来损失。尽管如此,康有为的论述并不限于此。在他看来,女子不劳而食增加了男子养家糊口的压力和负担,致使男子在家中母亲、妻子和女儿等数口之人皆靠自己养活,而自己却力不能赡之时,铤而走险。至此,女子缠足导致偷窃抢劫,进一步导致人心风俗之坏。

康有为对女子缠足之害的剖析和揭露表明,女子缠足不仅危害女子本身,而且殃及男子;不仅给家庭带来负担,而且在造成社会财富损失的同时,给社会治安和风气造成隐患——总之,贻害无穷。鉴于女子缠足有百害而无一利,所以必须废除。

面对康有为的议论,人们不禁疑窦丛生:女子缠足在中国由来已久而并非始于近代,康有为所讲的这些危害也一直存在。既然如此,女子缠足为何不废?回答是:在中国近代,为了救亡图存,必须富国强兵;

---

① 《万寿大庆乞复祖宗行恩惠宽妇女裹足折》,《康有为全集》第四集,中国人民大学出版社2007年版,第378—379页。

② 同上书,第379页。

为了强兵之需，必须先强种，而这一切都使废除女子缠足势在必行。面对这样的答案，人们不禁要问：一旦救亡成功，女子是否恢复缠足？此外，康有为主张废除女子缠足的另一个重要理由是，女子由于缠足不能自谋生计而增加了男子的养家负担和社会的经济压力，并由此滋生盗抢之事和人心之坏。面对这种说法，人们同样不禁要问：对于衣食无忧乃至钟鼎之食的富贵之家，女子缠足可能导致的这些后果都不会出现，那么，女子是否仍然缠足？女子缠足是否会像明末上层社会妇女闭居一样，在衣食无忧的人家保留乃至盛行？

对于康有为来说，缠足之俗之所以不得不废，原因是多方面的。除了必要性、紧迫性和功利性之外，还涉及正当性、公平性等问题。换言之，亡国灭种的危机加剧了废除女子缠足的紧迫性和必要性，并非废除女子缠足的唯一原因，甚至不是根本原因。即使抛开国家的兵弱种弱和家庭的经济负担不谈，仅从天理、人权、文明和公理来看，废除女子缠足也势在必行。正是在这个意义上，对于女子缠足缘何必废，他给出了如下理由："夫肉刑之罪，中国久废；裹足之事，等于古之刖刑。女子何罪而加刖之？童幼髫年，血气未足，月令之经，方当助天慈养，而乃束带缠扰，逼令纤小；不为妇德、妇学之教，而惟冶容纤趾之求。严刑酷毒，有若治盗。刀钳绳杖之交加，号哭悲呼之日作；道路见之，惨不能视。而乃以慈母为酷吏，以家庭为地狱。……此诚亘古未有之酷毒，而全地球所笑之蛮俗也。"[①] 在康有为的视界中，即使抛开种种现实和功利的理由不谈，仅就残酷背理而论，女子缠足亦不可不废：第一，缠足是对女子施加肉刑，与中国古代的刖刑无异。中国早已经废除了肉刑，却要求女子缠足。这等于在女子无罪的情况下对她们施以肉刑，极不公平。第二，女子缠足从童髫之年开始，这时的女子身体尚未长成，缠足是对女子身体的戕害。女子缠足妨碍身体发育，成年后肩不能担担，手不能提篮，更不能与男子一样出门游历。如此对待女子，有若防盗，是对女子权利和尊严的侵犯。第三，女孩缠足时痛苦万状，日夜哀号，即使路人也不忍目睹。这样的惨剧却在家中上演，是对亲情人伦的践踏。这等于使慈母异化为酷吏，使家庭异化为监狱。第四，观诸万

[①]《万寿大庆乞复祖宗行恩惠宽妇女裹足折》，《康有为全集》第四集，中国人民大学出版社2007年版，第379页。

国，女子缠足之俗可谓绝无仅有。中国强迫女子缠足是野蛮的表征，徒增文明之讽。分析至此，他对女子缠足之俗给出了如下鉴定："考之经义则无之，观之万国则非之，原于天理则悖之，施之民生则害之，验于国势则弱之，质之祖训则违之。"[1] 有了这一结论，便坚定了康有为大声疾呼废除女子缠足的信心和决心。他专门为此事上书皇帝，请求下诏书立即废除女子缠足也就顺理成章了。

无论由思想引领到实践操作还是直接上奏皇上都体现了康有为呼吁废除女子缠足具有严复无可比拟的意义和作用。早在1895年，严复在提出"鼓民力"之时就将女子缠足与吸食鸦片一起说成是造成中国"民力已茶"的根源，进而大声疾呼废除女子缠足和禁止吸食鸦片。康有为与严复一样将女子缠足之害与吸食鸦片相提并论，认定二者对于中国近代的亡国灭种难辞其咎。所不同的是，康有为对女子缠足危害的揭露侧重造成身体之尫弱，吸食鸦片侧重造成精神之萎靡。就反对女子缠足而言，康有为在其他场合——如《大同书》等论作中有过多次呼吁，《万寿大庆乞复祖宗行恩惠宽妇女裹足折》和《请禁妇女裹足折》均作于"百日维新"时期，比严复晚了三年。问题的关键是，此时的康有为直接上书光绪帝请求废除女子缠足，这已经不再限于思想、认识，而是侧重具体的实施和操作了。鉴于废除女子缠足之事势在必行，康有为在上书光绪帝的奏折上直言建议："自光绪二十年以后所生之女，不准缠足；如有违犯，不得给予封典。"[2] 光绪二十年（1894），这一年出生的女孩至康有为上书时适值缠足年龄[3]。

值得注意的是，最早公开宣扬"戒缠足"的，既非严复，也非康有为；从时间上看，也并非在甲午战争之后，而是远远早于此。美国传教士林乐知（Allen, Young John）主编的《万国公报》率先反对缠足。仅从1875年到1878年的三年时间，《万国公报》就发表了多篇文章，力劝女性不要缠足。其中有文章特别指出，缠足对于下层劳动妇女尤为有害，因为富家妇女"无奔走劳瘁之忧"，贫家妇女则要担负繁重的家务和生产劳动。这些文章在社会上开始产生一些影响。1877年，厦门

---

[1] 《万寿大庆乞复祖宗行恩惠宽妇女裹足折》，《康有为全集》第四集，中国人民大学出版社2007年版，第379页。

[2] 同上。

[3] 《万寿大庆乞复祖宗行恩惠宽妇女裹足折》作于1898年8月18日。

一牧师在教民中创立"戒缠足会",这是中国第一个公开倡导不缠足的组织。1895年,英国商人的妻子——立德夫人(Little, Archibald)联合在华的西方妇女在上海设立"天足会"。"天足会"鼓励中国妇女参加,在成立之初就明确表示,待中国风气开化后,西方人将退出而由中国人办理。

1882年,北上赶考的康有为路过上海购买大量"西学"书报,《万国公报》上刊登的有关缠足的文章使他深受启发,回乡后便展开戒缠足活动。1896年,维新运动方兴未艾,国人开始对新学产生浓厚兴趣,成立了一批研习新学的社团,其中就包括广东、四川等地的戒缠足会。1897年春,谭嗣同、梁启超等人发起成立上海"不缠足会",宣布以上海为全国的总会,号召各地成立分会。梁启超主编的《时务报》也刊登戒缠足的文章。从此,不缠足运动迅速向南方各省扩展,短短时间各地成立了几十个戒缠足的团体。"百日维新"期间,一直宣传不缠足、早在家乡创办不缠足会并令女儿不缠足的康有为给光绪皇帝上了许多奏折,其中就包括著名的《请禁妇女裹足折》。光绪皇帝同意此奏,令各督抚推行。可惜尚未来得及施行,慈禧就发动了"戊戌政变",包括禁缠足在内的新法尽废,包括不缠足会在内的所有社团被取缔,正在兴起的不缠足运动遭受重创。尽管如此,"天足会"是外国人所办,慈禧不敢轻易取缔,对其种种活动也无可奈何。所以,"天足会"总会和各地分会一直坚持活动,影响也越来越大,使不缠足运动得以延续。庚子剧变之后,逃亡途中的慈禧不得已宣布实行"新政"。1902年2月初,清政府谕令劝止缠足,不缠足运动再度兴起,中国人自己创办的不缠足会遍布全国。1905年,慈禧在"新政"期间发布谕旨,"婉切劝导"禁止妇女缠足。辛亥革命爆发几天后,湖北军政府即发布妇女放足的通告。孙中山就任临时大总统后,立即于1912年3月13日发布命令通饬全国劝禁缠足,不缠足运动轰轰烈烈地在全国展开。1952年,中华人民共和国下达禁止妇女缠足命令,彻底结束了中国女子1000年的缠足史。上述梳理可以看出,维新派大声疾呼废除缠足成为戊戌启蒙教育思想的重要内容,对于推动废除女子缠足起到了至关重要的作用。

第四节 近代教育的误区

救亡图存与思想启蒙是中国近代的两大历史使命和时代主题，特殊的历史背景和文化语境造就了近代教育的特殊性，也使教育在中国近代社会发挥了空前的作用。在这个前提下应该看到，中国近代的教育哲学带有与生俱来的历史局限，拥有不容忽视的理论误区。只有在充分肯定中国近代教育哲学的积极意义的同时，反思其历史局限和理论误区，才能全面、客观地认识和评价中国近代的教育哲学。

一 新旧杂糅

近代是西学东渐的时代，也是古今中外各种学说杂糅的时代，中国近代的教育哲学便与生俱来地带有这种时代烙印。近代教育哲学的新旧杂糅最明显地表现在概念的使用上。众所周知，近代意义上的教育（education）一词是舶来品，中国古代只有教化或教而无近代意义上的教育概念，教育与宗教、哲学等概念一样是从日本传入的。诚如康有为所言："今日人之科学名派译自欧人，除宗教外，有哲学、政治、教育等名词。"[①] 中西文化的碰撞加之日本译名的转译乃至舛误决定了中国近代哲学家的教育概念歧义丛生，教、教化、教育甚至宗教等多个概念相互交叉、混用，其间并没有明确界限。这种情况在康有为等人的思想中表现得尤为突出。例如，康有为习惯于使用教而非教育一词来表达自己的教育思想，下面即是一例："若夫教，何以为教哉？有高有下，有浅有深，因人而发，要足以救今之弊，兴起人心，成就人才而已。"[②]

概念是思维的基本单位，思想的表达、论述依赖于概念的明确、清晰。反之，核心概念的模糊势必影响思想的表述，甚至冲击思想的准确。与教育等概念的模糊不清相一致，近代哲学家对教育的理解模糊不清，除了侧重教育外，尚有侧重教化、宗教者。这使近代的教育思想内容宽泛，与教化、文化、文明、学术或宗教等诸多概念没有明确界定，

[①] 《英国监布烈住大学 华文总教习斋路士会见记》，《康有为全集》第八集，中国人民大学出版社2007年版，第35页。

[②] 《与沈刑部子培书》，《康有为全集》第一集，中国人民大学出版社2007年版，第238页。

诸多学科不可截然分开。

进而言之，无论近代教育哲学在概念上的歧义丛生还是在内容上的宽泛模糊都与西方概念思想和学科分类的输入有关，这意味着近代教育哲学的新旧杂糅表现在内容上便是中西和合。具体地说，近代哲学家大多有中学为体西学为用的倾向，他们的教育哲学也是中西贯通甚至中西杂糅的。例如，康有为在奏折上曰："臣窃维中国人才衰弱之由，皆缘中西两学不能会通之故。故由科举出身者，于西学辄无所闻知；由学堂出身者，于中学亦茫然不解。夫中学体也，西学用也；无体不立，无用不行，二者相需，缺一不可。今世之学者，非偏于此即偏于彼，徒相水火，难成通才。推原其故，殆颇由取士之法歧而二之也。"① 这就是说，中学与西学一体一用，缺一不可，教育要将中学（科举）与西学（学堂）结合起来。他指出，西方富强的秘诀是教民、通民气，中国的振兴之路是效仿西学走教民、通民气之路，以六经为教则是中国的"自强之本"。对于这一点，康有为论证并解释说：

> 尝考泰西所以强者，皆暗合吾经义者也。泰西自强之本，在教民、养民、保民、通民气、同民乐，此《春秋》重人、《孟子》所谓"与民同欲，乐民乐，忧民忧，保民而王"也。其教民也，举国人八岁必入学堂，皆学图算，读史书，无不识字之人。其他博物院、藏书库、中学、大学堂，此吾《礼记》家塾、党庠、乡校、国学之法也。其养民也，医院、恤贫院、养老院，以至鳏寡孤独皆有养。泰西皆无乞丐，法制详密，此《王制》《孟子》恤穷民之义也。其保民也，商人所在，皆有兵船保护之。商货有所失，则于敌国索之，则韩起买环，子产归之，且与商人有誓，诈虞之约是也。其通民气也，合一国之人于议院，吾《洪范》所谓"谋及庶人"、《孟子》所谓"国人皆曰贤"也。其同民乐也，国都十里，五里必有公家之囿，遍陈花木百戏，新埠亦必有一二焉。七日一息，则《孟子》所谓"囿与民同"、《易》所谓"七日来复，闭关商旅不行"是也。国君与臣民见皆立，免冠答礼，吾《礼记》则"天子

---

① 《请将经济岁举归并正科并饬各省生童岁科试迅即遵旨改试策论折》，《康有为全集》第四集，中国人民大学出版社2007年版，第306页。

当扆而立，诸侯北面而朝"、《公羊》所谓"天子见三公下阶，是卿与席大夫抚席"也。民皆为兵，是吾寓兵于农也。机器代工，是《易》之利用前民也。其有讼狱，必有陪审官，《王制》所谓"刑人于市，与众弃之"也。谋事必有三人，《春秋》所谓"族会"、《洪范》所谓"三人占则从二人言"也。众立为民主，《春秋》卫人立晋美得众，《孟子》所谓"得乎丘民，为天子"也。故凡泰西之强，皆吾经义强之也，中国所以弱者，皆与经义相反者也。《康诰》保民如赤子，而吾吏治但闻催科书；率作兴事，而吾吏道惟省事卧治，《孟子》尊贤使能，俊杰在位，而吾尊资使格，耆老在位，以崔亮停年之格，孙丕杨抽签之制为金科玉律也。《礼》"大夫七十而致仕"，而今非七八十龙钟昏聩犹不服官政也。《中庸》称重禄劝士，《孟子》称君十卿禄，而吾大学士俸二百金，不及十日之费，仅比上农，知县养廉仅千，不及一幕友之脩也。①

同样，梁启超在认定中学为本、西学为用的前提下，呼吁译西书，通西学。他断言："要之舍西学而言中学者，其中学必为无用；舍中学而言西学者，其西学必为无本。无用无本，皆不足以治天下。"②

严复被誉为近代西学第一人，精通西学的他并不对西学亦步亦趋，而是以西学"回照故林"。有鉴于此，严复申明，尽管自己凸显智育，大声疾呼科学教育，将西学、西语作为教育内容，然而，这样做的目的并不是为"物理科学游说"，甚至并不是为西学代表的"新学游说"。新学固然为当日中国之"最急"，然而，教育要义却在于使受教育者"心德不偏"，全面发展。正因为如此，教育者在进行教育时如果率尔操觚，尽弃其旧而唯谋其新，同样危害匪浅。对于其中的道理，他进一步解释说：

> 新学固所最急，然使主教育者，悉弃其旧而惟新之谋，则亦未尝无害。盖教育要义，当使心德不偏。故所用学科，于思理、感

---

① 《日本书目志》卷五，《康有为全集》第三集，中国人民大学出版社2007年版，第328页。
② 《〈西学书目表〉后序》，《梁启超全集》第一册，北京出版社1999年版，第86页。

情、内外籀，皆不可偏废。中国旧学，德育为多，故其书为德育所必用。何况今日学子，皆以更新中国自期。则譬如治病之医，不细究病人性质、体力、习惯、病源，便尔侈谈方药，有是理乎？姑无论国粹、国文，为吾人所当保守者矣。故不佞谓居今言学，断无不先治旧学之理，经史辞章，国律伦理，皆不可废。惟教授旧法当改良。诸公既治新学之后，以自他之耀，回照故林，正好为此。譬如旧说言必有信，见利思义，不过指人道之当然，未明其所以必然之故也。今则当云是二者，无异自然之公例。一人窃取财物，招摇撞骗，其必害无利，与投身水火同科，必溺必焚，盖无疑义。程伊川云："饿死事小，失节事大。"今使深明群学之家讲之，自见此事为一身计，为一家计，为社会计，为人种计，皆饿死为佳，不可失节。（失节不必单就女子边说。）大抵古今教育不同，古之为教也，以从义为利人苦己之事，必其身有所牺牲，而后为之。今之为教，则明不义之必无利，其见利而忘义者，正坐其人脑力不强而眼光短耳。此德育教授新法之大略也。[1]

严复的解释表明，中国的"教育改良"既要输入西学，又不可放弃中学——归纳起来，有三个要点：第一，中国的"教育改良"必须输入西学，然而，输入西学并不意味着抛弃中学；恰好相反，治西学的目的是发扬中学，即以西学滋养、培植中学。对此，他称之为"回照故林"。第二，"教育改良"并非一味地除旧布新，所要改的是教育方法而非教育内容。这套用严复本人的话说便是，"惟教授旧法当改良"。依据他的理解，教育改革的具体方法是在学习西学之后，以西学印证中学。严复举例子解释说，德育不是不讲中国古代的德育，而是要转换讲授德育的方法——在像古代教育那样强调"人道之当然"的同时，借助西学让人"明其所以必然之故"。第三，正如医生给人看病要先研究病人各方面的具体情况，然后才能有针对性地对症下药一样，中国的"教育改良"要结合国民的素质和古代教育的病候辨证施治。古今教育方法不同，古之教育力图让人深信从义而利是苦己之事，所以，人必须

---

[1] 《论今日教育应以物理科学为当务之急》，《严复集》第二册，中华书局1986年版，第284—285页。

做出牺牲才能为之；今之教育则昭示人们，为了确保利而必须义，不义则终不得利，见利忘义是目光短浅的愚蠢行为。

中国近代教育哲学之新旧杂糅最直观地表现在近代哲学家对待科举的态度上。作为除旧布新的表现，他们在审视古代教育弊端的过程中不约而同地将批判的矛头指向了科举，甚至将废除八股、变革科举奉为变法维新、改造中国的突破口与关键处。康有为在奏折中写道："夫斟酌补苴，岂不甚善，而职必谓非扫除更张，终无补益者，何哉？试以一二事言之：如今日所大患者，贫、弱也。救贫莫如开矿、制造、通商，救弱莫如练兵、选将、购械，人所共知也。而科举不改，积重如故，人孰肯舍所荣而趋所贱哉？著书、制器、办工、寻地之荣途不开，则智学不出。故欲开矿，则通矿学者无其人，募制造，则创新制者无其器，讲通商，则通商学者无其业，有所欲作，必拱手以待外夷。故有地宝而不能取，有人巧而不能用，以此求富，安可致哉？"① 在这里，康有为一面认定中国的积贫积弱由来已久，积重难返；一面将"开矿、制造、通商""练兵、选将、购械"和"著书、制器、办工、寻地"等出路寄托于教育，矛头直指科举。尽管如此，他建议"改科举"而不是废除科举。与康有为对科举的态度如出一辙，严复提出的是"废八股"而不是废科举。更有甚者，谭嗣同并不将科举视为妨碍中国教育的障碍，他的教育改革目光聚焦科举，却不是废科举，而是利用科举推行西学。

二　急功近利

特殊的年代和需要造就了中国近代的教育哲学，时代烙印的集中体现便是带有明显的急功近利性。中国近代教育哲学的优点与缺点在某种程度上与生俱来，可谓是一体两面。如果说围绕着救亡图存的宗旨展开转变了教育的目标、扩展了近代教育的范围的话，那么，救亡图存的刻不容缓则注定了近代教育的急功近利性和短视性。近代教育哲学的急功近利不仅表现在将教育奉为包治百病的灵丹妙药，使教育承载过重负荷；而且表现在追求教育的速成性、快节奏和时效性，而忽视了百年育人的教育规律。

康有为信誓旦旦地向光绪皇帝保证，采纳他的建议译日本文"可三

---

① 《上清帝第四书》，《康有为全集》第二集，中国人民大学出版社2007年版，第84页。

年而成",中国的变法维新也由此"可不及十年而成之"。对于这一切的可行性和预期效果,康有为提出的理由是:

> 即二十行省尽兴而译之矣,译人有人矣,而吾国岌岌,安得此从容之岁月?然则法终不能变而国终不可强也。康有为昧昧思之,曰:天道后起者胜于先起也,人道后人逸于前人也。泰西之变法至迟也,故自培根至今五百年而治艺乃成;日本之步武泰西至速也,故自维新至今三十年而治艺已成。大地之中,变法而骤强者,惟我与日也。俄远而治效不著,文字不同也。吾今取之至近之日本,察其变法之条理先后,则吾之治效可三年而成,尤为捷疾也。且日本文字犹吾文字也,但稍杂空海之伊吕波文十之三耳。泰西诸学之书其精者,日人已略译之矣,吾因其成功而用之,是吾以泰西为牛,日本为农夫,而吾坐而食之。费不千万金,而要书毕集矣。使明敏士人习其文字,数月而通矣,于是尽译其书。译其精者而刻之布之,海内以数年之期、数万之金,而泰西数百年数万万人士新得之学举在是,吾数百万之吏士识字之人皆可以讲求之。然后致之学校以教之,或崇之科举以励之,天下向风,文学辐辏,而才不可胜用矣。于是,言矿学而矿无不开,言农、工、商而业无不新,言化、光、电、重、天文、地理而无之不入微也。以我温带之地,千数百万之士,四万万之农、工、商更新而智之,其方驾于英、美而逾越于俄、日,可立待也。日本变法二十年而大成,吾民与地十倍之,可不及十年而成之矣。①

由此可见,康有为提出的可行性论证从三个方面展开:第一,世界是进化的,正如自然界中后出现的生物高于先出现的生物一样,"人道后人逸于前人"。西方变法在先,故而特别慢("至迟"),从培根时期算起用时五百年;日本变法在后,由于步武西方,故而速成("至速"),用时二十年——即使是从明治维新开始算起到今日"治艺已成",也不过三十年的时间。第二,望眼世界,效仿西方变法而成功

---

① 《日本书目志自序》,《康有为全集》第三集,中国人民大学出版社2007年版,第264页。

者，要数日本与俄国。俄国离中国较远，并且治效不显著而不宜效法；中国取法日本最宜，因为日本与中国"至近"，并且与中国文字相同——为了突出这一点，康有为甚至称之为"日本文字犹吾文字也"。这两点决定了中国效仿日本变法是捷径，以至于"三年可成"。第三，中国效法日本的具体步骤可以分三步走：第一步，考察日本变法的条理先后，取其成功经验，译其精要之书；第二步，对于译书中的精品刊刻发布，以此将西方数百年集万万人士新得之学向中国百万之官吏和士人普及；第三步，学校教授新译之学，以科举考试奖励新学，由此引领学风，以士人为主力军推进、普及新学。这样一来，便可以使译学深入、普及到矿、农、工、商、化、光、电、重、天文、地理等各个领域和学科，从而使四万万中国人的思想、知识得以更新。基于上述分析和论证，康有为得出结论，如法炮制，中国变法可以"不及十年而成"。更有甚者，他声称，鉴于中国地处温带，人口众多，中国的维新图强"三年可成"。届时，中国不仅可以完全摆脱落后挨打的窘境，而且可以凌驾于英美而逾越日俄。

有学者指出，康有为、梁启超代表的维新派是"在野之人"，故而夸大自己主张的实效，以期游说皇帝而被重用，他们的言论具有待价而沽的性质。其实，包括康有为在内的维新派的言论除了为自己"做广告"之外，救亡图存的迫在眉睫这一客观因素同样不容忽视。可以作为注脚的是，康有为这段话的开场白是："吾国岌岌，安得此从容之岁月？"严峻的形势决定了近代哲学家重视"疗效"、夸大"疗效"在意料之中。在这方面，不仅康有为、梁启超等"在野之人"如此，即便是身居庙堂之上的光绪皇帝也是这种心情，所以才会在康有为历陈变法措施、展望变法效果之时被深深打动，毅然决然地支持变法。

为了输入西学，康有为专门上奏皇上请准翻译西学，并且陈述了不直接译西书而转译日本译书的理由。奏折上书："臣愚窃考日本变法，已尽译泰西精要之书。且其文字与我同，但文法稍有颠倒，学之数月而可大通，人人可为译书之用矣。若少提数万金，多养通才，则一岁月间，可得数十种。若筹款愈多，养士愈众，则数年间，将泰西、日本各学精要之书，可尽译之。而天下人士及任官者，咸大通其故，以之措政皆有条不紊，而人才不可胜用矣。"① 值得注意的是，他之所以提出从日本转译西书、输入西学的迂回策略，最主要的原因不是认为日本明治维新"尽译泰西精要之书"，而是认为日本"文字与我同"，中国人学习日语"数月而可以通"，翻译人才易得，译日本书时间短、见效快，"一岁月间"就"可得数十种"，"数年间"即可尽译西方、日本"各学精要之书"。从中可见，与选择日本作为中国变法维新、教育改革的榜样一样，康有为选择日本译书而通西学是出于功利考虑，纯属权宜之计。这种急功近利性在康有为上光绪皇帝的奏折中表现得极为直白而充分。例如，康有为反复在奏折中写道：

> 臣窃见工部主事康有为，忠肝热血，硕学通才，明历代因革之得失，知万国强弱之本原，当二十年前，即倡论变法。其所著述有《彼得变政记》《日本变政记》等书，善能借鉴外邦，取资法戒。其所论变法，皆有下手处。某事宜急，某事宜缓，先后次第，条理粲然，按日程功，确有把握。其才略足以肩艰巨，其忠诚可以托重任。并世人才，实罕其比。若皇上置诸左右以备顾问，与之讨论新政，议先后缓急之序，以立措施之准，必都有条不紊，切实可行，宏济时艰，易若反掌。②

> 广东举人梁启超，英才亮拔，志虑精纯，学贯天人，识周中外。其所著《变法通议》及《时务报》诸论说，风行海内外，如日本、南洋岛及泰西诸国，并皆推服。湖南抚臣陈宝箴聘请主讲时务学堂，订立学规，切实有用。若蒙圣上召置左右，以备论思，与讲新政；或置诸大学堂，令之课士；或开译书局，令之译书，必能措施裕如，成效神速。③

一目了然，康有为一再向光绪皇帝保证，起用自己变法维新，中国

---

① 《请译日本书片》，《康有为全集》第四集，中国人民大学出版社2007年版，第65页。
② 《国是既定用人宜先谨保维新救时之才请特旨破格委任折》，《康有为全集》第四集，中国人民大学出版社2007年版，第75—76页。
③ 同上书，第76页。

的救亡图存"易若反掌";起用梁启超译西书,"成效神速"。康有为承诺的"易若反掌"和"成效神速"流露出对中国救亡图存的忧心如焚,也不免游说家的自我贩卖。有人说在野的政治家往往喜欢抛出过激言论,以此博得在上者的欣赏和重视。康有为正属于这种情况。光绪皇帝的重用虽然使他身在庙堂之上,但是,光绪帝所需要的不是百年大计而是解决燃眉之急。因此,拿出实效则是救亡图存的迫在眉睫所提出的现实要求。在上皇帝的其他奏折中,康有为也侧重从效果上论证自己主张的有效性,二十年、三十年可以使中国如何如何的话语屡见不鲜,并且不时出现"易若反掌""在反掌间"这样极具煽动性的话。他在《请废八股试帖楷法试士改用策论折》中承诺,自己提出的办法对于新学之兴"在反掌间耳"①。

中国近代的落后挨打和救亡图存的刻不容缓使近代哲学家意识到教育是国家的富强之本,故而将教育提到了前所未有的高度。康有为的这一心态将近代教育的急功近利推向了极致,在中国近代也极具普遍性。例如,梁启超具有"非唯"情结,并且声称自己之所以坚决反对所有主义,是因为一讲到主义就极端了,自己"非唯"就是为了强调凡事都应该从两方面看。基于这一认识,他喜欢用"一而二、二而一"来解释两个事物之间的关系,如个人与国家、英雄与时势等。与反对极端、力求辩证的思维方式相一致,梁启超殚精竭虑的救亡主张和启蒙方案力求全面。尽管如此,救亡图存的迫在眉睫最终还是使梁启超的救亡起弱之策看似双管齐下、多方谋划,实则急不可耐、迫不及待。例如,对于中国的致弱根源和解救之方,他如是说:"中国之弱,由于民愚也。民之愚由于不读万国之书,不知万国之事也。欲救其敝,当有二端:一曰,开学校以习西文,二曰,将西书译成汉字,二者不可偏废也。然学校仅能教童幼之人,若年已长成,多难就学。而童幼脑智未启,学力尚浅,故其通达事理,能受学力,又每不如长成之人,且主持现今之国论者,在长成人而不在童幼人也。故欲实行改革,必使天下年齿方壮志气远大之人,多读西书通西学而后可,故译书实为改革第一急务也。中国旧有译出之书,详于医学、兵学,而其他甚少,若政治、财

---

① 《请废八股试帖楷法试士改用策论折》,《康有为全集》第四集,中国人民大学出版社2007年版,第79页。

政、法律等书,则几绝无焉,且亦皆数十年前之旧本,西人悉已吐弃者,故不能启发才智,转移士论也。康有为于光绪二十一年开强学会于上海,倡译日本书之论。盖以日本与我同文,译之较易也。"① 透过梁启超的这段话,可以深切感受到他对于救亡的心急如焚:第一,梁启超虽然心里明白办学校是培养人才的必由之路,但是,迫于刻不容缓的救亡图存,他指出,由于学校远水解不了近渴,现实形势等不了由学校从童幼开始培养出来的人才。对于成年人来说,只能以译西学来加以补救。第二,即便是译西学,亦不能全面统筹或择优选善,而是一切从速,越快越好,所以,只能从日文书籍译起——这不仅是因为日本是中国近邻,派留学生方便;而且是因为中日"同文",中国人习日文、通日语较之习西文、通西语容易,故而时间短、见效快。梁启超在此只提到康有为的做法,他本人在这个问题上与康有为可谓是英雄所见略同,对于习日文、通过日本译书了解西学的欣喜若狂与康有为相比有过之而无不及。一个明显的证据是,梁启超尽管声称美国最强,女学最盛,然而,他在《论女学》中却没有详细介绍美国的女学,而是隆重推出日本女学,介绍了日本女学开设的十三科,即:一修身,二教育,三国语,四汉文,五历史,六地理,七数学,八理科,九家事,十习字,十一图画,十二音乐,十三体操。很显然,梁启超介绍日本女学不是满足好奇心,而是以备借鉴,作为中国女学的效仿之师。既然是效仿、借鉴却不以最强、最盛之美国为师而最终选择了日本,他所看中的无疑是日本与中国相邻、同文的便捷和快速——说到底,还是摆脱不了急功近利之心。

与中国近代救亡图存的迫在眉睫、刻不容缓密切相关,也与近代哲学家的心理焦虑、心情迫切密不可分,他们在思考中国的出路和教育问题时往往将复杂的问题简单化。例如,康有为将救亡图存的实现寄托于大同社会,而他认为进入大同社会只需要六十年的时间。同样,严复自诩按照他提出的"鼓民力""开民智"和"新民德"进行改革,通过禁食鸦片和废除女子缠足,三十年中国民力可鼓。遑论国民体力如何,拿他自己来说,三十年后依然对鸦片深陷其中,不可自拔。谭嗣同提出的变法维新、富国强兵规划从"广兴学校"和"变通科举"入手,断言

---

① 《戊戌政变记》,《梁启超全集》第一册,北京出版社 1999 年版,第 194 页。

循此设计，中国经过三十年不仅可以摆脱西方列强的奴役，而且可以"首出五大洲"。由于急功近利心切，近代哲学家在面对眼前利益与长远利益、现实问题与未来理想的选择时，只顾眼前，遑论其后。他们这样做的结果不唯无补于现实，最终反而在饥不择食、慌不择路中陷入理论上的矛盾和实践上的困境。

三 虚幻极端

近代哲学家的教育哲学具有极端化和虚幻化的成分，有些主张不切实际，有些观点纯属过屠门而大嚼。更有甚者，中国近代教育哲学的虚幻并非完全是近代哲学家不自觉的流露，有时甚至是明知不可行而言之。正因为如此，出现了一面思想上主张、一面行动上反对之怪现象。在这方面，康有为为自己的辩解将近代哲学家教育哲学的过屠门而大嚼表达到了极致，也从一个侧面为人提供了理解近代教育哲学这一怪现象的心理动机。他说道："地各有宜，物各有适；有宜于彼而不宜于此者，有适于前而不适于后者。今革命民主之方，适与中国时地未宜，可为理想之空言，不能为施行之实事也。不然，中国之人，创言民权者仆也，创言公理者仆也，创言大同者仆也，创言平等者仆也；然皆仆讲学著书之时，预立至仁之理，以待后世之行耳，非谓今日即可全行也。仆生平言世界大同，而今日列强交争，仆必自爱其国，此《春秋》据乱世所以内其国而外诸夏也。仆生平言天下为公，不可有家界，而今日人各自私，仆必自亲其亲、自私其子，此虽孔子，亦养开官夫人伯鱼，而不能养路人也。仆言众生皆本于天，皆为兄弟，皆为平等，而今当才智竞争之时，未能止杀人，何能戒杀兽？故仆仍日忍心害理，而食鸟兽之肉、衣鸟兽之皮，虽时时动心，曾斋一月而终不戒。此阿难戒佛饮水，而佛言不见即可饮，孔子所以仅远庖厨也。仆生平言男女平等、婚姻自由、政事同权，而今日女学未至、女教未成，仆亦不遽言以女子为官吏也。仆生平言民权、言公议，言国为民公共之产，而君为民所请代理之人，而不愿革命民主之事，以时地相反，妄易之则生大害，故孔子所以有三世三统之异也。"① 康有为的这段表白旨在强调，平等、自由和民权的实现以及实现程度取决于社会的文明程度和教育水平。尽管自己在

---

① 《答南北美洲诸华商论中国只可行立宪不能行革命书》，《康有为全集》第六集，中国人民大学出版社2007年版，第321页。

中国首创民权、平等、公理和大同之说，并且将这些作为著述的内容，有些甚至已经进行国民教育，然而，由于中国女学未开、女教未成，不可贸然言以女子为官吏，当然更谈不上男女平等了。至于众生平等，更是遥不可及。

问题到此并没有结束，因循这一逻辑，康有为由讲大同而推崇平等、民权，最终反而借口"时之未至，不能躐等"而公开宣扬不平等：一方面，他承认各色人种、各个民族平等是大同之理，在大同社会各民族一律平等。这用康有为本人的话说便是："夫以太平之理、大同之道言之，无论黄、白、棕、黑之种，同为天生，皆为兄弟，并宜亲爱之。今虽未能，然而大地既通，万国合较，凡蒙古、回部、西藏之人，言语未通，教化未同，犹当在内其国之例，与之加亲。"① 另一方面，他强调，不同人种、民族的教育程度不同，他们的宗教、文化和语言文字均不同，故而难以平等。不可思议的是，康有为的这种言论不仅是就处于乱世的"当下"而言的，即使是在描述大同社会的《大同书》中，不平等依然比比皆是。同样拿人种与人种之间的关系来说，白人貌若天仙、黑人面目狰狞之语已经将他的种族不平等思想暴露无遗，以各种奖励"诱惑"白种人与黄种人通婚、让黑种人饮绝嗣之药等改良、同化人种的措施更是暴露出康有为的种族主义思想倾向。他设想的大同社会同一人种、改良人种的措施之一——"沙汰之法"，主要是针对棕色人种和黑色人种的。对此，康有为写道："其棕、黑人有性情太恶、状貌太恶或有疾者，医者饮以断嗣之药以绝其传种。当千数百年后，大地患在人满，区区黑人之恶种者，诚不必使乱我美种而致退化。以此沙汰，则遗传无多，而迁地杂婚以外，有起居服食以致其养，有学校教育以致其才，何患黑人之不变，进而为大同耶！"②

总而言之，正如中国近代社会面临几千年未有之变局一样，近代教育是一场空前的大变革、大转型。作为新旧嬗变的过渡产物，近代教育哲学在探索中蹒跚前行。加之救亡图存的迫在眉睫不仅剥夺了近代哲学家静下心来长期研究、精心酝酿的时间，而且使教育承载超负荷的期

---

① 《答南北美洲诸华商论中国只可行立宪不能行革命书》，《康有为全集》第六集，中国人民大学出版社 2007 年版，第 329 页。

② 《大同书》，中州古籍出版社 1998 年版，第 160 页。

待。面对救亡图存的刻不容缓和思想启蒙的时代呼唤,作为仓促上阵的应对之策,中国近代教育哲学得失参半。从根本上说,近代教育哲学的价值并不在于解决问题,更不在于创造全新的教育哲学体系,而在于提出问题。近代教育哲学是现当代教育思想的发源地,近代哲学家提出的许多问题至今一直没有得到彻底解决。他们的真知灼见给人启迪,他们的误区令人警醒。有鉴于此,合理地审视、厘清近代教育哲学的经验和教训,"取其精华,去其糟粕"是当下对于近代哲学家留下的这份宝贵遗产的首要工作。

参考文献

1. 康有为：《康有为全集》（共12集），姜义华、张荣华编校，中国人民大学出版社2007年版。
2. 康有为：《大同书》，李似珍评注，中州古籍出版社1998年版。
3. 严复：《严复集》（共5册），王栻主编，中华书局1986年版。
4. ［英］赫胥黎：《天演论》，严复译，中州古籍出版社1998年版。
5. 谭嗣同：《谭嗣同全集》（增订本），蔡尚思、方行编著，中华书局1998年版。
6. 梁启超：《梁启超全集》（共十册），张品兴主编，北京出版社1999年版。
7. 孙中山：《孙中山全集》（共十一卷），中华书局2006年版。
8. 章太炎：《章太炎全集》（一—八），上海人民出版社1980—1994年版。
9. 章太炎：《国学讲演录》，傅杰校订，华东师范大学出版社1995年版。
10. 章太炎讲演：《国学概论》，曹聚仁整理，上海古籍出版社2007年版。
11. 章太炎：《章太炎政论选集》（全二册），汤志钧编，中华书局1977年版。
12. 周振甫注：《周易译注》，中华书局2001年版。
13. 周振甫注：《诗经译注》，中华书局2005年版。
14. 杨天宇：《礼记译注》，上海古籍出版社1997年版。
15. 王维堤、唐书文撰：《春秋公羊传译注》，上海古籍出版社2007年版。
16. 杨伯峻译注：《论语译注》，中华书局1980年版。
17. 老子：《老子校释》，朱谦之撰，中华书局2000年版。

18. 墨子：《墨子》，毕沅校注，吴旭民标点，上海古籍出版社 1995 年版。
19. 孟子：《孟子译注》，杨伯峻译注，中华书局 1960 年版。
20. 庄子：《庄子浅注》，曹础基注，中华书局 1982 年版。
21. 荀子：《荀子集解》，王先谦集解，中华书局 1996 年版。
22. 司马迁：《史记》，李全华标点，岳麓书社 1994 年版。
23. 朱熹：《朱子全书》（共二十七册），朱杰人、严佐之、刘永翔主编，上海古籍出版社、安徽教育出版社 2002 年版。
24. 陆九渊：《陆九渊集》，钟哲点校，中华书局 1980 年版。
25. 王守仁：《王阳明全集》，吴光、钱明、董平、姚延福编校，上海古籍出版社 1992 年版。
26. 黄宗羲：《黄宗羲全集》（全十二册），沈善洪主编，浙江古籍出版社 2005 年版。
27. 王夫之：《船山全书》（共十册），船山全书编辑委员会编校，岳麓书社 1988—1996 年版。
28. 颜元：《颜元集》（上下册），中华书局 1987 年版。
29. 戴震：《戴震文集》（共五册），清华大学出版社 1991 年版。
30. 龚自珍：《龚自珍全集》，王佩诤校，上海古籍出版社 1999 年版。
31. 魏源：《魏源集》（上下册），中华书局 1976 年版。
32. 蔡元培：《蔡元培全集》（共 18 卷），中国蔡元培研究会编，浙江教育出版社 1997 年版。
33. 《西方哲学原著选读》（上、下卷），北京大学哲学系编译，商务印书馆 2007 年版。
34. 《十六—十八世纪西欧各国哲学》，北京大学哲学系编译，商务印书馆 1975 年版。
35. ［英］达尔文：《物种起源》，周建人、叶笃庄、方宗熙译，商务印书馆 1995 年版。
36. ［英］赫胥黎：《进化论与伦理学》，进化论与伦理学翻译组译，科学出版社 1971 年版。
37. ［英］培根：《新工具》，许宝骙译，商务印书馆 1997 年版。
38. ［英］密尔：《论自由》，顾肃译，凤凰出版传媒集团、译林出版社 2010 年版。

39. ［法］孟德斯鸠：《论法的精神》（上、下），张雁深译，商务印书馆 1982 年版。
40. ［法］卢梭：《论人类不平等的起源和基础》，李常山译，商务印书馆 1982 年版。
41. ［法］卢梭：《社会契约论》，何兆武译，商务印书馆 1997 年版。
42. 白寿彝主编：《中国通史》（全 22 册），上海人民出版社 1999 年版。
43. 龚书铎主编：《中国社会通史》（全 8 册），山西教育出版社 1996 年版。
44. 冯尔康：《中国宗法社会》，浙江人民出版社 1994 年版。
45. 侯外庐：《中国思想通史》，上海人民出版社 1995 年版。
46. 葛兆光：《中国思想史》，复旦大学出版社 2001 年版。
47. 张锡勤：《中国近代思想文化史稿》（上、下册），黑龙江教育出版社 2004 年版。
48. 冒从虎、张庆荣、王勤田主编：《欧洲哲学通史》（上、下卷），南开大学出版社 2008 年版。
49. 全增嘏主编：《西方哲学史》（上、下册），上海人民出版社 2007 年版。
50. 梅益总编辑：《哲学百科全书》，中国大百科全书出版社 1995 年版。
51. 张岱年主编：《中国哲学大辞典》，上海辞书出版社 2010 年版。

后　记

　　《中国近代教育哲学研究》是黑龙江省教育科学"十二五"规划2013年度重点课题（项目编号：GBB1213030）的最终成果，从申报、立项到成书，经历了整整4个年头。感谢立项评审专家的支持和信任。拙作能在中国社会科学出版社出版，亦属幸事。2005年，《七子视界——先秦哲学研究》在中国社会科学出版社出版，至今已经历时12年之久。《中国近代教育哲学研究》能够再续前缘，感谢中国社会科学出版社和卢小生主任的一再支持！

魏义霞
2017年4月26日